進化と感情から解き明かす
社会心理学

北村英哉・大坪庸介［著］

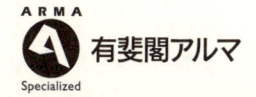

有斐閣アルマ

本書のコピー, スキャン, デジタル化等の無断複製は著作権法上での例外を除き禁じられています。本書を代行業者等の第三者に依頼してスキャンやデジタル化することは, たとえ個人や家庭内での利用でも著作権法違反です。

はしがき

　社会心理学という学問は，その早い段階から"認知"への関心が高かったといわれます。1980年代に進展した社会心理学における「認知革命」を待つまでもなく，1950年代末には認知的不協和理論という"認知"を冠する理論が提唱されています。その後，認知革命の影響を受け，対人的な記憶や自己についての知識を関心の中心に据えた社会的認知研究が登場しました。当初は，情報処理的アプローチを用いることによる"クール"な説明が柱だった社会的認知研究ですが，ほどなく，動機づけや感情など"ホット"な心理過程を考慮しなければ解けない現象が多くあることがわかってきました。これは，少し考えてみれば自明なことです。私たちが誰かと結婚したり絶交したりするときに，相手と関係を続けるメリットやデメリットを冷静に勘案してどうすべきかを決めたりするでしょうか。愛情や怒り・憎しみといった感情（または強い主観的経験を伴った動機づけのシステムといってもよいでしょう）に突き動かされるのではないでしょうか。実際，このようなホットな心理過程こそが，対人的領域での心の働きの中心をなしているといっても過言ではありません。このような認識が学術的にも市民権を得た1990年代は，感情研究の重要さが社会心理学領域内でもよく認識され，感情関連の研究が内外の学会発表においても爆発的に増加した，いわば「感情革命」の進行した時期ととらえることもできるでしょう。

　それでは，その肝心の動機づけや感情はどこから生まれてくるのでしょうか。社会心理学，いや心理学は，その根本の問いに答えず，人間の社会的行動を説明するためにいくつもの動機づけがあるものと仮定してきました。例えば，人間とは自尊心を高く維持したいと望む存在である。人間とは自分の生きる世界をコントロールしたい

と願い，そのような有能さをもちたいと望む存在である。さらに，人間とは他者から認められ，受け入れられ，他者と親密な関係を築きたいと願う存在である，ともされてきました。このような動機づけについての仮定は，それぞれ実証研究の俎上に載せられてきたのでまったく荒唐無稽なものではありません。しかし，いくら実証研究の知見を積み重ねたとしても，上記の根本の問題には「あるものはある」としか答えられません。

　ところで，「私たちのさまざまな動機づけや感情のありようが，なぜいまあるようになっているのか？」とは，そもそも答えることができる問いなのでしょうか。ある問いに答えることができるかどうかなんて，一見すると哲学的で難しい問題です。しかし，同じような問いでも「私たちの目の構造と働きは，なぜいまあるような構造と働きになっているのか？」という問いに答えることができるかと聞かれれば，多くの人は「答えることができる」と思うのではないでしょうか。ここで鍵を握るのはダーウィンの進化論です。光を感じ，それを上手に利用できることが生存や繁殖に有利だったので，目はいまあるような構造や働きをもつ器官として進化したのです。それならば，この進化論の考え方を心理学にも導入すれば，上記の根本の問題に答えられるのではないでしょうか。このような発想のもと，1980年代に進化心理学という分野が誕生しました。この進化心理学の考え方によって，多様ですが，ばらばらにあった人間の欲求というものがきわめて整合的にとらえられるようになり，社会生活，人間関係を営む人々の方向性を強力に説明する枠組みが得られたといえます。「進化革命」はすでに心理学領域において進行していましたが，本格的に社会心理学領域に浸透するには時間がかかり，2000年代以降において，いよいよはっきりとその影響が現れてきた印象がもたれます。

　このような進化を柱とした社会心理学のテキストをつくってみた

いということで，構成されたのが本テキストです。有斐閣からはすでに先進的な『複雑さに挑む社会心理学——適応エージェントとしての人間』（亀田達也・村田光二著，初版2000年，改訂版2010年）が刊行されていますが，さらにいっそう進化的にシフトさせてみたらどうなるだろうかという興味もありました。

　感情を特定の行動と結びついた動機づけのシステムと考えるとき，その理解に進化的観点が必要であることは明らかです。では，そういった目で社会心理学の領域を見渡したとき，新たなまとめ方が考えられるのではないかと思ったのです。

　本テキストは，通常の社会心理学のテキストとは構成がかなり異なるものになっています。本テキストの基礎をなす考え方は，人間の社会性は各人が所属する部族や村といった小集団への適応として生まれたというものです。この考え方に基づき，集団生活への適応という観点から社会心理学の知見を整理しています。また，本テキストではいわゆるミクロの人間関係領域に焦点があたっていますが，発想の根本に"集団"があるので，より大きな社会につながっていく萌芽は提示できたのではないかと思います。集団への適応という観点からさまざまな社会的行動を見た場合に，どのようにそれらを整理し，新たな研究の展望を提示できるか，本テキストで確かめていただきたいと思います。また，新しい試みということもあり，所期の目標が十分に達成されていないと感じられる向きもあるかもしれません。不足の点などは率直にご批判を賜ることができましたら，幸いです。

　最後に，本企画を熱心に牽引していただき，サポートいただきました有斐閣書籍編集第2部の櫻井堂雄氏に，深く謝意を表します。

　　　2012年如月

北村　英哉

大坪　庸介

著者紹介

北村 英哉（きたむら ひでや）

1982年東京大学教育学部卒業，1986年東京大学大学院教育学研究科修士課程修了，1991年東京大学大学院社会学研究科博士課程中退，2005年博士（社会心理学）

現在，関西大学社会学部教授

主要著書・論文

『個人のなかの社会』（展望現代の社会心理学1，誠信書房，2010年，共編）

『よくわかる社会心理学』（やわらかアカデミズム・わかるシリーズ，ミネルヴァ書房，2007年，共編）

『感情研究の新展開』（ナカニシヤ出版，2006年，共編）

『なぜ心理学をするのか――心理学への案内』（北大路書房，2006年）

大坪 庸介（おおつぼ ようすけ）

1994年北海道大学文学部卒業，1996年北海道大学大学院文学研究科修士課程修了，2000年北イリノイ大学心理学部大学院博士課程修了（Ph. D.）

現在，神戸大学大学院人文学研究科准教授

主要著書・論文

Praise is reciprocated with tangible benefits: Social exchange between symbolic resources and concrete resources. (*Social Psychological and Personality Science*, 3, 250-256. 2012年，共著）

Dishonesty invites costly third-party punishment. (*Evolution and Human Behavior*, 31, 259-264. 2010年，共著）

Do sincere apologies need to be costly?: Test of a costly signaling model of apology. (*Evolution and Human Behavior*, 30, 114-123. 2009年，共著）

目　次

序章　なぜ進化と感情なのか？　1

1 進化・感情と社会心理学　2

感情と非意識過程（2）　感情の進化（3）　社会心理学と進化心理学（6）

2 心の働きの進化　7

自然淘汰のプロセス（7）　"淘汰"か"選択"か（8）

3 "複雑な適応"なのか"高い知性"なのか？　9

"複雑な適応"なのか？（10）　"高い知性"なのか？（11）

4 至近要因と究極要因　13

なぜ決闘をするのか？（13）　至近要因と究極要因（14）

5 社会心理学に進化論を　15

社会心理学と進化心理学の違い（16）　社会心理学と進化心理学の補完的関係（17）　本書の構成（18）

第1章　適応行動を支える意識できない心の働き　21

1 意識と非意識　22

非意識過程（22）　生物の根本的原理（23）

2 活性化拡散モデル　25

活性化（25）　反応時間の測定（26）　プライミング効果（27）　直接プライミング効果（28）　潜在記憶

(29)

3 行動プライミング … 31
模倣ルート（32） 特性ルート（33） 目標ルート（動機ルート）（34）

4 他者の行動の理解 … 35
●ミラーニューロン

5 ステレオタイプ … 36
印象形成（36） ステレオタイプの知識（38）

6 潜在測定 … 40
潜在的態度（40） AMP（43）

第2章 適応としての感情　49

1 表情表出 … 50
コミュニケーションとしての感情（50） 基本的な情動（52） 適応システムとしての感情（58）

2 感情の生理 … 59
●扁桃体と恐怖
扁桃体（59） 脳機能イメージング法（61）

3 嫌悪と道徳 … 62
道徳判断と感情（62） 道徳判断と嫌悪（64）

4 怒りと報復 … 65
怒りの効果（65） 制裁・報復（66）

5 気分と認知 … 67
●説得的コミュニケーション
気分（67） 説得的コミュニケーション（67） 気分と2つのルート（68） 気分と偽りの有名性課題（70）

まとめ（70）

第3章 特別な他者としての家族　　77

1 再び進化論的説明について …………………… 79
進化論的説明の階層構造（79）　メカニズムによる説明から機能による説明へ（82）

2 血縁淘汰の理論 ………………………………… 83
血縁者への協力行動はなぜ進化するのか？（83）　動物における血縁淘汰理論の証拠（85）　人における血縁淘汰理論の証拠（87）　血縁淘汰理論の実験的検討（88）　血縁識別のメカニズム（90）　血縁識別から行動へ（91）

3 血縁淘汰理論から考える子育て ……………… 94
母親の愛情（94）　継親と虐待のリスク（95）　実子殺しは異常なことなのか？（96）　愛情を引き出す赤ちゃんの特徴（100）　愛情形成プロセスの複雑さ（103）

第4章 恋愛と対人魅力　　107

1 魅力的な異性とは？ …………………………… 108
コンピュータ・デート実験と身体的魅力度（108）　魅力的な人はなぜ誰が見ても魅力的なのか？（110）　女性の顔の魅力度（112）　ウェスト・ヒップ比（112）

2 愛する人と結ばれたい ………………………… 115
37の文化圏での調査（115）　愛の適応的意味（117）　関係維持戦略としての"愛"（118）　コミットメントの表出（120）

3 相手に何を求めるのか？ ……………………… 122

37 の文化圏での調査・再び（122）　　配偶者保持戦術（125）　　嫉妬の性差（126）　　異性へのアピールの進化（127）

4　短期的配偶戦略 ……………………………………………………… 129

男性は浮気にオープンか？（129）　　女性の短期的配偶（134）

第5章　協力的な人間関係　　139

1　互恵的利他主義と友人関係 ………………………………………… 140

チスイコウモリの血のやりとり（140）　　友情にとって利益は本質的か？（142）　　社会的交換としての友人関係（145）　　再び至近要因と究極要因の説明について（148）　　まとめ（151）

2　互恵的利他主義の進化と応報戦略 ………………………………… 153

囚人のジレンマ（153）　　応報戦略（156）

3　報復と赦しの心理 …………………………………………………… 157

報復の心理（157）　　友人に対する寛容さ（160）　　赦しと適応（162）　　まとめ（164）

4　信頼関係の形成 ……………………………………………………… 167

信頼は少しずつ醸成される（167）　　友人関係の発展（169）

第6章　集団過程と自己過程　　173

1　社会的影響 …………………………………………………………… 175

同調と社会的影響（175）　　社会的影響と適応（177）

2 社会集団と自尊心 …………………………………… 178

ソシオメータ理論——社会的受容と自尊心（178）　排斥されることの帰結（181）

3 自 己 意 識 ………………………………………………… 183

自己への注目（183）　公的自己と私的自己（186）

4 社 会 的 比 較 …………………………………………… 187

社会的比較とは（187）　自己評価維持モデル（188）

5 自 己 呈 示 ……………………………………………… 189

印象管理（189）　威嚇と攻撃行動（190）　防衛的自己呈示（193）　自己呈示と意識（194）

6 自己意識感情 …………………………………………… 195

恥と罪悪感（195）　誇り（197）

7 自 己 制 御 ……………………………………………… 199

自己制御とは（199）　制御焦点（201）

第7章　集団への適応と社会的認知　205

1 ポジティブ感情と適応 ………………………………… 206

2 ポジティブな認知のバイアス ………………………… 207

3 他者の行動をめぐる推測 ……………………………… 208

原因帰属（208）　他者の行動の予測（210）　意図の推論, 行動の説明（214）

4 ステレオタイプと集団間関係 ………………………… 219

人とカテゴリー（219）　社会的アイデンティティ理論（220）　ステレオタイプ内容モデルとシステム正当化理論（222）　存在脅威管理理論（223）

| 終章 | 本書で伝えたかったこと | 229 |

自動的・非意識過程（229）　進化論的説明（231）　意識の役割——"象使い"の比喩（232）　感情と行動（234）　終わりに（234）

文　献　237
事項索引　257
人名索引　265

Column 一覧

① EAST——もう1つの潜在測定　44
② 感情予測　72
③ 父性の不確実性と父親の子育て　97
④ 泣く子は育つ？　102
⑤ 母子間の愛着と男女間のペア・ボンド　123
⑥ 性淘汰の2つ（？）のメカニズム　130
⑦ 友人関係と相互扶助　152
⑧ エラーへの対応としての意図性推論　165
⑨ 間接互恵性と協力関係からの排斥　179
⑩ 利他的罰と集団規範の維持　192
⑪ 目標プライミングと自動的自己制御　200
⑫ 裏切り者検知の認知メカニズム　212
⑬ 解釈レベル理論　224

序章 なぜ進化と感情なのか？

うんていをする子どもたち➡

⬇温泉につかるニホンザル

Introduction

　動物園やテレビでサルの群を見ていると，大きいサルが何かに腹を立てて相手を威嚇したり，威嚇された方がおびえて逃げていったりと，何とも人間っぽい感情や行動をいくつも目にするでしょう。もちろん，サルと私たちの感情・行動が偶然似ているわけではありません。私たちがサルと進化の歴史の大部分を共有しているから似ているのです。このように考えると，社会心理学者が人間（ヒト）の感情や社会的行動を研究するときに，進化論が役に立たないはずがありません。この本では，みなさんと一緒に進化論というレンズを通して社会心理学を眺めてみようと思います。序章では，その準備としてなぜ本書が進化と感情をキーワードにしているのかを説明しておきたいと思います。

1 進化・感情と社会心理学

　みなさんはどれくらい幸せな人生を送っていますか。あなたの人生の幸福度を10段階（とても幸せだと思うなら10点，まったく幸せでないと思うなら1点）で評価してみてください。さて，みなさんはどのようにして自分の人生の幸福度を決めましたか。自分のことを思ってくれる家族や友人がどれくらいまわりにいるかを考えたかもしれません。これまでの進路選択でどれくらい成功してきたかを考えたかもしれません。将来の展望を考えたかもしれません。ここに挙げたような理由は，自分で実際に考慮するかどうかは別として，人生の幸福度を測る基準としてもっともらしく思われます。

　ところで，いまの天気はどうですか。よく晴れていますか。それとも雨が降っていますか。曇りや雪の日にこの本を読んでいる人もいるかもしれません。みなさんは今日の天気を自分の幸福度を決めるときに考えに入れましたか。「そんなの入れるわけがない」という声が聞こえてきそうです。ところが，実際にはその日の天気は私たちの気分に影響し，そのときの気分は私たちの幸福度の判断に影響するのです。シュワルツらは，晴れの日と雨の日に電話インタビューを行い，冒頭の質問をしてみました。すると，晴れの日に約7.5点であった回答者の人生の幸福度の平均値は，雨の日には5点にしかならなかったのです（Schwarz & Clore, 1983）。

感情と非意識過程　これは1つの例ですが，そのときの気分だけでなくさまざまな感情が私たちの社会的判断や社会的行動にとても強く影響します（"気分"と"感情"の関係については第2章で説明します）。さらに重要なことに，私たちは感

情を引き起こした原因を必ずしも自覚していませんし，その感情が自分の判断や行動に影響したことにも多くの場合気づいていません (Winkielman & Berridge, 2004)。もちろん，「相手の侮辱に怒りでわれを忘れて相手を殴ってしまった」というように，感情の原因（侮辱）が意識されていて，それが自分の行動に影響したことを説明できる場合もあります。しかし，常にそうではないのです。また，仮にそれが意識されたとしても感情の影響を意識的にコントロールするのは難しいものです（「怒りでわれを忘れる」という表現は，まさに怒りの影響を意識的にコントロールすることが難しいことを言い表しています）。

　社会心理学とは，人間の社会的判断や社会的行動を実験や調査という方法を使って科学的に研究する分野ということができます。社会心理学の教科書にとって感情がキーワードの1つになるのは，私たちの社会的判断や社会的行動は，私たちが思っている以上に感情に影響されているからです。傍点をつけた部分は，感情をキーワードにすることで，本書が必然的に注目せざるをえないもう1つのテーマに関係する部分です。そのテーマとは"非意識過程"です。感情の影響が「思っている以上」なのは，私たちが感情の原因や影響の多くを意識できないからです（第1章で説明するように，実は感情だけでなく認知も非意識過程と深く関係しています）。冒頭の例に戻って，「なぜあなたは幸福度を8点と高く評価したのですか？」と尋ねても，「今日は晴れて気分のよい日だから」といった答えは返ってこないでしょう。それは，気分の原因や影響が意識されていないからです。

　感情の進化　では，社会心理学の教科書に生物学用語の"進化"がキーワードとして入ってくるのはなぜでしょうか。このことを考えるためには，近年の神経科学の知見とその解釈が参考になります (Greene, 2003)。次のシナリオを

読んで，それに答えてみてください．

> あなたが田舎道をドライブしていたところ，道路わきの藪の中から助けを求める声が聞こえてきました．あなたが車を降りて近づいてみると，脚が血まみれの男性がいました．その男性はハイキング中に事故にあったのだと説明し，あなたに最寄りの病院まで連れていってくれるように頼みました．あなたが病院に連れていかずに手遅れになると，この男性は両脚を失うことになるでしょう．しかし，もしこの男性を車に乗せて病院に連れていけば，あなたの車の革製の高価なシートは血で台なしになります．あなたは，革製のシートを台なしにしないために，この男性を路肩に放置してもよいと思いますか？

では，もう1つのシナリオを読み，こちらにも答えてください．

> ある日，あなたは国際的に有名な慈善団体から手紙を受け取りました．その手紙は，あなたに2万円の寄付を依頼するものでした．その手紙によれば，2万円の寄付があれば，世界の恵まれない地域の人々が必要としている医療を提供できるということでした．あなたは，この募金の依頼に応えなくてもよいと思いますか？

多くの人は最初のシナリオで血だらけの男性を路肩に放置することを道徳的に許されないと考えるのに対して，2つ目のシナリオで募金をしないことをそれほど重大な道徳違反とは考えないでしょう．

ここで，2つのシナリオを少し抽象的にして考えてみましょう．すると，どちらもほぼ同じ内容を問うものであることがわかります．つまり，他人がどうしても必要な医療サービスを受けられるようにするために，自分がある程度の経済的な損失を受け入れてもよいか

どうかという問いなのです。

　それでは，私たちはなぜ2つのシナリオで異なる判断をするのでしょうか。その答えは，これら2つの判断を含むさまざまな道徳問題に回答している人たちの脳活動を調べることでわかってきました（第2章では，道徳判断と感情の関係を調べるために使われたシナリオをもう1つ紹介します）。脳の感情に関わる領域は，自分のすぐそばにいる相手を助ける（あるいは，そばにいる相手を傷つける）のが是か非かという道徳問題を考えるときに強く活性化するのです。血だらけの男性が目の前にいるところを想像すれば強い感情が引き起こされるのに対して，募金のシナリオのように遠く離れた相手を助けるかどうかを考えてもそのような強い感情がわいてこないわけです。そして，この感情反応の違いが道徳的な善悪判断に影響するのです。

　脳科学の研究は，私たちが2つのシナリオに対して異なる道徳判断をするのはなぜかという問いに対する1つの答えを提供します。その答えは，2つのシナリオによって引き起こされる感情反応が違うからというものです。しかし，"なぜ"の問いをもう1つ進めることもできます。それは，そもそもなぜこのような感情反応の違いが存在するのかという問いです。この問いには進化論的な答えが適切です。私たちの祖先は，目の前の困っている相手を助けるかどうかを決めなければならない場面には何度も遭遇したでしょうが，地球の裏側の誰かに思いをはせたことなどなかったでしょう。私たちの感情反応は，私たちの祖先が繰り返し遭遇した問題に対処するため進化してきたものだと考えられます。そのため，進化の歴史で遭遇した問題と同じような手がかり（援助すべき相手がすぐそばで苦しんでいる）によって特定の感情が引き起こされるのに，その手がかりがなければ抽象的には同じ問題であってもその感情が引き起こされないのです。

1　進化・感情と社会心理学

> 社会心理学と進化心理学

　この例からわかるように，同じような道徳問題に私たちがどのような感情反応を示すのかを調べるのであれば，進化論の視点は必ずしもいりません。しかし，そもそもなぜ私たちの感情システムがそのように働くようにできているのかを適切に理解するには進化論の発想が必要です。本書では，私たちの社会的判断や社会的行動全般について，第1の問題（社会的場面で私たちの心はどのように働くのか）と第2の問題（そのような心の働きはなぜ存在するのか）の両方を考えたいと思っています。そのため，本書では社会心理学の研究と進化心理学（evolutionary psychology）の研究を紹介します。少しわかりにくく感じられるかもしれませんが，社会心理学という言葉は研究対象（私たちの社会的判断や社会的行動）に対応しているのに，進化心理学という言葉は進化論という考え方に対応しています。そして，それと同時に社会心理学は主に第1の問題を扱い，進化心理学は第2の問題を扱っています。

　社会心理学は，少なくとも2者以上が含まれる社会的場面での私たちの心の働き（判断パターンや行動傾向）を実験や調査により明らかにしようとする分野です。そのため，扱う内容は，私たちが社会的場面で経験する感情はもちろんですが，他者からどのような影響を受けるか（社会的影響），まわりの人をどのように理解するか（社会的認知），自分自身とどのように向き合うか（自己過程）など多岐にわたります。

　それに対して進化心理学は，進化論の考え方で人間の心の働きを統一的に理解しようとしています。ですから，研究対象は社会心理学，発達心理学，認知心理学といったいろいろな分野と重なり合っています。進化心理学という分野を特徴づけるのは，研究対象ではなく，研究結果を説明する考え方です。具体的には，なぜ実験や調

査で明らかにされた心の働きが私たちに備わっているのかを進化論的な視点から考えます。

私たちの心が社会的場面でどのように働くか（社会心理学の知見）については、それぞれの章で個別に見ていくことになります。ですが、それらを理解するための考え方の枠組みについては事前に少し説明しておいた方がいいでしょう。そこで、少し遠まわりになりますが、最初に進化論と進化心理学の考え方について簡単に説明しておきたいと思います。

2 心の働きの進化

自然淘汰のプロセス

進化心理学では、私たちの心の働きや行動傾向が**自然淘汰**（natural selection）によって形づくられたと考えます。心の働きには当然、感情も含まれますが、認知や好みも含まれます。心の働きが自然淘汰で形づくられるとはどういうことでしょうか。

ここで、ナッツや果物を食べて生活している架空のサルについて考えてみましょう。このサルの住む地域では、季節ごとにさまざまな果物がふんだんに実り、ナッツよりも果物の方が見つけるのも簡単だとします。このような環境では、ナッツを食べるサルよりも果物を食べるサルの方が効率的に栄養をとることができるでしょう。

ところが、このサルには果物をナッツよりも好む傾向がないとします。このとき、突然変異で甘いものに対する好みを少しだけ強くもったサルが現れたとしましょう。このサルはナッツよりも甘い果物を好んで食べます。もし他のサルと同じ時間だけ食事をするならば、より多くの栄養を摂取することになるので、この突然変異のサ

ルは他のサルたちよりも強く大きくなるかもしれません。

さて、この強く大きな突然変異のサルは、他のサルたちと比べてどのような点で有利になるでしょうか。例えば、猛獣に襲われたときに逃げ足が速く、生き延びる確率が高いかもしれません。つまり、**生存**という点で有利になりそうです。それだけではなく、この突然変異のサルはより多くの子どもを残すかもしれません。突然変異のサルがオスであったら、他のオスとメスをめぐる争いに勝ちやすく、その結果、多くのメスと性的関係をもつでしょう。突然変異のサルがメスであれば、栄養状態の悪い他のメスよりも頻繁に出産できるかもしれません。こうして考えると、この突然変異のサルは、オスであろうとメスであろうと**繁殖**でも有利になりそうです。

生存・繁殖で有利な突然変異のサルは、次世代に他のサルと比べて多くの子どもを残すでしょう。甘いものを好むという性質が次世代に伝わる（遺伝する）のであれば、甘いものを好むサルの割合が次世代で相対的に大きくなります。このように、ある個体が生存・繁殖で有利なために次世代により多くの子孫を残すときに、そのような個体の**適応度**（fitness）が高いといいます。自然淘汰による進化とは、適応度の高い特性と関わる遺伝子がその種の中で世代を経るにつれて増えていくことです。したがって進化のプロセスの結果、生き物は自分たちの生活環境でより有利な特性（上の例では、「甘い果物を好む」という特性）をもつようになると考えられます。このことを環境への**適応**（adaptation）といいます。

"淘汰"か"選択"か

自然淘汰のプロセスは、生存や繁殖に有利になる特性があぶり出されるプロセスと考えることができます。体の大きさや逃げ足の速さといった身体的な特性だけでなく、甘いものへの好みのような心理的な特性であっても理屈は同じです。心理的特性であっても、それが遺伝によって子

孫に伝えられる特性である限り，同じように進化します。現にイヌのブリーダーは，狩りで役に立つ心理的特性をもった品種や番犬としてふさわしい心理的特性をもった品種をつくり出してきました。ただし，ブリーダーが自分の目的に都合のよい特性をもつ個体を選んで交配させるのに対して，自然淘汰では環境に適応した特性をもつ個体が生き残りやすく，子どもを残しやすいことによって，勝手に"選ばれる"という違いはあります。ちなみに，英語のnatural selectionにはこの"選ばれる"というニュアンスがあります。これに忠実に，natural selectionを"自然選択"と訳している教科書も多くあります。しかし，本書では第4章で恋人選びの心理について紹介する際に，mate choiceという用語を"配偶者選択"と訳します。英語ではselectionとchoiceでよいのですが，日本語ではどちらも"選択"になって混乱してしまいます。そこで，これらを区別するためにselectionは"淘汰"と訳すことにしました。

話が少しそれましたが，好みや行動傾向といった心の働きも自然淘汰によって進化することを説明しました。しかし，甘いものへの好みのような単純な例であれば進化論的な話が受け入れられやすいのですが，社会心理学全般に進化論的な考え方を適用しようとするといくつかの決まった反論に出合います。本論に入る前に，それらに答えておきたいと思います。

3 "複雑な適応"なのか"高い知性"なのか？

甘いものを好むという上記の例と比べて，私たちの社会的場面での心の働きはもっと複雑です。私たちは社会のルールを破る非協力的な人をネガティブに評価し，その人とのつき合いを控えるかもし

れません。あるいは、私たちは他者の微妙な表情から、相手の気持ちを察して、それに合わせて対応を変えるかもしれません。社会的場面でのこのような複雑な心の働きになると、進化論的な発想があてはまらないという反論をしばしば耳にします。この反論の根拠は次の2つのいずれか（あるいは両方）ではないでしょうか。①このような心の働きは突然変異で生じるには複雑すぎる。②このような社会的場面での複雑な心の働きは、私たち人間の高い知性のおかげである（高い知性は進化の産物かもしれないが、社会的判断や行動傾向それ自体は進化の産物ではない）。一見、これら2つの議論はもっともらしく感じられます。しかし、それぞれ間違っています。

"複雑な適応"なのか？　　第1の議論は心の働きだけではなく、"複雑な適応"全般に関わる問題です。例えば、私たちの目は、カメラでいうレンズや絞りに相当する多くの"部品"からなる複雑な器官です。みなさんは、目のように複雑な器官が1回きりの突然変異で生じると思うでしょうか。そんなふうに考える人はいないでしょう。しかし、目はいろいろな動物がもつ生物学的な器官で、これが進化の産物でないと考える人もあまりいないでしょう（日本では、このような複雑な器官は全知全能の神がつくったとする考え方はあまり人気がありません）。では、目のように複雑な器官はどのようにして進化したのでしょうか。生物学者のドーキンスは、累積的な変化の結果であると論じます（Dawkins, 1986）。

例えば、目に相当する器官がまったくない生物に、あるとき突然変異で少しだけ光に敏感な細胞ができたかもしれません。太陽の光のある方には餌となるバクテリアが存在する確率が高いとすれば、この光に敏感な細胞をつくる突然変異の遺伝子は次世代でより増えるかもしれません。ひとたびこの遺伝子がその生物の中で広がると、今度はその細胞の数を増やしたり、これらの細胞を特定の場所に集

めて光に敏感な部位をもつようになったり，外界の光を受け取り，それを利用するシステムの精度を上げるような突然変異が累積的に生じるでしょう（岩堀, 2011）。もちろん，突然変異は適応的な変化だけを生むわけではありませんが，適応的な変化だけが自然淘汰で選ばれるので，光を感知しそれに応じて適応的に行動するという変化だけが累積することになります。このように，ある一定の方向性をもった変化だけを累積することには，私たちが想像する以上の効果があるのです。言い換えると，**小さな適応的変化が累積することで複雑な適応が生じるのです**。

> "高い知性"なのか？

次に，複雑な心の働きは，高い知性のおかげであるとする2番目の反論について考えましょう。これが正しければ，社会的場面で複雑な判断をする能力は，一般的知性と一対一の関係にあるはずです。つまり，単に高い知性をもっているから高度な社会的推論ができるのであれば，一般的知性が高い人ほど社会的推論能力も高いはずです。ところが，近年の知性についての研究は，言語的知性や論理的知性が社会的知性とは独立であることを示しています（例えば, Gardner, 1983）。つまり，言語的知性や論理的知性が高い人が，必ずしも高い社会的知性をもっているとは限らないのです。

さらに，発達障害や脳損傷の研究から，論理的推論能力は高いままに保たれるのに社会的知性だけが損なわれる事例が知られています。自閉症はこのような発達障害の例です。例えば，コロラド州立大学で動物学の教授を務める自閉症者のテンプル・グランディンは，専門的な論文を読みこなすことができるのに，シェークスピアの作品は前後関係が込み入りすぎていて理解できないのだといいます（Sacks, 1995）。そればかりか，赤ん坊にいないいないばあをするのもタイミングが合わなくて難しいというのです。そこで，彼女はい

かにも科学者らしく，これまでに彼女が出合ったさまざまな社会的相互作用の事例を整理し，どのようなときに"人間"がどのように振る舞うのかを分析的に理解するのだそうです。彼女こそ高い知性のおかげで複雑な社会的推論ができている例でしょう。しかし，彼女がやっていることは私たちが日常的にやっている社会的推論とは掛け離れたものに感じられるはずです（筆者らの経験でも，シェークスピアの作品より科学論文の方が論理が明快でわかりやすいという学生はほとんどいません）。

　実は以前の社会心理学では，一般の人たちはテンプル・グランディンのように社会的推論をしているのではないかと考えられたことがあります。1950年から60年代にかけて，帰属理論という理論が社会心理学の一大トレンドになったことがあります。帰属とは，私たちが見聞きした出来事の原因について推論する心の働きです（くわしくは第7章であらためて説明します）。ジョーンズやケリーといった帰属研究の先駆者たちは，一般の人々を素朴な科学者と見なした（つまり，テンプル・グランディンがやっているようなことを一般の人々もやっているのだと想定した）帰属のモデルを提案しました（Jones & Davis, 1965 : Kelley, 1968）。ところが，実験をしてみると，それらのモデルは実際の人々の帰属のプロセスにはあまりあてはまらないことがわかりました。

　このことから，**高い一般的知性は必ずしも高い社会的推論能力を保証しない**ということがわかるはずです。したがって，第2の反論について，次のように答えることができます。社会的場面で複雑な推論をする能力は，私たちがたまたま大きな脳をもち，高い一般的知性をもつようになった副産物ではないと。

4　至近要因と究極要因

　ここまでの説明で，①心の働きが（それがたとえ複雑すぎるように見えるとしても）自然淘汰によって進化可能だということ，②社会的場面での複雑な社会的推論は，ヒトが高い知性を進化させた副産物として備わっているのではないことがわかりました。しかし，①と②を結びつけて「社会的場面での複雑な心の働きも進化の産物なのだ」というと，もう1つ別の反論に出合います。それは，「私たちは適応のために行動しているという自覚がないのだから，行動の説明として進化論が正しいわけがない」という反論です。

　<u>なぜ決闘をするのか？</u>　この反論について具体的に考えるために，果たし合いの決闘をしている男性について考えましょう。この男性は，なぜ決闘をしているのでしょうか。相手の男性から侮辱されて，自尊心を傷つけられたせいかもしれません。もしくは，社会的地位や名誉のためかもしれません。これに対して，進化心理学者が，このような果たし合いによって社会的地位やメンツを保つことは，最終的にはその男性の適応度に影響するのだと説明するとしましょう（決闘もできない弱虫は女性から相手にされないかもしれませんし，他の男性からカモにされて子育てに十分な投資をできないかもしれません）。上記の反論をこの例にあてはめるなら，「私は自尊心のために決闘しているのであって，次世代に何人の子どもを残すか，ましてや何人の孫をもつことができるかなんて考えていない。だから私の行動は進化論では説明できない」ということになります。

　この反論は2つの意味で的外れです。第1にこの章の冒頭で簡単

に説明したように(そして,第1章であらためてくわしく述べるように),私たちは自分の行動の理由を多くの場合に意識していませんし,しようとしてもできません(Nisbett & Wilson, 1977)。したがって,「意識できないからそれが行動の理由として正しいはずがない」式の議論は間違っています。

第2の理由は,進化論的説明の位置づけと関わります。決闘の理由に関する上記の反論をよく見ると,自尊心による説明と進化論による説明がライバルと見なされています。ライバル関係にあるので,一方が正しければ他方が間違っているという形式の議論になるわけです。しかし,このように考えるとするならば,それは進化論的説明の位置づけを誤解しているのです。

| 至近要因と究極要因 |

冒頭で紹介した道徳判断と感情の話を思い出してください。そばで苦しんでいる人を見殺しにするのは道徳的に悪いことであるのに,遠く離れた人を助けるための寄付をしないことはさほど悪いこととは判断されませんでした。そして,この現象に対する2つの問題設定があることを説明しました。社会的場面で私たちの心はどのように働くのかという第1の問題設定と,そのような心の働きはなぜ存在するのかという第2の問題設定です。そして,第1の問題には感情システムの働き方の違いが適切な答えとなり,第2の問題には感情システムの進化的起源が適切な答えとなりました。決闘に対する自尊心と適応度の説明は,それぞれ第1の問題設定と第2の問題設定に対応しています。同じ問題に対する答えであれば,一方が正しければ他方が間違いということになるでしょうが,異なる問題に対する答えなので,2つの説明がライバル関係になることはないのです。

この異なる問題設定に対する説明を,**至近要因**(proximate cause)についての説明と**究極要因**(ultimate cause)についての説明と呼び

ます（長谷川，2002）。至近要因による説明とは，ある行動が引き起こされるメカニズムについての説明です。侮辱による自尊心の低下は，相手への怒りを引き起こし決闘という行動に人を導くかもしれません。その際，男性の脳では怒りに関連する部位が活動し，アドレナリンの分泌などの生理的変化が生じるでしょう。これら一連のメカニズムは，社会心理学実験で調べることができるものだけでなく，神経科学の研究方法が必要なものもあります。ですが，どれも特定の刺激から特定の反応が導かれるメカニズムに関連するものです。

　それに対して，究極要因による説明とは，なぜそのようなメカニズムが私たちに備わっているのかについての説明です。進化心理学者のデイリーとウィルソンによれば，決闘に関する第2の問題は，なぜ私たちは自尊心のような「実体のない社会的資源に対して死の危険をも冒すようにできているのか」というものです（Daly & Wilson, 1988, 訳書 p.29）。このように考えると，進化論的説明が自覚できないことの理由もよくわかります。私たちの祖先のうち多くの子孫を残した"成功者"の自尊心が，どのように働いていたかということについて，私たちが自覚していないのはあたりまえだからです。

5　社会心理学に進化論を

　ここで，至近要因と究極要因による説明の違いに対応させて，社会心理学と進化心理学の違いについて考えましょう。

> 社会心理学と進化心理学の違い

至近要因による説明とは、メカニズムについての説明です。心の働き方（心理メカニズム）は直接的・間接的に観察・測定することができます。感情経験について自己報告を求めてもよいでしょうし、ある感情を経験しているときに特有の生理反応をとってもよいでしょう。近年では、さまざまな神経科学の測定機器を用いて脳活動を調べることもできます。もちろん、決闘中の人たちの脳活動を調べるようなことは技術的にも倫理的にもできません。それでも、他人から侮辱されたときにどのように感じるか想像してもらい、そのときの脳活動を調べることはできます。このように至近要因は、測定方法・機器の制約さえ考えなければ、原理的に観察・測定により調べることができます。社会心理学の研究も、社会的場面で働く心理メカニズムを実験・調査を通じて明らかにしようとするものです。

究極要因による説明とは、特定の心の働きが進化の歴史で果たした機能に関する説明です。進化心理学の理論も、ある特定の心理メカニズムがなぜ進化したのかについての理論になります。ところが、私たちはどんな測定機器を使っても、ある心理メカニズムが特定の機能のために進化してきたと確信することはできません。例えば、侮辱に対して報復することは、実際にその人の評判を守ることで適応につながっていたかもしれません。しかし、侮辱に報復する人ほど子孫を残しやすかったかどうかをタイムマシンを使って調べにいくことはできません（遺伝的改変を行ったショウジョウバエを用いる研究などではこれに近い研究ができますが、人間の社会的行動の研究としては無理です）。そのため、進化心理学の研究は、ある心理メカニズムが特定の機能を果たすのにちょうどよいデザインをもつかどうかを調べることになります。例えば、「自尊心は自分の評判（他者が自分

を受け入れている程度)に敏感に反応して上下する」などの予測を検証するかもしれません。究極要因についての説明の妥当性を検証しようとすれば,このようにして状況証拠を積み重ねていくことになります。

社会心理学と進化心理学の補完的関係

ここまで説明してきたように,社会心理学と進化心理学は異なる問題設定をし,異なる実証研究のアプローチをとっています。ですから,進化論的視点を取り入れるからといって,これまでの社会心理学の理論をすべて否定することにはなりません。むしろ,第1の問題設定のレベルでは一見一貫性のない観察結果(例えば,相手が目の前にいればコストを支払って援助行動をしようとする人が,目の前にいない相手であればほうっておいても平気なこと)を進化論の視点はうまく説明するかもしれません。つまり,**進化論的視点を社会心理学に取り入れることは,多くの観察事実とそれらを記述する諸理論を適応的機能という観点から一貫性をもってまとめることなのです。**

ですから,社会心理学と進化心理学はライバル関係にないというだけでなく,お互いを補い合う関係にあるのです。機能についての考慮がなければ,社会心理学の理論は根本的に間違ってしまう可能性があります。例えば,フロイト(S. Freud)が想定したタナトス(死の本能)のように,進化論的な観点からはありえない前提をおいてしまうかもしれません(Daly & Wilson, 1988)。反対に,実際の人間の社会的行動の観察なしに,私たちの心が社会的場面でどのような機能を果たしているかを知ることはできません。ある適応的な機能を実現するためにさまざまなメカニズムが想定できますが,どのメカニズムが私たちの心に実装されているのかも経験的な問題です。つまり,これらの進化心理学の問題に答えるためには,社会心理学実験などの実証研究が必要なのです。

本書の構成　本書の目的は，社会心理学と進化心理学の"補い合う関係"を明確にすることにあります。この目的のために，本書は大きく3部構成になっています。まず，第1章と第2章で，非意識過程と感情について説明します。これらの章を通じて，私たちの社会的判断や社会的行動が，自然淘汰によって形づくられた自動的で非意識的な感じ方・考え方にいまでも影響されているという基本的なアイデアを説明します。

　第3章から第5章は，進化論的な考え方を前面に出し，家族，恋人（あるいは夫婦），友人関係について考えます。これらの章では，進化論が私たちの心の働きについて，どのような予測を行うのかを例示することになります。それと同時に，これらの章では進化論に対する1つの誤解を解くことになります。その誤解とは，適者生存という進化論の考え方からは，私たち人間がいつでも自分のことだけを考え，他者を出し抜こうとしているという予測しか出てこないというものです。ところが，現代の進化論は，他者を思いやり，利他的に振る舞う傾向がいかにして進化するのかを教えてくれます。余談ですが，ここにはもう1つ誤解があります。"適者生存"という言葉は進化論の標語のように使われていますが，実は進化論の提唱者であるダーウィン（C. Darwin）がつくった言葉でも，現代の進化論者が好んで使う言葉でもありません。

　第6章と第7章は，社会心理学の知見を適応という観点から整理し直すことを試みます。そのため，これら2つの章では，従来の社会心理学の教科書で紹介される研究を，従来のまとめ方とは違うやり方でまとめ直します。例えば，一般的な社会心理学の教科書では必ず別々の章で扱われる集団の研究と自己の研究を第6章にまとめます。というのも，第6章で紹介する研究が扱う心理メカニズムは，集団状況という手がかりによって起動される心理メカニズ

ムか,自己への注意という手がかりによって起動される心理メカニズムかの違いはあっても,究極的には所属集団に受け入れられるという目的に役に立つものだと思われるからです。

実は第6章,第7章の試みは「言うは易く行うは難い」試みであることを認めなければなりません。社会心理学がこれまで積み上げてきた知見は膨大で,ほとんどの研究は適応的機能という観点とは無関係に行われてきたからです。それらすべてを整理し直すことは筆者らの手にあまる大変な作業です。しかし,これほど膨大な知見があるというのは幸運でもあります。ダーウィンの研究者としてのキャリアは,ビーグル号での約5年に及ぶ世界一周旅行で幕を開けたことを思い出してください。その間,ダーウィンは鳥類を始めとする多くの脊椎動物,昆虫などの無脊椎動物,植物,化石や岩石まであらゆる標本を集め,入念な記録を残しています。このような膨大で多岐にわたる証拠をきれいに整理したからこそ,『種の起源』は不朽の名著となり,進化論はいまでも生物学の不動のパラダイムとなっているのではないでしょうか。社会心理学の膨大な知見も,適応という観点からきれいに整理できればとても大きな知的貢献になるはずです。教科書としての本書のゴールは,みなさんをそのような壮大な知的挑戦に駆り立てることです。

Book Guide

亀田達也・村田光二(2010).『複雑さに挑む社会心理学——適応エージェントとしての人間(改訂版)』有斐閣
☞ 本書と同じ有斐閣アルマ・シリーズの社会心理学に関する教科書です。初版は2000年に出版されました。進化論的な考え方をとる社会心理学の研究がほとんどなかった時期に,社会心理学を適応とマイクロ-マク

口関係という2つのキーワードで再編成した革新的な教科書です。

ピンカー, S. (椋田直子訳) (1995).『言語を生みだす本能』上・下, 日本放送出版協会
- この本では，言語を使う能力が生物学的な基盤をもつヒトに特有の能力であることがたくさんの証拠に基づき説明されます。それに加えて，第11章で言語の複雑な文法が，累積的な適応によって進化可能であることが説明されています。

長谷川眞理子 (2002).『生き物をめぐる4つの「なぜ」』集英社
- 本章では，社会心理学のこれまでの研究と進化心理学の考え方の違いを明確にするために，至近要因と究極要因について説明しました。至近要因と究極要因という考え方は，動物行動学者のティンバーゲン（N. Tinbergen）が提案した動物行動の研究で重要な4つの問題設定のうちの2つです（それ以外の2つは個体発生〔発達〕・系統発生に関わる問題です）。この本では，4つの問題設定が動物行動の研究で具体的にどのような形をとるのかがわかりやすく解説されています。

第1章 適応行動を支える意識できない心の働き

氷山のような意識・非意識のイメージ➡

⬇おむつを替える男性（毎日新聞社）

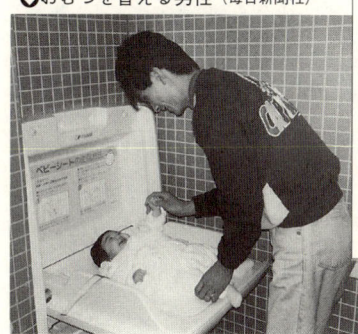

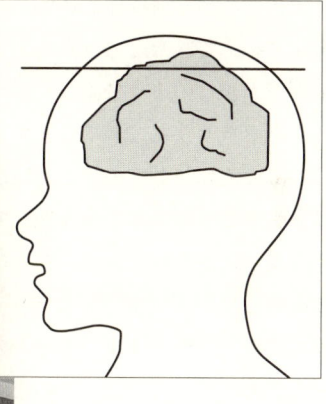

Introduction

　人間はさまざまな適応プログラムを備えた生き物として，日々の暮らしを営み，一連の行動を実行しています。多くの適応プログラムは，行為者が意識，自覚しなくても非意識的・自動的に活動します。しかし，私たちの主観が意識世界をしっかり占めているために，このシンプルな事実は忘れられがちです。第1章ではまず，他の生物たちと同じように，非意識的に適応を実現する仕組みにはどのようなものが含まれているかを基本事項として素描し，特に近年の知見として社会心理学領域においても確立してきた行動の非意識過程に焦点をあてて，説明を行います。人の行動のメカニズムの一端をここでは取り上げ，また近年注目されている態度の潜在測定についても触れます。

1 意識と非意識

　現代の心理学研究において，非常に重要な成果は，素朴な人間観を塗り替えてきたという点にあるでしょう。心理学は，さまざまな場面で人がどのように感じ，考え，行動するのかについてのメカニズムを解き明かしてきています。特に社会心理学では，対人場面においての人に対しての振る舞いを「社会的行動」と呼び，社会的行動が生じるメカニズムを探究しています。

　人間が何かを行うメカニズムは，私たち自身，あたりまえのようにわかっている気がしてしまう一方，よくよく考えてみると謎だらけの領域でもあります。友達との会話でも，どうしてあのとき，あんなことを言ってしまったのだろうと後悔したり，失敗を感じたりするようなことはしばしば起こります。

　非意識過程　このような行動が生じるメカニズムとして，現在の心理学では，意識外で生じているプロセスに注目し，これを**非意識過程**（nonconscious process）と呼んで研究がなされています。無意識（unconscious）というと，少し心理学を学んだことがある人は，フロイト（S. Freud）の精神分析理論を思い浮かべるかもしれません。フロイトの理論は現在でも興味深い洞察がたくさん含まれていますが，非意識過程はフロイトの呼ぶ無意識とはずいぶん異なった現象です。フロイトは，トラウマ的な経験などが抑圧され，意識できない無意識に閉じ込められ，それが神経症などさまざまな形として現れる原因になりうることを主張しましたが，実証科学的に扱うには大変困難な理論になっています。

　それに対して，現在の心理学が扱っている非意識過程や現在の無

意識概念（無意識という用語を現在でも使うことはしばしばあります）は，きわめて科学的な研究の歴史をもっているものです。そして，このような非意識過程は，人の適応を支える重要な仕組みになっていることが見出されてきています。

考えてみれば，意識と非意識の違いは，意識的に気がついているかどうかということでしょう。私たちの心の自覚的な意識領域に上ってくること，それ以外は非意識で進行していることになります。呼吸や消化など，考えてみればそのような心身的プロセスはいくらでもあります。むしろ，呼吸や消化などが意識しないとできないようなプロセスであったとしたら，大変困ることになるでしょう。呼吸をし忘れてしまったら大変です。このような生命を保つ重要なプロセスは意識的処理とは無関係に，自動的に維持されて，眠っていても体の方で自律的に行ってもらわないと困ります。したがって，身体的に非意識的なプロセスが存在することは，少し考えればむしろ当然のことだと考えられるでしょう。

そう考えれば，「意識」をもたないと考えられる人間以外の動物たちは，みんな「無意識」にさまざまなことを行っているのだというあたりまえの現実に気がつきます。餌の探索も外敵から逃れるのも，魚類でも軟体動物でも問題なく行っていますし，そのような行動の萌芽は，細菌のようなもっと簡単な構造をしている生物においてもあります。これらの生物は，「逃げよう」とか「離れよう」と意識的に思って毒物に対処したり，「獲ろう」と思って栄養物に接近したりしているわけではありません。ハチやアリも巣の設計図を意図的に思い描いて巣を構築しているわけではありません。

生物の根本的原理 より複雑な人間の行動がいかに進化してきたかは，後の章でよりくわしく見ていくこととして，根本的原理は，このような非意識的で**自動的**（automatic）

な行動プログラム，遺伝子によって組み込まれた行動プログラムによって，生物の**適応的反応**（adaptive response）の多くは構成されているという簡単な事実に基づいていて，この原理が広く生物に適用されることは現在疑いようがありません。人間も例外ではなく，自動的な呼吸や消化，知覚など適応のためのさまざまな生体システムが遺伝子によって形成され，そのプログラムに従ってつくられてきた脳神経回路を含めた生体システムによって支えられていることは，続々とその詳細が現在明らかにされつつあります。

このように，意識が関与せずとも，自動的に生体が反応プロセスを実行していくという仕組みでシステムが形成されていることがきわめて便利であり，むしろそのような非意識的メカニズムが人間以外の生物では，通常の「デフォルト」状態であり，進化的にはこのようなシステムの方が早くに起こり，動物の行動の土台をつくっている事実に気づくでしょう。

ただ，さらに問題はここから新たに始まります。誰しも呼吸や基本的な知覚システムが無意識に実行されていることには容易に同意できることですが，恋愛対象の選択や購買行動，援助行動や攻撃行動，協同や競争，説得による態度変化など高次とされる行動や思考は，意識的意図がコントロールしているプロセスであって，そのような自動性とは一線を画すものであると考えがちです。ところが，現在の社会心理学では，高次過程が非意識的な自動的プロセスで進行していることを次々と指摘しているのです（Bargh, 2007）。

2 活性化拡散モデル

> 活 性 化

この自動的プロセスで鍵となる概念は、**活性化**（activation）であり、大きくは概念の活性化と動機の活性化の2種類があります。もともと非意識過程が心理学の世界で科学的に認められる端緒となったのは、認知心理学領域における**プライミング効果**（priming effect）という知見の発見でした。その基盤には、記憶内でさまざまな概念はネットワーク（network）状態で互いに結びついているという考え方がありました（図1-1；意味ネットワーク・モデル）。そこには、**活性化拡散**（spreading activation）という原理が働き、ある概念が活性化すると、それと結びついている近隣の概念もみな活性化していき、そのような活性化が伝播、拡散していくという考え方です。図1-1で説明してみましょう。

インコという小鳥を見ると、小鳥に関連する概念が次々と活性化していき、コマドリ、ブンチョウなどが想起されます。記憶内で近い概念は、芋づる式に引き出しやすくなること自体は、注意すれば自分の意識内でも気づくことでしょう。概念が想起しやすい状態になることを活性化と呼びますが、この活性化拡散のプロセスは非意識的に進行します。図1-1では名称だけをつなげた例を示していますが、「鳥」―「飛ぶ」、「鳥」―「羽毛」などの名称と属性を関連づけたモデルが多く示されていますし、人の属性や行動の場合には、エピソードをまるごと関連づけるようなモデルも示されています。

いくつかの概念は、行動として実行することと結びついていると考えられますし、行動が繰り返し行われれば、その概念とそれを行

図 1-1　意味ネットワーク・モデル

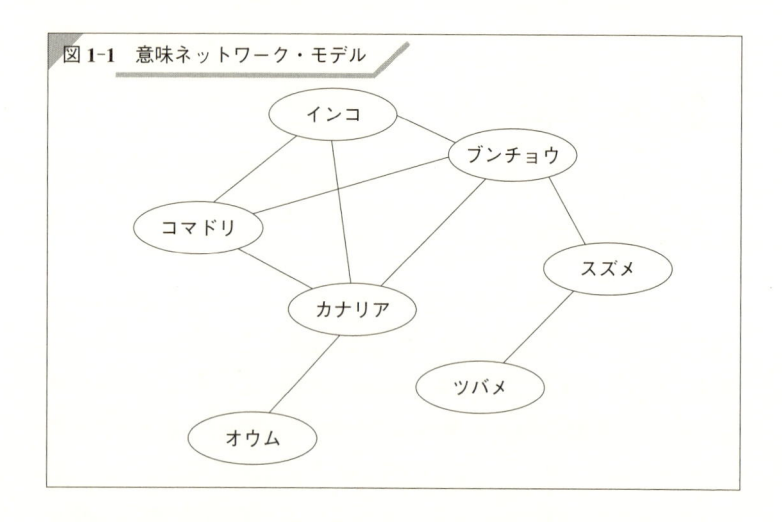

（図：インコ、ブンチョウ、コマドリ、カナリア、スズメ、ツバメ、オウムがネットワーク状に結ばれている）

う行動，例えば，清潔という概念と掃除行動は強い結びつきができます。

反応時間の測定

この事実はどのように確認することができるでしょうか。活性化している状態というのは，その概念を用いやすい，アクセスしやすい状態が生じていて，それを活用するプロセスがすでに立ち上がりつつあり，準備が整ってきている状態にあるということでしょう。

メイヤーらは，活性化していると想定される語に対する反応時間を測定する方法をとりました（Meyer et al., 1972）。といっても，「何に対して」反応する反応時間を測定したらよいかは決めるのが難しいことです。そこで彼らは，単語の処理としては基本的なプロセスであると考えられる「それは有意味な単語だ」と気づく反応時間を測定することにしました。単語である場合と，アルファベットの無意味な羅列であって意味のある語をなしていないもの（例えば，CREMIT）をランダムに半々，コンピュータ・ディスプレイの画面

図1-2 プライミング課題の流れ

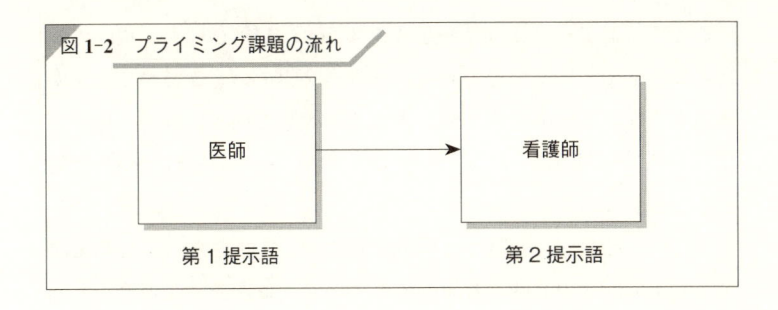

```
[医師] → [看護師]
第1提示語     第2提示語
```

(初期は瞬間提示器によるスライドやディスプレイ画面) にランダムな順序で提示していき，実験参加者はそれを見てなるべく素早くキー押しで単語か非単語かを回答し，刺激語の提示からキー押しがなされるまでの反応時間を測定したわけです。これを**語彙決定課題**（lexical decision task）と呼びます（Neely, 1976）。

プライミング効果

活性化が及んでいる概念，つまりその関連語では，いわば受け入れ態勢が整っているので，画面に現れて，それを語だと気づく時間が早められるわけです。活性化を起こすには，先に引き金となる概念を提示しなくてはいけませんから，それを第1提示語として，第2提示語に対して実験参加者は反応することになります。実際に，「医師」を第1提示語とすれば，「看護師」という第2提示語に対する語彙決定反応は速くなります（図1-2）。速くなるというのは，「医師」でない別の無関連の語（例えば，「パン」）が第1提示語となっている場合と比較して，「医師」が第1提示語である場合の方が有意にスピードが速いということです。

先に提示した概念の影響を受けて，後続の関連する概念の情報処理が促進されるこうした現象をプライミング効果と呼んでいます。このように，精緻で厳密な手続きを踏んだ実験をきちんと行ってい

くことで，およそこの効果が生み出す50ミリ秒（0.05秒）程度の反応スピードの差に基づいて，実証的証拠を得ていくことができます。そのようなスピードですから，もちろん実験参加者自身は，自分の反応のスピードの違いに気づいていません。脳内の活性化が自動的にもたらしている出来事なわけです。

　さらに，印象的な知見へと研究は進んでいきました。目で刺激語をとらえて，その意味内容を分析していくのは意識的な理解だと感じられがちですが，意識レベルで起こるよりもそのスピードがかなり速いということはわかっていました。実際に調べてみると，網膜上に刺激を投入すれば，この活性化プロセスは進行し始めることがわかりました。瞬間的な速さ，例えば20ミリ秒（0.02秒）ほどで第1刺激語を提示してもプライミング効果が生じることが知られてきました。すると，このような瞬間的な速さでは実験参加者は意識的な処理として単語を読むことができませんので，何が刺激提示されたかもわからないまま，概念の活性化だけが自分の脳内で進んでいることになります。ここに至って，単語解析プロセス，活性化拡散のプロセスなどが非意識的に行われていることが確かなものとなりました。

直接プライミング効果　さらに，この研究の延長線上でインパクトを大きく強めたのは，**直接プライミング効果**の発見でした。第1提示で出された語と意味的に関連する語を第2提示語とすると，処理の促進効果があるというのが先ほどのプライミング効果でしたが，これを間接プライミングと呼びます。それに対して，直接プライミング，ないしは反復プライミングというのは，その単語そのものに対する促進効果です。同じそのものへの促進というとあたりまえのことですが，直接プライミングの知見がインパクトをもったのは，それが時間が離れても起きるということと，そ

のため，本人が自覚的にはすっかり忘れてしまっていても効果が生じるということにあります。

実験としては以下のように行われます。実験参加者は，実験室に時期をおいて二度来室することになりますが，最初の来室時に記憶テストということで，30語ほどの単語リストを記憶します。3カ月ほど経ってから，実験参加者は，先のリストにあった単語となかった単語を半々混ぜられたリストを提示されていき，先のリストにあったかなかったか判断をします（再認テスト）。すると，先のリストにあった多くの単語について，あったことが覚えられていなくて，偶然レベルでしか，あてられないことがわかりました。

ところが，ここで新たな記憶テストがなされます。それは，単語の一部を欠いておいて，それを完全に完成させて読み上げるという**単語完成課題**（word completion task）です。例えば，「psy_ _olo_y」と画面に提示し，それを見た実験参加者は，「psychology」と完成させます。単語となる正解が1つだけの場合も複数の可能性のある場合もありますが，それを見たとき，実験参加者は，以前に提示されていたリストにあった単語では，単語完成の正答率が高く，また以前に提示されていた単語として完成しやすいということが明らかになりました。刺激をランダムに用意するような厳密な手続きをとってもこの結果は確認されていますので，個々の単語の完成しやすさや記憶への残りやすさを超えた別の原因，ただ前回見たことがあるというその1点からの影響だと考えられます。前に一度その単語を見たことが，時間をおいて次に，その不完全な部分的提示を受けた際に，単語完成を成功裏に行う蓋然性に影響したわけです。これはどういうことでしょうか。

潜在記憶

まだこの謎のメカニズムが完全に解明されているわけではありませんが，脳内で単語

2　活性化拡散モデル　　29

をこのような実験室状況で一度処理を行った何らかの情報処理的な痕跡がとどめられていて、それが次の情報処理を支え、促進する結果をもたらしているということです。前の経験が後の遂行に影響するということは、前の経験が何らかの形で保持されていることを示しています。このように、生体内に何らかの情報が保持されている現象を心理学ではすべて「記憶」と呼んでいますので、これは記憶現象の1つということになりました。シャクターらは、これを**潜在記憶**（implicit memory）と呼びました（Tulving et al., 1982；Graf & Schacter, 1985）。

　実験参加者本人は、その単語を前のリストで見たことがあるかどうかについて、偶然レベルの認識しかありません。これが**顕在記憶**（explicit memory）のテストです。これまでの記憶研究では、意識的・自覚的に覚えているものを思い出してもらうといった顕在記憶検査が主流でした。覚えているものを尋ねる再生テストも、ある語があったかなかったかを尋ねる再認テストも、顕在記憶検査です。それに対して、潜在記憶は遂行成績から間接的に推定されます。見なかったものより、見たことがあるものの方が単語完成正答率が高いならば、見たことが潜在記憶として保持されていて、そのために遂行成績を向上させるというわけです。見ることは何らかの活性化を高め、その後の**アクセス可能性**（accessibility）を高めます。これまでと同様の意味ネットワーク・モデルの活性化では、3カ月も時間が経つと活性化は当然減衰していますから、そのようなメカニズムからは説明不可能です。もっと基底的な何らかの処理システム上の変化が保持されていて（たとえ話でいえば、パイプが太くなるとか、神経回路での流れが速く、スムースになるとかです。これらが物理的ないし、生化学的特質において変化が保持されていると考えられます）、後の情報処理を促進するということです。

単語完成課題だけでなく，そのような語は使われやすくなるといった知見があります。このような情報処理的観点を社会心理学に取り入れた社会的な認知研究においても，社会的なプライミング効果は確認されてきました。ヒギンズらの実験では，知覚課題と称して先に行った課題の中で，「冒険的」(adventurous) といった語に触れているか，「無謀」(reckless) という語に触れているかの2通りの条件設定がなされました。その後，「冒険的」とも「無謀」とも受け取れるような，カヤックで急流下りをしたり，大西洋横断を企てたりするようなプロフィールを示された人物の印象記述の課題において，事前に触れていた当該の特性語が記述に現れやすいといった結果が知られています (Higgins et al., 1977)。実験参加者自身は先の知覚課題と印象課題の関連に気づいておらず，先に提示された語の顕在記憶は非常に弱いものでした。

　このように，脳内の暗黙の記憶やアクセス可能性，活性化を実験的に何らかの反応として切り出してきて測定するといった工夫が近年いろいろとなされるようになってきて，記憶現象や特性語の利用などが，利用者本人が自覚的に意識されていなくとも，効果が発揮されていることが次々と明らかにされてきました。

3　行動プライミング

　しかし，まだこれらは当初予告しました「高次な」人間の活動からはまだ程遠い印象をもたれるでしょうか。プライミング効果は概念レベルや語を用いるといった言語レベルだけの影響ではなく，行動選択などの行動レベルにも現れる行動プライミングが生じることが徐々にわかってきました。ダイクステルハウスらは人の行動に対

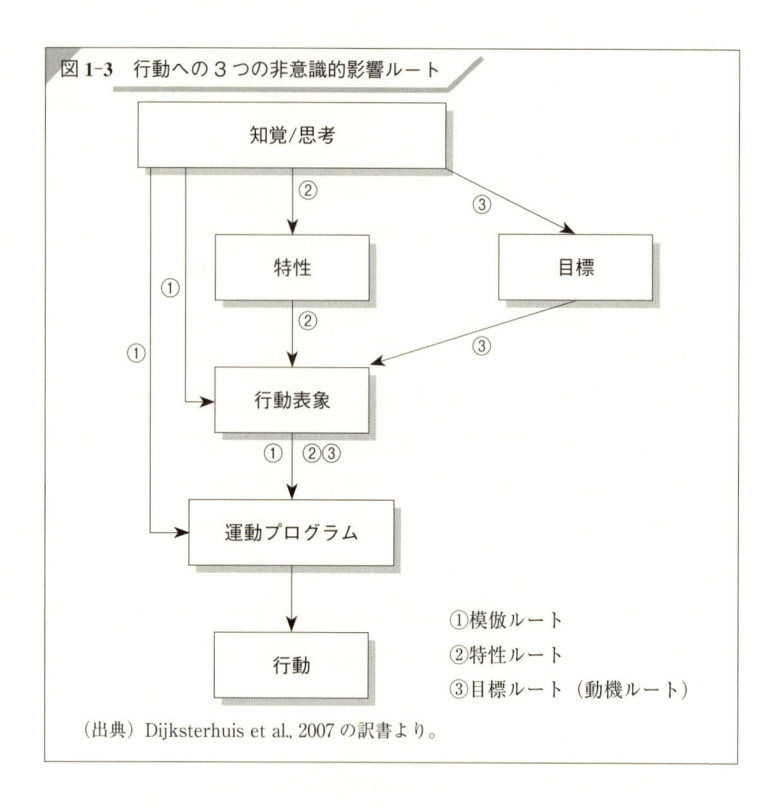

図1-3 行動への3つの非意識的影響ルート

```
        知覚/思考
         │ ②      ③
         ▼         ▼
        特性      目標
    ①    │ ②      │ ③
    │    ▼         │
    │   行動表象 ◄──┘
    │    │ ① ②③
    │    ▼
    └─► 運動プログラム
         │
         ▼
        行動
```

①模倣ルート
②特性ルート
③目標ルート（動機ルート）

(出典) Dijksterhuis et al., 2007 の訳書より。

する影響を3つのルート，種類に分けています。第1は模倣ルートであり，第2は特性ルート，第3は目標ルート（動機ルート）です（図1-3；Dijksterhuis et al., 2007）。

このような仕組みはなぜ備わっているのでしょうか。活性化拡散やアクセス可能性の影響といっても，そのようなメカニズムは意味もなくつくられているわけではなく，これも進化の1つの成果であるはずでしょう。

> 模倣ルート

適応的な働きの意味を考えてみると，行動レベルで多くの個体は，ある状況における

他個体の行動を参照し，同じ行動をとることがよい対処を導く蓋然性を高めるものと考えられます。これが，第1の**模倣ルート**を形成させる基盤になっています。基本的なジェスチャーの自動的模倣は乳児の頃から指摘されており，実験者の唇や口の動きを乳児がまねるという知見が得られています（Meltzoff & Moore, 1977）。大人においても実験中にサクラ（実験協力者）がとる姿勢（足を揺する，顔に触るなど）が，非意識的にまねられているという結果が得られています（Chartrand & Bargh, 1999）。

チャートランドらは，以下の4点を主張しています（Chartrand et al., 2005）。

① 非意識的な模倣は，他者が存在し，その行動を認知する際，自動的にデフォルトで生じるプロセスである。
② 自動的な模倣は，人が良好な関係を築くのに，機能的・適応的な役割を果たしている。
③ 自動的な模倣は，文脈要因や動機的要因によって，調整されて促進／阻害される。
④ その利益が多いときに，模倣行動は促進される。

> 特性ルート

第2の**特性ルート**ではどうでしょうか。特性に関連する概念の活性化については，周囲の状況を素早く理解するために，準備態勢を整える意味があると考えられます。あるテーマについて話が及ぶと，それと関連する事項について受け入れの準備態勢をつくっておくわけです。日常の経験からも，現在の会話とまったく無関連な話を突然もち出されると，理解に戸惑ったり，勘違いが生じたりしやすいことはわかると思います。概念の活性化はまず語の理解のレベルで素早い処理態勢を構築することに意味があり，さらに，それが行動の準備態勢，行動傾向へと及んでいくわけです。ある特性概念が常にある行動とともに

経験されることが多い場合には,自動的に行動へと及んでいく結びつきが強められていると考えられます。

特性ルートの影響を示す実験を1つ紹介しましょう。バージらの実験では,事前に言語テスト(乱文構成課題)の中のいくつかの単語によって,丁寧さ(丁寧条件)か大胆さ(大胆さ条件)のいずれかの概念を喚起された実験参加者が,回答した質問紙を階下の助手に渡すように指示されます。ところが行ってみると,助手の人は別の人と話をしていてなかなかそれが終わりません。このとき,質問紙をちょっと渡すだけなので,話をさえぎって渡すかどうかが結果の注目点です。大胆さ条件では,67%の実験参加者が話をさえぎって質問紙を手渡しましたが,丁寧さ条件では割って入るような行動は,16%の参加者だけに見られたにすぎませんでした(Bargh et al., 1996)。

このように,実験参加者の実際の行動選択に大きな違いが見られ,事前の活性化が影響を与えていたわけですが,参加者自身はこの影響に気づいていません。ある特性概念に触れていることは,概念理解や概念利用,あるいは,人物の評定などの社会的判断といった認知レベルの現象に影響を与えるだけでなく,その人が日常どのような行動をとるかといった行動レベルにも影響を与えうることを如実に示したわけです。

目標ルート(動機ルート)

最後に**目標ルート(動機ルート)**ですが,目標概念を活性化させることによって,より複雑な目標指向的行動にもプライミングの効果が及んでいくことが示されてきています。通常,目標指向的行動というのは,意識的な判断の結果によって意図的に目標が追求されるものと考えられがちでした。しかし現在,目標に関わる外的刺激が経験されることによって,非意識的・無自覚的にも目標に沿った行動が自動的に生起し

やすくなることが示されています。例えば,「看護師」という概念が示されることによって,その代表的な含意として人を助ける,援助するといったタイプの行動の生起の程度が強まることが示されていますが,このプロセスは本人自身には意識されず,援助の蓋然性が高まった原因について自覚されていません (Aarts et al., 2005)。

4 他者の行動の理解

●ミラーニューロン

　非意識的な模倣行動を可能とするようなシステムは,どういったものなのでしょうか。近年,他者/他個体の行動知覚から自身の行動へと変換を実現するシステムの重要な要素が発見されました。

　マカクザルの腹側運動前野に,特定の自分の行う行為の際に活動するニューロンが,同じ行為を他者(例えばヒト)が行っているのを見ているときにも活動することが発見されました (Rizzolatti et al., 1996)。自分の行為と他者の行為を鏡に映し出すような役割に注目して,彼らはこれをミラーニューロンと名づけました。マカクザルにおいては,このニューロンは行為という抽象化された単位で活動することが知られるようになってきました。単に対象物が置いてあるだけでは反応せず,それをつかもうとするという行為者との関わりがあって初めて活動が見られ,その行為が推測される状況であれば,視覚刺激として完全な情報が与えられなくても活動することもわかったのです。

　人においても PET や fMRI (第2章参照) によって脳の活動部位の検出を行うと,自分の行為の生成に関与する運動前野や頭頂葉が,他者の行為の観察時にも活動していることがわかり,これらはミラーニューロン・システムと呼ばれています。ミラーニューロン・シ

ステムがいかに他者の心の推論を支え，働いているかについては，まだ不明なことも多く，研究が続けられていますが，視知覚と運動の両方に関与するシステムの働きが，行為の模倣や観察学習に関わっている可能性が高く，他者の行為系列の理解や予測が意図の理解につながっているという考えから，心の理論の脳神経基盤として今後解明が期待されている研究領域となっています。

5 ステレオタイプ

　自動的に働くさまざまな高次の心的プロセスの中で，研究が進んでいる領域にステレオタイプ的認知に関わる領域があります。現代では，意図的な偏見，差別は減る傾向にあり，道徳的にも**偏見・差別はよくないものである**という意識は行き渡ってきています。それでは，現代社会には偏見や差別がもう見当たらないでしょうか。けっしてそういうことはありません。アメリカ社会やヨーロッパ社会の中で，アフリカ系の人たちの社会的地位はしばしば抑え込まれたものとなっていますし，日本社会の中においても韓国人・朝鮮人差別が見られます。また，障害者の自由や自立を阻むさまざまな壁のあるなかで，人々のもつ意識もそのような障壁の1つと数えることができるでしょう。

　　　印象形成　　　社会の中のマイノリティの人たちは，しばしばネガティブな感情が向けられる対象となります。D. L. ハミルトンとギフォードは，大きな集団と小さな集団に属する26個と13個の人物プロフィールを実験参加者に示して印象効果を調べています（Hamilton & Gifford, 1976）。大集団メンバー26名のうち，好ましい行動を示していたのが18件，好ましく

ない行動を示していたのが8件でした。小集団メンバーについての情報13個のうち,好ましい行動を示していたのが9個,好ましくない行動を示していたのが4個でした。両集団ともに好ましい行動と好ましくない行動の比は,いずれも9:4であり同率でした。それにもかかわらず,形成された印象では,小集団の方がより好ましくない印象がもたれたのです。推測された好ましい行動,好ましくない行動の度数では,小集団においての好ましくない行動の度数が最も過大視されていました。

　プロフィールを見ていく人の方では,よく意識していなくてもおのずと形成される印象に**バイアス**がかかり,いつの間にかマイノリティは多数派よりもネガティブに見られているという結果になったりします。

　あからさまな差別意識は減っても,このようにちょっとした隙間から偏りは進入してきます。ダーリーとグロスの研究では,ハンナという小学校4年生の女の子のビデオを実験参加者に提示して,ハンナの学力を推測させています（Darley & Gross, 1983）。ビデオの前半部分ではハンナが住んでいるところについての情報が提示されます。一方の条件ではその居住地がどちらかといえば貧しい印象を与えるものであり,両親の学歴も高卒という設定が与えられていました。もう一方の条件では,ハンナは豊かそうな居住地に住み,両親の学歴は大卒でした。しかし,これらの情報だけによっては,実験参加者によるハンナの学力の推測に差はありませんでした。出身地や両親の学歴という背景だけで,ハンナの学力の高低を決めつけるようなことはありませんでした。現代ではそれは差別だとわかっているからです。

　ところが,ビデオに後半がついている実験条件では,その教室のシーンでハンナが難しい問題に正解したり,簡単な問題に間違えた

りする場面を映したビデオが提示されました。この後半のビデオを見た実験参加者は，この教室でのシーンはまったく同一のものであったにもかかわらず，前半の社会的背景の影響が現れてしまい，豊かな社会的背景の条件の方が，貧しい社会的背景の条件の場合よりもハンナの学力を高いと推測していたのです。後半のビデオは前半の社会的背景から示唆される偏見の確証として利用され，知らず知らずのうちに，その確証を進める点に注意が向き，結局偏見を披瀝する羽目になってしまったというわけです。意識して偏見を排除することは難しいことであり，ちょっとした情報の中での注意の偏りによって私たちは偏見を入り込ませてしまうのです。

　他者の印象を形成していくこのようなプロセスについて，フィスクとニューバーグは，**印象形成の連続体モデル**を提唱しています（図1-4；Fiske & Neuberg, 1990）。

　私たちは，他者をまずカテゴリーを用いて見てしまいやすく，その考えが徹底的にうまく確証されないときに限って，個々のエピソード，経験に基づく印象をもつようになるといった図式をこのモデルは示しています。そしてそのプロセスを進めていくには，意識的な注意を可能とする認知資源（認知的なエネルギー）と正確に認知しようとする動機づけの両方が必要です。どちらが欠けても簡易的なカテゴリー的印象ですましてしまうといったことが生じます。

　ステレオタイプの知識　さらに，ドゥヴァインは，人々は基本的なステレオタイプの知識を有していることを示し，その活性化は自動的に生じてプライミングの影響が現れてしまうことも示しました（Devine, 1989）。事前の知覚課題の中でアフリカ系アメリカ人に関わる関連語を20％含めた条件と，80％含めた条件が設けられました。その後に人物プロフィールを見て判断する際に，アフリカ系アメリカ人関連語80％提示条件では，アフリ

図 1-4　印象形成の連続体モデル

```
対象人物との遭遇
      ↓
初期カテゴリー化 → 最小限の関心，重要性があるか？ --いいえ--→
      ↑                ↓はい
      │           対象人物の属性への注意の配分 ←──────┐
      │                ↓                              │
  うまく──← 確証的カテゴリー化                         │
  いったら         ↓失敗                               │
  うまく──← 再カテゴリー化                             │
  いったら         ↓失敗                               │
              断片的統合                               │
                ↓                                     │
カテゴリーに基づく     断片に基づく                    │
感情，認知，行動傾向   感情，認知，行動傾向            │
        ↓               ↓                             │
         反応の表出                                    │
              ↓                                       │
         さらに評価は必要か？ --はい-------------------┘
              ↓いいえ
            停止
```

（出典）Fiske & Neuberg, 1990.

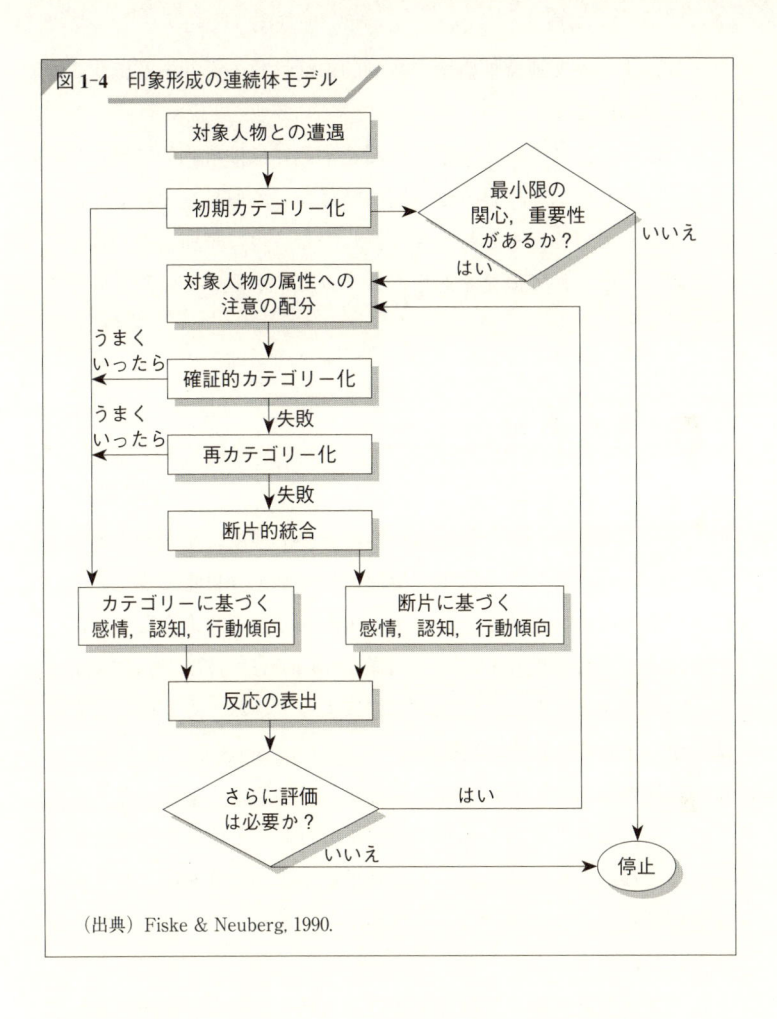

カ系アメリカ人ステレオタイプに関連するようなより敵意的・攻撃的な印象判断が見られました。すでに敵意的な概念が活性化しているため，無関連な人物の評定においても，アクセス可能性の高まりによってそのステレオタイプの適用が現れてしまったということで，

ステレオタイプ関連特性概念が自動的に活性化の影響を及ぼすことを示したわけです。

このように,ステレオタイプに関連する知識は自動的に働いています。しかし,当人は自分は差別的ではない,偏見を免れていると自己認識しているかもしれません。しかし,現に差別現象が残っている限り,どこかで偏見を適用するプロセスが働いているということでしょう。

6 潜在測定

潜在的態度　偏見は1つの社会的態度ですが,このように現代では自分では十分自覚できていない態度が重大な社会的影響をもつケースがあり,このような態度については本人に意識的なレベルで言葉(「あなたは障害者に対して偏見をもっていますか?」などのような質問)によって尋ねても正確なところはわかりません。従来の**顕在測定**(explicit measurement)というツールが意味をもちにくいわけです。しかし,社会から偏見・差別を減じていくにはその原因を知り,要因を分析し,その要因を改善していかなければなりません。改善の効果があるかどうかは,きちんと偏見が測定できない限りはっきりわかりません。その肝心の測定が危ういわけです。

このような背景から,偏見などのある種の態度を潜在的に測定するツールが近年次々と開発されてきました。**潜在的態度**(implicit attitude)の個人による違いを測定するためのツールです。その目的は個人の偏見の程度を決めつけて断罪するためのものではけっしてなく,偏見を減じる要因の有効性の査定のため測定を行うという

図 1-5 IAT のディスプレイ画面の例

```
女性           男性
または         または
人文           科学


          電子工学
```

ことです。

　現在最もポピュラーに用いられている**潜在測定**（implicit measurement）は**潜在連合テスト**（Implicit Association Test；IAT）と呼ばれるものです（Greenwald et al., 1998）。図 **1-5** のような画面中央にターゲット語を提示し，それが左上と右上に表示されているカテゴリーのいずれに分類されるか回答するというのが基本的な仕組みになっています。

　ターゲット語には，カテゴリーと属性の 2 種があり，例えばカテゴリーが「女性」vs.「男性」であり，属性として「人文」「科学」といったものを利用するとしましょう（表 1-1）。最初は，「女性」の名前が画面に現れたら左のキー，「男性」の名前が現れたら右のキーを押します。これが 20 試行くらい行われます。次に，「仏文学」などの具体的な「人文」の分野，「電子工学」などの具体的な

表 1-1 IAT の課題構成の例

ブロック	試行数	左のキー	右のキー
1	20	女性	男性
2	20	人文	科学
3	40	女性＋人文	男性＋科学
4	20	科学	人文
5	40	女性＋科学	男性＋人文

「科学」の分野がランダムに画面に現れ,「人文」なら左のキー,「科学」なら右のキーを押します。ついで複合ブロックが行われ,ここでは,これまでのカテゴリー,属性両方のターゲット語が画面中央に現れます。「女性」あるいは「人文」なら左のキー,「男性」あるいは「科学」なら右のキーを押すということになります。実はこれは比較的スムースに行われます。ステレオタイプに合致した組み合わせは自然に左右のキーとの対応で同じ仲間,グループにしやすいからです。

ところが,次に属性の左右を反転させ,「人文」で右のキー,「科学」で左のキーを押すように変えます。その練習を行った後に,「女性」あるいは「科学」では左のキー,「男性」あるいは「人文」では右のキーという具合に複合ブロックの組み合わせを変えます。するとこれはステレオタイプの強い人にとっては,格段にキー押しがしにくくなり,エラーも増えがちです。最初の組み合わせでせっかく作業が慣れたのに,それを変化させたからでしょうか。いいえ,順序を変えて表1-1の第2,3ブロックと第4,5ブロックを逆順に構成しても,ステレオタイプと異なる組み合わせを強いられたブロックでは反応は遅くなりがちです。この複合ブロックでの回答の平均反応時間を測定して差をとれば,その人の偏見の度合いが知られ

るわけです。女性が科学に従事することに違和感がまったくない人ではその時間差は非常に少ないものになりますが,「人文」=「女性」,「科学」=「男性」という結びつきを強固に感じている人では,この時間差は大きなものになります。この時間差を IAT 量と呼び,そのステレオタイプ,ないしは偏見の個人差の指標となるわけです。

AMP

IAT では,「女性」vs.「男性」のように対立的に扱う 2 つのカテゴリーが必要でした。**AMP**（感情誤帰属手続き；Affect Misattribution Procedure）と呼ばれる手法では,単一あるいはもっと多数のカテゴリーについても同時に測定ができます。AMP では,プライミング効果の実験のよう

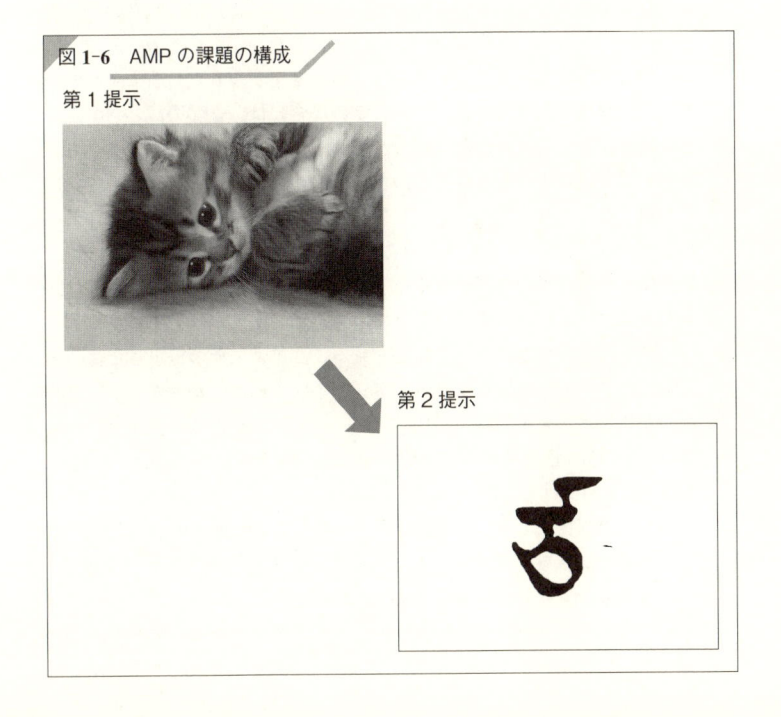

図 1-6　AMP の課題の構成

第 1 提示

第 2 提示

Column ① EAST——もう1つの潜在測定

　赤ランプだったら左のキー，緑のランプだったら右のキーを押すというルールを説明された実験参加者は，画面に提示されるランプの色に従って，キー押し反応を行います。本来，そのランプが画面のどの位置に現れても課題の要請するところの本質には関わりがないはずですが，赤いランプが画面の中の右側に提示されるとエラーが多くなり，反応時間も平均して遅くなります（Craft & Simon, 1970）。左右いずれのキーを押すかという運動的動作は，画面上の左右提示と位置的な対応性，適合性を意識せずとももってしまっていますので，赤いランプが左に現れて左のキーを押す，緑のランプが右に現れて右のキーを押すといった試行時の方が動作と位置が適合していてスムーズに反応できるわけです。

　デ・ハウアーは，この原理を活用して潜在的な態度測定を試みました。画面中央に現れる白文字がポジティブな語であれば左のキーを，ネガティブな語であれば右のキーを押すというルールによって，左右のキーの感情価（ポジティブ，ネガティブ）に慣れさせながら，その一方で，色つきの青文字が現れたら左のキーを，緑の文字が現れたら右のキーを押すように課題を複雑化すると，色文字の場合には，文字の語として意味と無関係に左右の反応が割り振られているにもかかわらず，青文字でネガティブな語が現れると，左なのか右なのかコンフリクトが生じて，反応が遅くなったり，エラーしてしまったりする現象が見られるようになります（De Houwer, 2003）。そこで，青文字で「コーヒー」と出したときに，やはり平均時間が遅くなったり，エラー率が高かったりすれば，その人はコーヒーがあまり好きでない人だとわかるわけです。このように，左右判断と組み合わせた反応を見ることで逆にその提示した物の感情価，つまり実験参加者にとってポジティブであるのかネガティブであるのかの態度が非意識的に測定できるということで，デ・ハウアーはこれを外発的感情サイモン課題（Extrinsic Affective Simon Task；EAST）と名づけました。

　IATやAMPとは少し異なる原理を利用したこの態度の潜在測定法は，エラー率の高さをどう処理していくかという問題を残していますが，1つの興味深い測定ツールです（北村，2010）。

に，第1提示と第2提示を用います（図1-6）。第1提示が潜在的態度を測定したい態度対象であり，第2提示はいわばダミーでニュートラルな刺激を提示するのですが，実験参加者はこのニュートラルな第2提示について評価を行うよう教示されます（Payne et al., 2005）。第2提示がその人にとってポジティブ（快）・好ましいか，ネガティブ（不快）・好ましくないかいずれかをキー押しなどで回答します。指標としたのは，提示回数の中でポジティブに回答したポジティブ反応率です。反応時間は問題にしません。AMPは測定方法が手軽で，測定されるものもポジティブ反応率という統計処理が簡単なものです。また，態度対象はいくつでも設定することが可能ですので，1つの測定セッションの中で，4つや5つの態度対象（商品の銘柄など）を測定してしまうことも可能です。

このように非意識過程に着目する研究は増加しており，人々が日常行う行為の基盤として必ずしも十分自覚されないプロセスが横たわっており，その仕組みに従って私たちのさまざまな反応が現れているといった様相が明らかになったかと思います。その非意識過程が何のために，どういう経緯で構成されており，言ってみれば「人間はなぜこうなっているのか」に解答するには，遺伝によるプログラミングのレベルまで射程に入れた進化的パースペクティブを得る必要があるでしょう。

Summary

第1章では，人間のさまざまな心のプロセスが無意識のうちに働いていることを描き出しました。進化の経緯から考えれば，動物としての人間がさまざまな非意識的適応プロセスを有しているのはむしろきわめて当然のことといえるでしょう。しかし，素朴な直観を超えて，私たち

が冷静に合理的に思考していると考えているプロセスにまで非意識の働きが及んでいることを，認知的なモデルである意味ネットワーク・モデルやプライミング効果を通して確認してきました。そしてそのような非意識の働きがデータとして実証的に確認できること，また，このプライミング効果が目標指向的行動にまで広範囲に及んでいることを見てきました。1980年代頃から，社会的行動や社会的判断に及ぶこのような非意識的影響は注目され，そこから自動的なプロセスと，より熟慮的なプロセスの二過程をモデルとして想定する研究が増加しました。それは，偏見，ステレオタイプの研究領域にも及び，1990年代終わりには，潜在的態度という概念を生み出し，潜在測定が盛んになる21世紀を迎えることになりました。

　プライミング効果は，プロセスの進行が非意識的であることを重視した領域であるのに対して，潜在測定は，何を測定しているのか被測定者が自覚の薄いような方法を用いて態度や感情などを測定する手法であり，非意識的に働くプロセス自体に必ずしも焦点をあてているわけではありません。むしろ，理論的前提とする見えない構造や確認の困難な錯誤帰属というプロセスの上に立って，測定技法を工夫したところに研究が成立しています。しかし，いずれも最終的な目標として，一見コントロール不能に見えるこれらのプロセスをいかに現代社会で求められる適合的な形に変容できるかという問題解決のために，詳細なプロセスの探究が続けられているのだといえるでしょう。

Book Guide

バージ，J. A.（編）（及川昌典・木村晴・北村英哉編訳）(2009). 『無意識と社会心理学——高次心理過程の自動性』ナカニシヤ出版

☞ 現在，最新の社会心理学領域の自動性に関する書籍の翻訳。この分野の代表的研究者であるバージが編集した本で，IATについてもグリーンワルド（A. G. Greenwald）らが総括しています。

池上知子・遠藤由美（2008）. 『グラフィック社会心理学（第2版）』サイエンス社

☞ 自動性や社会的認知の領域を多く取り上げていて，具体的な実験・データを掲載しているので，きちんとした理解に好適です。

北村英哉(2003).『認知と感情——理性の復権を求めて』ナカニシヤ出版
☞冒頭に自動性研究の紹介があり,社会的認知分野について広く取り上げた入門書。

及川昌典(2010).「社会的認知の自動性」浦光博・北村英哉(編著)『個人のなかの社会』展望現代の社会心理学1,誠信書房,Pp.37-47.
☞社会心理学の現在の集大成をまとめた3巻本の第1巻に日本の自動性研究の第一人者が執筆した章で,自動性研究の歴史と現況がコンパクトにまとめられています。

第2章 適応としての感情

Introduction

　感情は強力に人を行動に駆り立てます。感情とは何なのでしょうか。ある行動・反応が適応上，重要な行動・反応であるならば，それは熟慮の結果，起こるよりも，むしろ素早く有無をいわさず人に生起してくることこそが重要でしょう。感情は，人のさまざまなプログラミングがどのように備わっていて，またどんなものが仕込まれているかが非常によく見えてくる舞台だといえます。さまざまな社会的行動は感情の影響を受けています。そのため，人間を理解するのに，感情の問題に取り組むのは必須のことだと考えられます。社会心理学領域においても，感情はホットなトピックになっています。本章では，そのような感情の働き，プログラミングと現実の行動をつなぐ目に見える感情現象の領域に着目して，非意識過程を含め，その働きを描いていきます。

人の知的働きを追究していくなかで,従来,感情は理性的な思考を妨げる夾雑物(きょうざつぶつ)のように扱われていました。理性的な判断だけで,人間はうまく生きていけるでしょうか。そもそも生存を保つという基本的なレベルからも,私たちの感情システムは必要があって備わっているものであることが近年ますます明らかになってきました。感情システムなくしては,人はうまく世界に適応して生きていけないのです。本章では,そのような感情のさまざまな側面を,適応と絡めて考えていきます。

1　表情表出

コミュニケーションとしての感情

　感情の特徴の1つは,即座にそのまま伝わることがあるという点です。考えていることのように言葉に表さなくても,基本的な感情は,素直に表しさえすれば,人に伝わります。言葉によらないコミュニケーションをノン・バーバル・コミュニケーション(non verbal communication；NVC)と呼び,しぐさや姿勢,表情,視線,アイコンタクト,うなずき,接触,距離のとり方など,さまざまな要素が知られています。感情的な要素はノン・バーバル・コミュニケーションによって多く伝わり,基本的な他者への好意や関心は,**アイコンタクト**(eye contact)が多いほど,うなずきが多いほど,距離を近くにとるほど高いものと感じられます。その中で表情というのは,単に好意だけでなく,多彩な感情を表現し,人に伝えるものです。また,私たちは表情を手がかりに他者の感情状態を推測し,読み取っているわけです。本節では,まず表情の領域から感情にアプローチし,そもそも感情とは何であるのか,その適応にもたらす

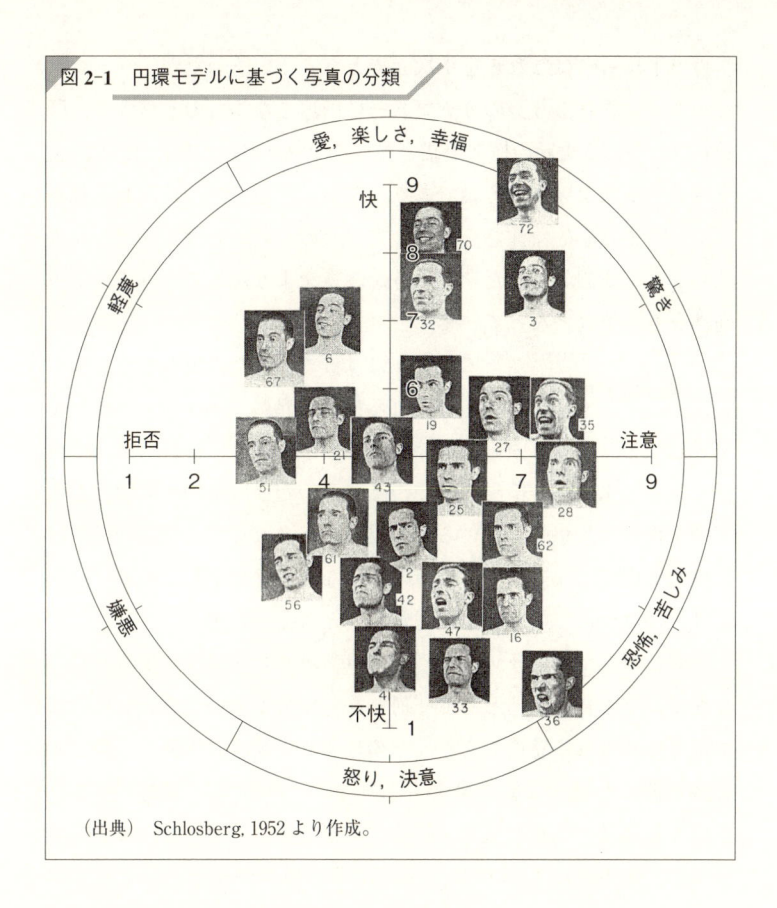

図 2-1 円環モデルに基づく写真の分類

(出典) Schlosberg, 1952 より作成。

意味は何かを中心に考えていきます。

　人の感情は自然にその表情となって現れてきます。ウッドワースは，人の表情写真の分類を通して，感情の種類について以下の6つのカテゴリーを示しました（Woodworth, 1938）。

　　①愛，楽しさ，幸福　　②驚き　　③恐怖，苦しみ
　　④怒り，決意　　　　　⑤嫌悪　　⑥軽蔑

1　表情表出　　51

ウッドワースはこれらを1次元でとらえていましたが、シュロスバーグは、これら6つのカテゴリーは円環をなすものと整理し、図**2-1**のように2次元の構造で描きました（Schlosberg, 1941, 1952）。上下は快－不快を区別する軸であり、左右は注意－拒否に関わる軸として、つまり心的な注意を対象の方にどのくらい向けるかどうかの次元として構想しました。右の方が注意をより対象に向けていく方向性をもつ情動となっています。

| 基本的な情動 |

このようにはっきりした表出をもち、強く感じられる感情を**情動**（emotion）と呼びます。しかし、情動は強い感情であるため、時間的に持続力は弱く、長く続くと思われる情動というのは、そのたびに情動の原因となる事柄を繰り返し想起しているからだと考えられます。情動の原因は比較的明白で、なぜ怒っているのか、なぜ恐怖を感じるのか、当人に理由がわかっている場合が通常多いと考えられます。

これに対して、**気分**（mood）は弱い感情であり、日常生活を行うなかで、その背景感情として「何となく気分がよい／悪い」といった薄く感じられる感情であり、その代わり持続時間は長く、数日から数週間にわたって続く場合もあります。本書で、「**感情**」（affect）という言葉は、情動と気分を総称する概念として用いています。ちなみに、feelingというのは、本人にその感情が感じられている事態を表現しているもので、区別が必要な際には、**主観的感情（経験）**と呼びます。主観的に「私はいま、悲しい感じがする」という心的な経験をもつことが主観的感情経験（feeling）を表していて、逆にいえば、主観的感情経験とは限らない感情状態というのは、本人の自覚の有無を問題にしないで、生理的・末梢反応的に感情的な反応が生じていることをもって感情の生起と見なします。

感情の研究は、まず当人にも明白に感じられやすい情動を中心に

行われてきました（北村・木村, 2006）。情動は強い感情で, それが引き起こされる原因も比較的明らかですから, 主観的にもその情動を感じている経験をもつことが多いと考えられます。

その基本的な情動として, シュロスバーグは, 幸福, 驚き, 恐怖, 怒り, 嫌悪, 軽蔑を挙げたわけです。隣り合ったものは表情として近しく, 類似しており, 最も離れた向かい合わせになっている情動同士では, 互いにその写真を見間違うこともないくらい区別がはっきりしているというわけです（Schlosberg, 1952）。

エクマンとフリーセンは, 情動を表出した写真をさまざまな文化（国）の人たちに見せることで, 文化を超えてどのように伝達されるかを調べました（Ekman & Friesen, 1971）。**表 2-1** に見られる通り, 異なる文化であってもかなりの程度, 基本的な情動の意味は伝わっているものと考えられます。

それでは, なぜ情動を表す表情は文化を超えて共通性があるのでしょうか。基本情動が明確に表出される際, 通文化的にその理解の共通性が得られるのは, その情動表出が表情筋の偶然的な構成ではなく, 理由をもった形で構成されているからです。つまり, 情動と表情筋の動きは偶然に対応しているわけではなく, 意味をもった適応的な動きとして必然性をはらんで進化してきた結果を表しているのだと考えられます。

◆**驚　　き**

例えば, **驚き**は, 新奇な対象に遭遇した際に生じる情動ですが, 新奇な対象が何であるかを知るために, 瞳孔は開き, 目が大きく開かれます。これによって対象の認知, 確認を促進するように注意を向け, **覚醒水準**（**喚起**；arousal）が上がるような状態を身体としても準備しています。注意を振り向けるのは後述する恐怖においても同様ですが, 驚きや恐怖は他の動物種によく見られるように仲間に危

表 2-1 エクマンらが使用した表情写真の例と情動判断の正答率（％）

		日本	ブラジル	チリ	アルゼンチン	アメリカ
	幸福	87	97	90	94	97
	恐怖	71	77	78	68	88
	驚き	87	82	88	93	91
	怒り	63	82	76	72	69
	嫌悪	82	86	85	79	82
	悲しみ	74	82	90	85	73

（出典）Ekman & Friesen, 1971, 1975 より許諾を得て掲載。

険を知らせることにも役立ちますので、しばしばそれは叫びとなって現れます。驚きはまた、ポジティブな驚き（試験合格など）、ネガティブな驚きのいずれかに移行していくことが多く、その場合、驚き自体は短時間の情動であり、その後引き続いて幸福あるいは、恐怖などの情動に取って替わられます。そのため、驚きの段階では、注意のため目のまわりの顔筋に力が集中し、顔の下部、口元などは力が入らずポカンとしています。それに対して、恐怖では危険が迫っているということへの反応ですから、叫ぶなど口の周囲も緊張しつつ開いているといった様相になります。

◆怒　　り

　怒りも対象の認知が必要ですから、目は対象を見据える形をとりますが、そこには威嚇が生じますので、目は大きくは開きません。大きく開かれた目は子どもの目のようであり、ある意味無防備な状態です。その人の注意がどこに向けられているかも他者によって視線から容易に知ることができます。人間の場合は白目部分が大きく、その中を黒目が行き来しているので、視線の向きが非常に明白です（Frischen et al., 2007）。これを手がかりに赤ちゃんなど小さな子どもは養育者の注意を視線追尾によって悟ることができますが、敵にこれを知られるのはよい作戦とはいえません。したがって、闘いの場合は、やや目を細めて、相手の動きを見据えつつ、何か利用可能な資源、闘いの道具や逃げ場所、隠れ場所などを気づかれないように速やかに探しつつ闘いを行うということになります。このため、怒りでは恐怖や驚きに比して目の開きは小さく、口も堅く閉じられているか、少し開いていてもいくぶん四角く緊張しているかです。闘いでは殴られたり負傷したりする危険があります。口の中を切ったりしないためには、歯を食いしばったり、口は閉じ加減にしておいた方が適切です。哺乳類の場合はうなり声を上げたりする場合もあ

りますが，人間においても低めの発声を行い，威嚇する場合があります。

驚き，恐怖，怒りではこのように何らかの対処行動を要求されるので，素早く逃げるにしても闘うにしても身体はそれを準備するために交感神経系の賦活(ふかつ)が必要です。呼吸を速め，脈を速め，血流を増加させて身体に行き渡らせ，筋肉がすぐに活動できるように準備するわけです。

◆恐　　怖

恐怖は，物理的に自己の身体が危険にさらされそうなとき，それを予期するときに生じる感情です。高いところから落下したら物理的に身体が損傷して死ぬかもしれません。だから高所恐怖というものがあり，誰でも不安定な高いところにはある程度不安や恐怖を感じるわけです。ライオンやサメが襲ってくるという場合も食べられる，食いつかれるなど身体的な損傷の恐怖が生じます。鋭い物で身体が傷つけられる危険についても恐怖を感じます。これが強まった場合が，尖端恐怖と呼ばれる症状です。また，危険の見通しがつかないようなときにも私たちは恐怖を感じます。暗くて見えない状況に置かれたときなども，まだ具体的に何もことが生じていなくても，危険を回避できないかもしれないという予期によって，恐怖を感じるものです。

◆嫌　　悪

それに対して，化学的な汚染によって毒物が身体内に侵入するような化学的危険に反応する情動が嫌悪です。化学的な汚染を回避することがテーマとなりますので，空気感染の回避から，目も鼻孔も口も閉じ気味の態勢をとることがその表情となっています。危険を感じさえしたら，はっきり見ることも有害である可能性がありますので，視線をそらしたり，横にらみしたりします。嫌悪の対象につ

ばを吐いたりする行為が見られるのも，初期に摂取してしまった可能性がある有毒物を吐いているわけです。嫌悪の対象を見たり，接触したりした場合に，吐き気がするなどの身体兆候を感じたりするのも，化学的汚染に身体が対処する一環です。

◆悲しみ

　悲しみは，喪失によって生じる心理的なダメージへの対処反応です。けがをしたとき，病気をしたときも憂鬱な情動をもちますが，このようなダメージがあった場合，安静にして身体の回復をじっとおとなしく待つのが良策です。へたに動きまわったりすると，病状，けがが悪化して命取りになるかもしれません。起き上がるのもおっくうで，何もする気がしないという抑鬱感情は，適度であれば，むしろこういった状況ではきわめて適応的であるといえます。失敗の直後，あわててそれを取り戻しにかかろうとしたり，よく計画しないでやみくもに活動したりしても，失敗の上塗りになることがあります。いったん，交感神経系の活動を緩めて活動を沈静化し，もう一度静かに計画を練り直したり，再考したりする機会を与えるようにします。大きな喪失の場合は，日常活動の構成，手順，役割などの組み直しも必要でしょう。そのような組み替えの心境を準備するための期間が必要となります。

　ダメージを受けているときは他者の助力も必要かもしれません。子どもは大人の援助を請うときに目を見つめたりします。助けるべき小さな存在の懇願は，自動的に養護，援助の動機づけを喚起します。悲しみ，落胆の中にある人は小さくなって懇願したり，上目づかい（小さい者から大きい者へ向ける視線方向）で懇願したり，感情を伝達したりします。ダメージを他者に知らせるために，ときに嗚咽や悲しみの表示が行われます。

> 適応システムとしての
> 感情

このように個々の情動と表情, 身体反応との関係を探ると, 「驚いたから瞳孔が開く」というよりも, 「瞳孔が開いてしまうような新奇物に遭遇したときの身体反応」を私たちが「驚き」と命名したのだと考える方が正しいでしょう。身体的には, 進化上, 個々の危険対処, サバイバルの方策が遺伝的にプログラミングされており, その状況に適した反応が自動的に惹起していくだけです。私たち人間は, そのような特徴的な一連の対処反応プロセスに対して情動の名のもとに命名をしてきたわけで, 物理的危険への対処を「恐怖」, 化学的危険への対処を「嫌悪」というように, 人間の方で分類をしてきたのが現在の感情概念, 感情語の成立経緯といえるでしょう。いわば, 特定の類似した状況群に対して, その典型的な対処反応プロセスを切り出して, それをカテゴリー化して感情語を命名したわけです。

このような情動反応は, 適応の達成のため, きわめて素早く生じ, また, 何かしていたり, 考えていたりする最中であっても強力な割り込み効果を示し, 注意を情動喚起の対象に強制的に振り向けるという適応システムになっています。したがって, その有無をいわせぬ自動性は要件として非常に重要なもので, いちいち状況に対して時間をかけて思慮, 計算していたのでは, 危険脱出, 打開には間に合わないということになります。しばしば強い情動が理性的行動を妨げるように感じてしまうのは, このような情動の適応を達成する方略が強い自動的行動と結びついているからだといえます。

このように情動の本質を考えれば, ある状況における一連の行動や反応のセットを情動と呼んでいるわけですから, その行動や反応のセットさえ生じれば, 必ずしも本人がその情動を主観的に自覚している必要はないということになります。むしろ, 夢中で反応が生

じている際には、自覚的・自省的に「いま、私は怒っている」「いま、私は恐怖を感じている」というように呑気な振り返り経験がまだ生じていないかもしれません。

いわば体全体で反応する感情状態というものを考えてみた場合、感情を研究する大きな1つの手がかりはその体の状態、つまり生理的状態であるといえるでしょう。

2 感情の生理

●扁桃体と恐怖

人間にいかなるメカニズムが備わっているか、神経生理的な観点から解明していく方法があります。脳の機能を見ていくなかで、どのような働きがまとまりとして近しくなっているか、また機能同士の連携がいかに強いかを、神経的構造からモデルを立てて推測していくこともできます。

扁桃体　感情に関わる重要な基礎的脳領域は、大脳辺縁系にあります。ここに位置する間脳などは進化的に古い脳であり、情動の機能が人間以前の動物たちからすでに必要とされ、有効に働いてきた証拠となっています。先に述べたように、恐怖や怒りは、環境に対応してサバイバルを行うストラテジーを提供していますが、ネコの辺縁系の一部（視床下部腹内側核）を電気刺激すると、外界に特段手がかりがなくても怒り行動が自動的に引き起こされます。また、快感中枢といわれるような報酬に相当する働きを行う部位も視床下部後部（内側前脳束など）にあることが確認されていて、ラットがレバーによって自分でその部位へ電気刺激を送ることができるようにしておくと、視床下部後部の外側への刺激を得るために、文字通り寝食を忘れて、レバー押しを

図 2-2 恐怖の神経回路

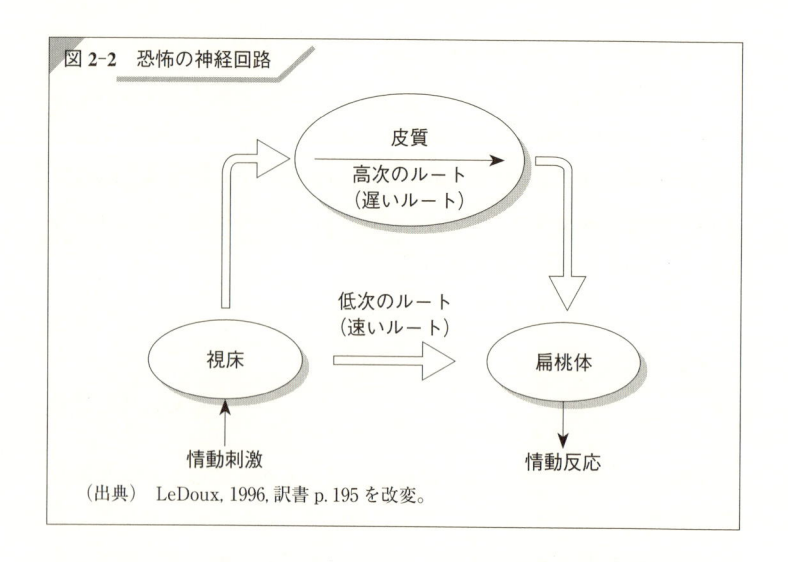

```
         皮質
       高次のルート
       （遅いルート）

        低次のルート
        （速いルート）
視床  ────────────→  扁桃体

↑                      ↓
情動刺激              情動反応
```

（出典）LeDoux, 1996, 訳書 p. 195 を改変。

続けてしまうような行動が観察されています（Olds, 1958, 1977）。

　辺縁系に位置する**扁桃体**（amygdala）は，条件づけられた恐怖反応が生じるのに役立っていて，対象の知覚から自動的に扁桃体の賦活，恐怖反応の生成といった一連の感情・行動反応を導いています。恐怖を感じる場合には，この扁桃体と呼ばれる部位が活性化します。扁桃体に信号が入力されていく経路は 2 つ知られていて，**速いルート**と**遅いルート**があります。速いルートは，恐怖の対象を知覚するとすぐ網膜から上丘，視床枕核を通って，扁桃体に入っていく，比較的ダイレクトに視覚神経回路から扁桃体へ進んでいくような回路であり，扁桃体を賦活させます。これに対して遅いルートは熟慮的思考の場である大脳皮質の前頭前野にいったん進み，その情報処理を受けたうえで扁桃体に入力される道筋であり，感情反応が不適当と判断される場合に，扁桃体の賦活を抑制したり，調整したりすることもあります（図 2-2；LeDoux, 1996）。

扁桃体が働かなくなったサルでは，それ以前にはけっして近づこうとしなかったヘビやクモをつかんだり，口へもっていったりする行動が見られます。ラットを下面が金網になっている小箱に入れて，特定の音刺激とともに電気ショックを与えると，音刺激だけで制止反応が生じるようになります。これが恐怖条件づけといわれるもので，音と電気ショックが連合し，音刺激だけで本来つながりのない制止反応が生じるように学習がなされるわけです。

　しかし，この学習が形成された後，扁桃体の部分を実験的に破壊すると，音刺激に対する制止反応は生じなくなってしまいました（Gazzaniga et al., 2002）。したがって，この扁桃体の部位が恐怖との連合学習を成立させるのに重要な役割を果たしているであろうことが推測できるわけです。

　ヒトにおいても，扁桃体の損傷によって，とりわけ恐怖感情の生起や他者の表情認知に障害が生じることが報告されていますが（Adolphs et al., 1995 ; Phillips et al., 2001），ポジティブ感情にも関係することを指摘する研究もあり（Damasio et al., 2000），ポジティブ感情の処理の仕方の個人差が関与していることが考えられています（加藤・梅田，2009）。

脳機能イメージング法

　このような脳部位の働きをヒトにおいて知るために，脳機能イメージング法が開発されています。1つは，fMRI（機能的磁気共鳴画像法；functional magnetic resonance imaging）といい，血中の酸素代謝の測定を電磁波的方法によって行うことで，当該部位の脳血流量の変化や，神経活動の水準を反映した情報を得ることができます。fMRIでは，高速撮影によって連続計測を行い，その変化を知ることができます。もう1つは，PET（ポジトロン断層法；positron emission tomography）で，放射性同位元素によってマーカーをつけられた酸素やグルコースな

どが代謝される際のガンマ線放出を記録して，脳のどの部位の神経が活動しているかを測定する方法です。マーカーをつける物質を工夫することで，局所脳血流，酸素代謝，神経伝達物質の受容体の活動など，さまざまな働きを脳機能イメージングでとらえることができますが，少量の放射線被曝があるので，繰り返しの測定ができません。

　これらの方法によって非侵襲的に，ヒトが何らかの精神活動を行っている際に，脳血流量が増え，活発に働いている箇所をそうでない状態と比較することによって，特定していくことができるわけです。この手法によって，人間の脳神経生理と認知については飛躍的に研究が進むことになりました。

　恐怖条件づけの実験例を示しますと，例えば，「青い四角が提示されたら，手首に電気ショックがあるかもしれません」と教示されていると，青い四角の提示時，fMRIで計測される扁桃体の活動が活性化していることがわかりました (LaBar et al., 1998)。また，生理的喚起（皮膚電気反応）も上昇していました。そして，扁桃体の活性化の程度と生理的喚起の程度には相関関係のあることも確認されています。

3　嫌悪と道徳

道徳判断と感情　　感情は多くの社会的行動・社会的判断に影響します。そのため，私たちは公平さが求められる判断をするような場面では，「情に流された判断をしてはいけない」と言って，感情が社会的判断に影響することを戒めようとします。例えば，カンニングをしている学生を見つけた先生は，

その学生がいくら泣きながら見逃してくれるように懇願したとしても，そのままその学生に試験を受けさせるわけにはいきません。

　従来，何が道徳的に正しいかの判断は，認知的・理性的な判断であり，感情とは無関係だと考えられてきました。ところが，近年の脳機能イメージング法などの手法を使った研究は，道徳判断にとって感情がとても重要な役割を果たしていることを示しています（序章も参照）。例えば，次のような状況を想像してみてください。

> あなたは線路をまたぐ陸橋の上にいます。そこに暴走してきた貨車が近づいてくるのが見えます。なんとその先には5人の作業員がいます。彼らは近づいてくる貨車には気づきません。あなたが叫んでも彼らは気づきません。さあ，どうしよう……。ふと隣を見ると，そこにはたいそう太った紳士がいます。ちょうど暴走してくる貨車を止められそうなぐらいに太った紳士が……。（坂井，2008より）

　あなただったら，この紳士を貨車の前に突き落とすでしょうか。おそらくほとんどの人は「そんなことはしない」と判断するでしょう。このような道徳判断をしている人の脳活動を調べたところ，後部帯状皮質など感情の働きと関係することが知られている脳部位が賦活していました（Greene et al., 2001）。同じように1人を犠牲にして5人を助けるかどうかを尋ねられたとしても，目の前のスイッチを操作して貨車の進行方向を変えるかどうかを判断する場合には，感情に関わる領域の賦活は低いレベルにとどまっていました。この実験結果に対するグリーンらの解釈は，私たちは「みずからの手で誰かを直接傷つけてはいけない」という道徳的直観をもっていて，その道徳的直観には感情が深く関わっている，というものです。

> 道徳判断と嫌悪

　太った紳士を突き落とすかどうかを判断することを想像したら、相手に対する罪悪感や憐みなどいろいろな感情がわいてきそうです。これらの感情が道徳判断と関係しているといわれても、さほど驚かないかもしれません。しかし、近年の研究によれば、私たちの道徳判断には意外な感情も関係しているようなのです。それは、嫌悪です。

　嫌悪は、口に入れた毒素から私たちを守ってくれる感情でした。そのため、嫌悪は生理反応としては吐き気、行動反応としては対象物を遠ざけようとする回避反応を伴います。ロージンらは、進化の過程で嫌悪はその対象を拡大していったと考えています（Rozin et al., 2008）。ロージンらが想定する拡大の道筋は"口に関する回避"→"身体全体に関する回避"→"対人的回避"→"道徳的回避"となります。具体的には、腐敗した食物・食物の汚染源となるもの（排泄物やハエ、ゴキブリ、ネズミといった動物）、不適切な性行為・不衛生さ・死体・標準から乖離した身体の特徴（そのような特徴をもった相手が性病やその他の感染症を患っていることの手がかりとなります）、見知らぬ人や望ましくない特徴をもった人（見知らぬ人は潜在的な敵ですし、望ましくない特徴には病気の症状が含まれます）、特定の道徳違反（例えば死体の損壊、近親相姦）が嫌悪の対象となっていったということです。私たちは、悪いことをした人を「けがらわしい」と言ったりしますが、汚れと社会的行動を結びつける表現は日本語以外でも広く見られます。

　道徳判断に嫌悪が関わることは、近年、多くの実験で示されています。例えば、嫌悪の感情は道徳判断の基準を厳しくします。実験室を不衛生な状態にして（もしくは不衛生な状態にせずに）「履歴書に虚偽の内容を記載することは許されるか」等の道徳判断を実験参加者に行ってもらった実験では、不衛生条件で不道徳な行為がより許

されないと判断されるようになりました。ただし、この判断の変化は、自分の身体反応の変化に敏感な人（おそらく、嫌悪を強く自覚した人）に限られていました。同様の道徳判断の変化は、不快な臭いや映像で嫌悪を喚起しても生じることが確認されています (Schnall et al., 2008)。このように、近年の研究は、道徳判断は純粋に認知的・理性的なものではなく嫌悪やその他の感情に影響を受けることを示しています。また、私たちは嫌悪を感じているから道徳判断を厳しくしようと意識的に思ったりはしないでしょう。その意味で、これらの研究は感情が非意識的な過程で私たちの社会的判断に影響を与えることもよく示しています。

4 怒りと報復

怒りの効果

怒りはゆっくり、徐々に感じていく場合もありますが、多くは理不尽な扱い、不公正な事態が生じた際、その事態を変化させるためのアクティブな動きと結びついたものです。身の危険に対する対処としてもアクティブな改善、つまり敵や対象を攻撃し、倒すことで自身が防衛できるような際にも喚起されます。また、恐怖に基づく逃走、回避は場合によって地位の低下を招きますが、怒りに基づく攻撃は地位の維持、向上をねらった行動となります。

怒りは現代では扱いにくいやっかいな感情とされていますが、それほど平和でもない治安の悪い世界で考えてみると、例えば羊泥棒への対処などまったく怒らずにやられっぱなしになっていた場合、そのような人は搾取を受けて多くの繁殖が期待できません。それよりも闘うことで、あの人の財に手を出せばひどい目にあう、徹底的

に見逃さないとの評判を得れば，自分の財や家族を守ることができ，繁殖上も有利に働きます。このような進化過程からある程度，怒りを表出して闘う傾向のある者たちの割合が増加していったものと考えられ，誰しも怒りの感情をもち，ある程度のその具体的表出，攻撃行動を行動レパートリーとして保有する特質を人間は保持するに至っていると考えてよいでしょう（自分の食べ物の確保，縄張りの維持，メスをめぐる闘争など，動物においても共通する課題なので，怒り感情自体の進化は人間以前の進化を引き継いでいる側面が大きいと考えられます。これは，恐怖，嫌悪についても同様です。実際にこのような情動の処理に主として携わっている脳部位は大脳辺縁系であり，これらは哺乳類全体として共通性の高い構造，役割を示しています。攻撃行動については，第6章においてあらためて取り上げます）。

制裁・報復

このように考えたとき，理不尽な扱い，例えば犯罪などに遭遇した場合，その加害者に向けられる怒り，敵意といったものがどうしても生まれます。しかし，現代では直接加害者に復讐するといった方法は法的に認められておらず，司法の決定に委ねられるわけです。しかし，現在日本で裁判員制度が施行され，一般の市民が評議に加わることによって，ある意味でそのような素朴な（代理的）報復感情が生じ，どのくらいそのような直観に基づいて判決が提案されていってよいのかについては，これから議論も進んでいくことでしょう（Carlsmith, 2006）。

社会，集団の立場からすれば，第6章で見られるように，社会規範，ルールへの違反者には制裁，報復が与えられるということになり，このような行動の基盤にも不公正な事態に対する怒りという情動が，コストをかけても罰を与えるといった社会システムの実現に力を及ぼしているといえるでしょう。また，制裁される側にとっても，その制裁が理不尽であると感じられるときには怒りをもって

対処は行われ,場合によっては,反社会的行動を引き起こすきっかけになることも社会的排斥の記述(第6章)の中で述べられている通りです。

5 気分と認知

●説得的コミュニケーション

> 気　分

これまで,比較的強い情動を中心にその進化的意味を論じてきましたが,このような適応的機能はもっと緩やかな感情である気分にも見られるものです。

ポジティブ気分は環境が順調で問題ないことを知らせるシグナルとして働き,ネガティブ気分は環境が問題をはらんでいることを知らせるシグナルです(Frijda, 1988)。これによって,ポジティブ気分では,情報の処理について,いつも通りのおおまかな習慣的対処として,ヒューリスティック方略が用いられますが,ネガティブ気分の際にはより警戒的で慎重なシステマティック方略が用いられて,熟慮したり詳細に物事を考えたりするような対処がとられやすくなります(Bless, 2001；北村,2002；Schwarz, 1990)。

> 説得的コミュニケーション

実験例としてブレスらが説得的コミュニケーションについて行った実験がありますので,ここで説得的コミュニケーションについて,少し触れておきます(Bless et al., 1992)。人が他者の考え,態度を変化させることを意図してメッセージを送り,コミュニケーションを行うことを説得的コミュニケーションと呼びます。説得的コミュニケーションには,メッセージの送り手の要因,メッセージの内容,メッセージを送る媒体(チャネル),メッセージの受け手の要因の4つの要素があります。ブレスらの実験では,受け手の感情状

態というメッセージの受け手の要因と，メッセージ自体の説得性というメッセージの内容の2つが扱われています。

このほか，メッセージの送り手の要因としては，メッセージの送り手に信憑性があるか，そのメッセージの内容に対応した専門性があるか，また，メッセージの送り手に魅力があるかなどの要素が，説得効果に影響します。メッセージの内容としては，それが説得的であるかどうかが重要であるのはもちろん，そこに影響する様式として，説得したい（唱導）方向に合致するメッセージばかり（つまり，いいことばかり）を唱う一面的コミュニケーションと，欠点についても触れる両面的コミュニケーションなどの異なる様態があります。

メッセージを受け手が受け入れて情報処理していくプロセスを問題にすると，専門性やその意見に同意している人の数など同意の要因，メッセージの長さなど，メッセージそのもの以外の要素を周辺手がかりと呼び，ペティとカシオッポは，このような周辺手がかりにもっぱら影響されて態度変化に及ぶ**周辺ルート**（peripheral route）と，メッセージ本体の中身を詳細に考慮して態度を変化させる**中心ルート**（central route）の2つのプロセスを，その**精緻化見込みモデル**（elaboration likelihood model）において区別を行いました（Petty & Cacioppo, 1981）。メッセージを精緻化する程度の違いに2種類を設けたわけです。チャイキンは，類似した観点でこの2つの過程を区別し，一方をヒューリスティック処理，もう一方をシステマティック処理と呼びました（Chaiken, 1980：**ヒューリスティック-システマティック・モデル**：heuristic-systematic model）。

> 気分と2つのルート

気分状態との対応を考えると，ポジティブ気分のときに周辺ルート，あるいはヒューリスティック処理がとられやすく，ネガティブ気分のときに中心ル

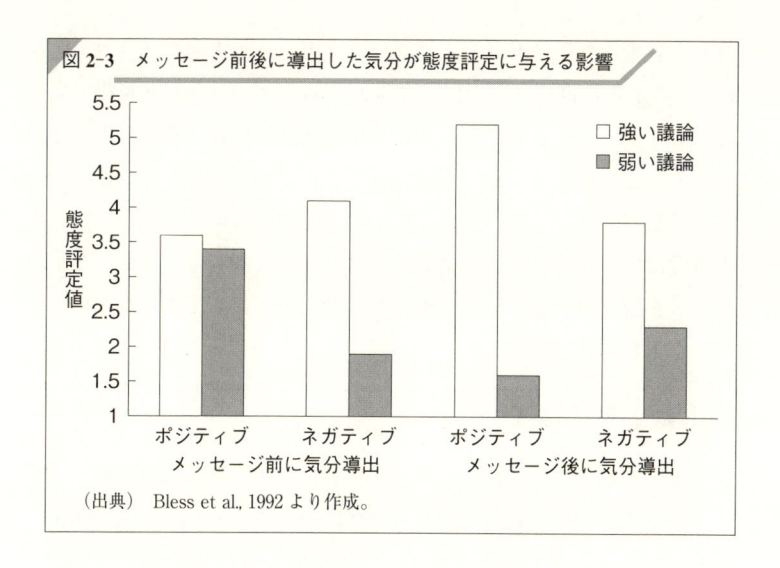

図 2-3 メッセージ前後に導出した気分が態度評定に与える影響

凡例：□ 強い議論　■ 弱い議論

縦軸：態度評定値（1〜5.5）

横軸：
- メッセージ前に気分導出：ポジティブ（強い3.55/弱い3.4）、ネガティブ（強い4.1/弱い1.9）
- メッセージ後に気分導出：ポジティブ（強い5.2/弱い1.55）、ネガティブ（強い3.75/弱い2.3）

（出典）　Bless et al., 1992 より作成。

ート，システマティック処理がとられやすいだろうということになります。

ブレスらの実験では，ポジティブ気分あるいはネガティブ気分を，メッセージを読む前か，あるいは読んだ後に導出された実験参加者が，メッセージによってどのくらい説得されたか態度評定を行いました。説得メッセージには，議論が説得力の強いメッセージ（強い議論）と説得力に欠けるメッセージ（弱い議論）の 2 種が用意されていました（Bless et al., 1992）。

すると，メッセージを読む前に気分を導出された実験参加者は，図 2-3 に見るように，ネガティブ気分群では，説得力の違いによって評定の差が見られ，メッセージを詳細に読んで十分精緻な処理を行ったことがうかがえました。それに対して，ポジティブ気分群では説得力の違いが十分評定に反映されておらず，何となくの気分で回答がなされている様子がうかがえます。ところが，メッセージを

読んでしまった後にポジティブ気分を導出された実験参加者は，図2-3の右から2番目のように，説得力のあるメッセージと説得力に欠けるメッセージとでかえって大きな態度評定の違いを生み出しています。これは，メッセージを読んだときにはニュートラルな気分であったので，メッセージはきちんと読んでいるのですが，判断をする段になってポジティブ気分であった実験参加者は，ヒューリスティック的な判断としてより極端な判断を下しがちであったということを示しています。

気分と偽りの有名性課題

もう1つ，気分が処理の方略に影響することを示した実験を紹介しましょう。北村(2002)の第2実験では，前日か前々日に1回，あるいは4回，ディスプレイ上でその名前を見た企業名に対して，それが無名な名前であっても，有名であるとエラー回答してしまう現象（偽りの有名性課題）を用いて実験を行っています（表2-2）。慎重に精緻化処理するネガティブ気分群は，以前見たことに基づくエラーを排除することがきちんとなされているために，無名な名前のエラー率は非常に低いものになっています。ポジティブ気分群は全般にエラーが多いように見えますが，特に，1回しか見ていない，つまり見た記憶が強く残っていないため，はっきりと無名だと検索，再認できない企業名に対して，とりわけ高いエラー率を示しています。これは自動的プロセスに基づいて生じてくる既視に基づく熟知感に，判断がそのまま自動的・非意識的に誘導されてしまいやすいというポジティブ気分の側面を表しているといえるでしょう。

まとめ

このように，気分はその人が周囲に向けてどのような情報処理，対処をすべきかについて，デフォルト的に適切そうなスタンスを用意し，人を環境に対峙させる働きをもっていることがわかります。適応に向けた人間の

表2-2 有名だと判断された刺激の割合（％）

気分	刺激のタイプ			
	有名	無名		
		0回	1回	4回
ポジティブ	80.9	9.3	17.8	14.1
ネガティブ	75.8	4.4	11.9	10.0

（出典）　北村，2002。

行動が自然にスイッチングされて，状況に応じて変化していく準備の一翼を感情システムは担っていて，その働きは動機づけを高める，かなり強い推進力となっていることがうかがえるのです。

　将来をシミュレートして考えることができるのは，人類の1つの重要な能力であり，特徴ですが，用心深い警戒をするならば，失敗時のインパクトを想像上高めることで，より慎重な対処が促進されるかもしれません。出来事の感情的インパクトを高める方向で想像がなされた方が，動機づけが高まったり，慎重になったり，その課題に臨む姿勢をうまくコントロールすることができるのかもしれません。

Column ② 感情予測

　この品物を買ったら，どんなに嬉しいだろう。あるいは期待外れだったら，どんなにがっかりするだろう。もし，恋人にふられたら，耐えられないほどの苦しみ，悲しみを経験するのでは？　このように，私たちは未来の自分を想像し，未来の自分の感情状態について考えることがあります。ギルバートらは，人が自分自身の未来の感情状態を推測する際に，体系的なバイアスが生じることを指摘しました（Wilson & Gilbert, 2003）。未来の推測では実際よりも，感情を強く，また長く持続するものと感じがちなのです。これを**インパクト・バイアス**（impact bias）と呼びます。模式的に考えますと，図 *Column* ②のように，将来の感情はより強度が強く，上方までカーブが上がり，低減も緩やかで，そのため，低い値まで戻るのに時間を要するイメージがもたれています。

　インパクトを強く感じすぎる原因としては，他の将来の予測や計画錯誤などでも見られるように，ターゲットとなっている事柄以外の事柄がさまざまに身に降りかかってくることを適切に考慮できない点があります。他に自分の感情に影響する出来事，つまりすばらしい出来事や成功体験，別の腹立たしい事件などが生じると，予測のターゲットとなっている感情は他の感情と相まって弱められてしまうはずですが，未来を考えている際には，そのターゲットの出来事ばかりに注意を集中して予測を立ててしまいがちになります。

　もう1つは，感情の馴化の過小評価です。どんなに強い感情も，またインパクトの強い出来事も，ずっとは強く感じていることはできません。感情は，緩やかにホメオスタシスを回復し，また，どんな感情にも飽和的な慣れが生じて，そのインパクトは薄れていきます。

　さらに，最後に指摘できることとして，ネガティブな感情の場合に働く人の感情的な免疫システムの過小評価があります。これまでの人生経験から，私たちは，自身の感情を制御したり，それほど意識しないでもうまくそのような感情をやりすごすすべを身につけてきています。例えば，音楽を聞いたり，スポーツをしたり，ショッピングをしたりして，気晴らしをしますし，その出来事を振り返り，考え直して，ネガティブなことにもよい意味づけを見出したりして，その解消，解決を図ります。流してしまえることであれば，あまり気にしすぎるのはやめて，注意をそこからそらしたり，思考を先送りしたりすることで，そのインパクト

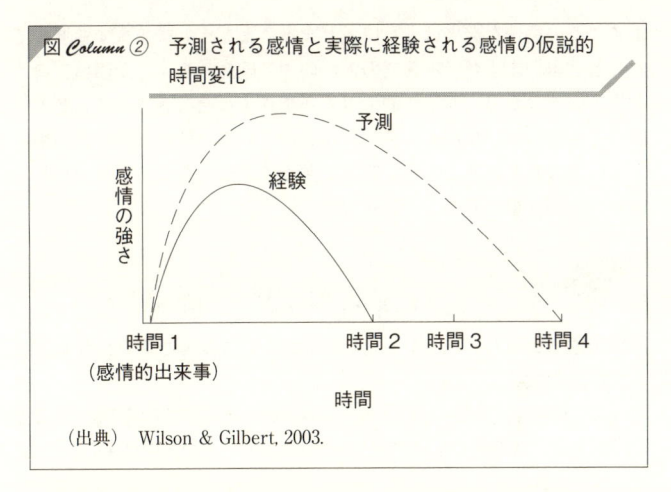

図 Column ② 予測される感情と実際に経験される感情の仮説的時間変化

(縦軸：感情の強さ、横軸：時間)
時間1（感情的出来事）、時間2、時間3、時間4
予測（破線）、経験（実線）

(出典) Wilson & Gilbert, 2003.

にさらされることをおのずと避けようとする反応も広く見出すことができます。

Summary

第2章では感情プロセスを取り上げました。人間の適応上，感情システムがいかに不可欠であるかはおわかりいただけたのではないかと思います。適応的行動のモジュールのるつぼともいえるのが，さまざまな感情群であり，その興味深さは尽きるところがありません。近年研究が芽生えてきた嫌悪と道徳判断，怒りと報復などについても取り上げました。恥や罪悪感，誇りなどの自己意識感情については，第6章であらためて取り上げます。

20世紀終わりから21世紀にかけて，理論的研究，分類的研究，生理学的研究，脳神経の研究，社会・発達・臨床・人格領域の研究など感情研究はめざましい発展が見られた領域でした。西洋合理主義的な研究視点も大幅に修正され，研究方法の革新的発展からさまざまな知見がほんのこの20年ほどの間にも一気にあふれるように現れた時代だといえ

ます。この急速な発展はさらにとどまることなく，ますます進展していくことと思いますが，本書での流れの中で確認しますと，感情プロセスを見ていくなかで，非意識的に働くさまざまな適応メカニズムが人間という生き物に（プレ）インストールされていて，私たちの日常の生を支えているのだというこのシンプルな要点をお伝えすることができれば，本章の役割は果たせたことになるでしょう。

Book Guide

戸田正直（2007）．『感情——人を動かしている適応プログラム』東京大学出版会
☞ 現在に続く，感情＝適応メカニズムという研究図式の開拓者による重要な１冊。専門的でありながらわかりやすく，その考究は深い。1992年版の新装再版。

大平英樹（編）（2010）．『感情心理学・入門』有斐閣
☞ 感情神経科学研究の最先端を牽引する編者が，近年の感情心理学理論やモデルに基づいてさまざまな領域を含めた感情研究を編集して入門書としてまとめています。入門ながら最新の知見にも触れられるコンパクトな１冊です。

遠藤利彦（1996）．『喜怒哀楽の起源——情動の進化論・文化論』岩波書店
☞ 日本の感情研究をリードする代表的研究者の１人である著者が，その得意とする哲学的な深い考究も含めて縦横に情動を論じています。

北村英哉・木村晴（編）（2006）．『感情研究の新展開』ナカニシヤ出版
☞ 社会心理学領域での感情研究の現況を，脳研究から認知行動療法まで多彩な章の配置で，感情制御，感情と記憶，自己意識感情，自己と感情などについて紹介を行う「とても勉強になる」本。

エヴァンズ，D.（遠藤利彦訳）（2005）．『感情』岩波書店
☞ 一般向けのわかりやすい，感情に関する書籍。現代的な研究スタンスについても，読んでいくなかで感じ取ることができます。現在わかっているさまざまな感情現象について，１つひとつをコンパクトに写真を巧みに用いながら解説しています。

高橋雅延・谷口高士（編著）（2002）.『感情と心理学——発達・生理・認知・社会・臨床の接点と新展開』北大路書房
☞ 発達，生理，認知，社会，臨床など広い観点から感情の心理学を取り上げ，研究法なども含めて，心理学における感情研究のおよその全貌が見渡せるような編集になっています。

第3章 特別な他者としての家族

ベルディング・ジリス
(©Justin Johnsen)

↓大家族

Introduction

「血は水よりも濃い」ということわざがあるように，私たちは困ったときには他人よりも血のつながった親族の方が頼りになると思っています。しかし，親族は本当に頼りになるのでしょうか。また，頼りになるとしたらそれはなぜなのでしょうか。この問いへの進化論的な答えは血縁淘汰理論が提供してくれます。血縁淘汰理論は親族間での助け合いや，子育てがなぜ進化するかを説明してくれると同時に，たとえ親子の間であっても無条件の愛情はありえないことも説明してくれます。さて，血縁淘汰理論は私たち人間の親族関係・親子関係のあり方をどれくらいよく説明してくれるのでしょうか。理論と実証的知見を照らし合わせて，その妥当性を検証していきましょう。

ここまで，私たちの社会的行動の多くが非意識的な過程に影響されることを説明し，感情が適応的な行動パターンと結びついていることを確認しました。気分のような弱い感情は，それを引き起こした原因についても意識されず，行動への影響も意識されないでしょう。情動のような強い感情であれば，それを引き起こした原因は意識されるかもしれませんが，情動が生じる過程やそれが行動に影響を与えるプロセスを意識的にコントロールするのは難しいものです。さらに，感情は私たちの祖先が直面した適応問題へ対処するための心理メカニズムであり，それは私たちの社会的行動に影響します。ですから，私たちの社会的行動もまた（少なくとも人間の祖先が進化した環境では）適応的なはずです。第3章から第5章まで，私たちの感情の働きや社会的行動に進化論の予測がかなりよくあてはまることを示したいと思います。これら3つの章では特に，親しい相手との関係について考えます。

　みなさんは**親密な人間関係**（intimate relationship）といったときに，どのような関係を思い浮かべるでしょうか。家族・恋人・友人などを思い浮かべるのではないでしょうか。これらはいずれも，私たちが生きていくうえでとても重要な人間関係です。ですから，読者のみなさんは社会心理学が親密な人間関係を研究対象の1つとしていると聞いてもあまり驚かないかもしれません。しかし，家族・恋人・友人との関係は，どれも親密な人間関係としてあまり区別されていないと聞いたらどうでしょうか。釈然としない気持ちになるのではないでしょうか。

　なぜ，社会心理学では家族・恋人・友人との関係が区別されないのでしょうか。最新の『社会心理学ハンドブック（第5版）』では，親密な人間関係は，①困ったときには相手が助けてくれるだろうという期待があり，②相手が困っているときには自分が相手を助ける

のだという意志があることの2点で定義されています（Clark & Lemay, 2010）。このように定義すれば、たしかに家族・恋人・友人などの関係は親密な関係に含まれます。この定義をさらに突き詰めて考えてみれば、家族・恋人・友人関係の違いは、①相手への期待と、②相手を助ける意志をお互いがどの程度もち合っているかという程度問題であり、質的な違いはないということになります。

この親密な関係の定義は、科学的説明のよし悪しを判断する基準である、**節約の法則**（law of parsimony）にかなったものです。節約の法則によれば、ある現象（この場合は人間関係です）を説明する際に、単純な説明と複雑な説明があれば、単純な説明の方がよいとされます。家族・恋人・友人関係をまとめて説明できるのであれば、それらを別々に説明するよりも望ましいわけです。

しかし、進化論的な立場をとる本書では、これらの関係は質的に異なっているので、異なるやり方で説明されるべきだと考えます。そのため、家族関係は主に第3章で、恋愛関係と夫婦の関係は第4章で、友人関係は第5章で別々に扱います。

1 再び進化論的説明について

進化論的説明の階層構造

序章の最後の部分で、筆者らは社会心理学の膨大な知見を、進化論のもとでまとまりのあるものに整理したいと述べました。それなのに、せっかくまとまりのある親密な関係についての説明を、あえてばらばらに解体するとはどういうことでしょうか。これは、一見、本書の趣旨に反しているように見えます。しかし、そうではありません。従来の社会心理学を進化論のもとでまとめるというときには、これまでは別々

の領域で扱っていた内容が同じ領域にまとめられるということも当然ありますが，いままで1つですんでいたものをばらばらのピースにして，それぞれより収まりのよい場所に再配置してやる必要もあるのです。おおまかにいうと，本書の第3章から第5章は後者の"再配置"の作業を行い，第6章，第7章は前者のまとめる作業を行うことになります。

では，親密な関係をばらばらにして収まりのよい場所に再配置するとは具体的にはどのような作業になるのでしょうか。実は，これは進化心理学の考え方を理解するためにもとても大事な内容になります。序章でも説明しましたが，再び進化心理学の考え方について説明します。

進化心理学者のD. M. バスは，進化論的考え方が図3-1に示すような階層構造になっていると指摘します（Buss, 2008）。この図の一番上には「自然淘汰による進化」という考え方が記載されています。進化論とはおおざっぱにはこれだけです。しかし，その考え方から，血縁関係内での動物の振る舞い方，配偶者選択場面での動物の振る舞い方，長期的なつき合いと利害関係のある2者の間での協力のあり方などについての理論（もしくはモデル）をつくることができます。それが2段目の中レベルの理論にあたります。ここでは，例として本書でも取り上げる"血縁淘汰の理論""性淘汰と配偶者選択の理論""互恵的利他主義の理論"の3つを取り上げています。これ以外にも，寄生虫と宿主の間の共進化に関する理論など，中レベルの理論はほかにもたくさんあります。ここで重要なことは，これら中レベルの理論は，いずれも自然淘汰による進化という1つ上のレベルの理論（メタ理論）に矛盾しないということです（単に直感的に矛盾しないというのではなく，進化ゲーム理論などの数理モデルにより論理的に矛盾しないことが確認されています）。したがって，これらの諸理

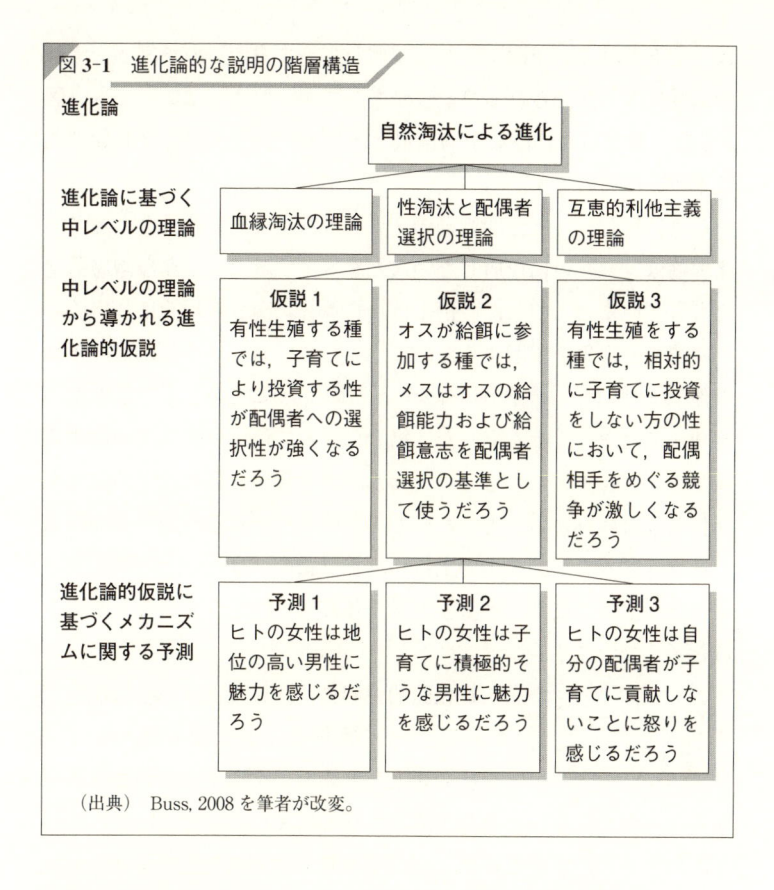

図 3-1　進化論的な説明の階層構造

進化論		自然淘汰による進化	
進化論に基づく中レベルの理論	血縁淘汰の理論	性淘汰と配偶者選択の理論	互恵的利他主義の理論
中レベルの理論から導かれる進化論的仮説	仮説1 有性生殖する種では，子育てにより投資する性が配偶者への選択性が強くなるだろう	仮説2 オスが給餌に参加する種では，メスはオスの給餌能力および給餌意志を配偶者選択の基準として使うだろう	仮説3 有性生殖をする種では，相対的に子育てに投資をしない方の性において，配偶相手をめぐる競争が激しくなるだろう
進化論的仮説に基づくメカニズムに関する予測	予測1 ヒトの女性は地位の高い男性に魅力を感じるだろう	予測2 ヒトの女性は子育てに積極的そうな男性に魅力を感じるだろう	予測3 ヒトの女性は自分の配偶者が子育てに貢献しないことに怒りを感じるだろう

（出典）　Buss, 2008 を筆者が改変。

論同士も矛盾しません。

　これらの諸理論からは，さらにいくつもの仮説を導くことができます。ここでは，第4章で扱う性淘汰と配偶者選択の理論から導かれる仮説を3つだけ例に挙げています。この3段目の仮説は，「有性生殖する種」であるとか「オスが給餌に参加する種」などの制限はつけていますが，特に人間だけにあてはまる仮説ではありません。これらの仮説をさらに人間にあてはめたものを，D. M. バス

は一番下の段に"予測"として記載しています。この予測は、実験や調査により反証される可能性があります。そうではあっても、図3-1の一番下の具体的な予測は最上段の進化論と少なくとも論理的に矛盾しないのです。

これに対して、社会的行動のメカニズムを説明する社会心理学の諸理論は、お互いに矛盾しないことを保証するこのような階層構造をもっていませんでした。例えば、自尊心に関する理論は、自尊心が関連する現象を説明するためにつくられており、それが他の領域の理論（例えば、人間関係の理論）とどのように関係しているのかが明らかではありませんでした。場合によっては、お互いに矛盾する前提さえ含んでいたかもしれません。著者らが社会心理学の知見を進化論的な観点から整理したいというのは、それぞれの社会的行動のメカニズムを、図3-1の上位の理論と結びつけたいということです。そうすることで、社会心理学全体に統一性を与えることができると考えています。

> メカニズムによる説明から機能による説明へ

進化論的説明には、このような階層構造があることを理解していただくと、なぜ家族・恋人・友人関係を別々に扱わなければならないかが明らかになります。生存と繁殖に基づく適応という観点からすると、家族とは同じ遺伝子を共有する人たちの集まりで、遺伝子の視点をとるとある種の運命共同体です。それに対して、恋人・夫婦は繁殖のために連合している赤の他人同士です（日常的には夫婦は家族の中核ですが、あてはまる進化のモデルが違うので、ここでは親子などの血のつながった家族とは別に扱います）。同じ赤の他人同士でも、友人関係は繁殖より生存に関連する人間関係といえるでしょう。

もちろん、これらの関係が同じメカニズム（例えば、愛着のメカニ

ズム）を共有している可能性はおおいにあります（第4章 *Column* ⑤ を参照）。ですが，親密な人間関係については，共通のメカニズムに注目しすぎた結果，誤った前提がいつまでも幅をきかせています。そうです，家族・恋人・友人関係の違いは親密さの程度の違いで質的には違わないという前提です。ひとたび機能に着目し，それぞれの機能に応じた中レベルの理論を適用すると，親密な人間関係についての研究はまったく異なるものになります。それを実感していただきたいということもあり，第3章から第5章では親密な人間関係を適応上の機能に沿って解体します。

2 血縁淘汰の理論

> 血縁者への協力行動はなぜ進化するのか？

「血は水よりも濃い」ということわざがあります。血縁関係はそれ以外の関係よりも強く，頼りになる関係だという意味です。これは生物学者の W. D. ハミルトンによって提唱された**血縁淘汰**（kin selection）の理論の考え方とも一致しています（Hamilton, 1964）。

ハミルトンの血縁淘汰の理論は，血縁同士での**協力行動**（cooperation）または**利他行動**（altruistic behavior）がなぜ進化したのかを説明します。日常的には多少語感の違う言葉ですが，本書では協力行動と利他行動は，「みずからコストを支払い他者に利益を授ける行為」と定義して，同じ意味で用います。例えば，親戚が事業を始めるときに保証人になるとしましょう。親戚が事業に失敗したときには，あなたは借金をしょい込むことになります。このようなリスクをあなたが受け入れるかわりに，親戚は事業を始めることができるとすれば，あなたはリスクをしょい込むという形でコストを支払い，

親戚に利益を授けていることになります。

ここで協力にかかる適応度上のコストの大きさを c（cost の "c"）としましょう。その結果、親戚が受け取る適応度上の利益の大きさを b（benefit の "b"）とします。ここで「適応度上の」といっているのは、協力行動の行為者と受け手の最終的な適応度にどのような影響が及ぶかについて考えるということです。上の例では、あなたは親戚が夜逃げしてしまうと借金をしょい込むことになります。そうすると、その日の生活にも困ったり、結婚のチャンスを逃したりするかもしれません。もちろん、必ずこのようなことが起こるわけではありませんが、借金の保証人になるということは、確率的にではありますが生存・繁殖に関わる不利益と結びついています。さて、この定義のように協力者は一方的に適応度から c を失い、受け手は一方的に b を得るとすると、協力行動は進化しそうにありません。自然淘汰による進化とは、適応度の高い遺伝子が広がる過程でしたから、どう考えても受け手の方が有利です。

W. D. ハミルトンは、血縁同士では高い確率で同じ遺伝子が共有されていることに目をつけました。つまり、遺伝子の視点から見れば、親戚を助けるために c を失ったとしても、自分と同じ遺伝子の適応度を b 上昇させているので、b の上昇分が十分に大きければ c のコストを支払うことも十分に割が合うのです。ちなみに、遺伝子のもち主である個体（人間の場合は個人）の視点からでなく、遺伝子の視点から適応度を考えることは、生物学では一般的です（Dawkins, 1976）。

生物学では、近しい共通祖先を通じて特定の遺伝子を 2 者が共有している確率は血縁度と呼ばれ、r（relatedness の "r"）で表されます。例えば、親子であれば半分（0.5）の遺伝子を共有しています。高校の生物学などで、子どもは両親それぞれから減数分裂で半分に

なった染色体をもらうと習ったことを思い出された読者もいるでしょう。親子以外の主な親族との血縁度は次のようになります。両親を共有する兄弟姉妹間の血縁度は 0.5, 祖父母と孫, 両親のうち一方だけを共有する兄弟姉妹, おじ・おばと甥姪は 0.25, いとこ同士は 0.125 (本書では, これらの血縁度の求め方の説明は省略します。血縁度の考え方についてくわしくは, 長谷川・長谷川〔2000〕の『進化と人間行動』の第6章などを参考にしてください)。

協力行動に関わるコストを c, 相手が受け取る利益を b, 血縁度を r とすると, 血縁関係にある相手を助けたときには c を失いますが, r の確率で b の利益 (つまり rb の利益) を受け取っていることになります。つまり, 協力行動をとらせる遺伝子は, 遺伝子自身の適応度に $-c+rb$ という影響をもちます。この, 血縁者の適応度の変化に r を掛け合わせたものを自身の適応度にも反映させたものを**包括適応度** (inclusive fitness) と呼びます。協力行動が包括適応度を上昇させる条件は, 先ほどの $-c+rb$ が 0 より大きい場合ですから, 次の不等式で表すことができます (これはハミルトン則といわれています)。

$$rb > c$$

血縁者の適応度が上がったり下がったりすると, 自身の包括適応度も上がったり下がったりするという血縁淘汰の理論から簡単に導かれる仮説は, **血縁同士では非血縁同士よりもお互いに協力しやすく, 相手に多大なダメージを与える争いも起きにくい**というものです (ここでの"仮説"は, 図3-1の3段目に相当します)。

| 動物における血縁淘汰理論の証拠 |

血縁淘汰理論から血縁同士ではお互いに協力しやすいという仮説が導かれましたが, 具体的にはどのような振る舞いが協力なの

でしょうか。種が違えば協力行動の内容も違ってくるでしょう。そういう意味で、それぞれの動物の生態についてくわしく知らなければ、具体的な予測（図3-1の最下段）を導くことはできません。

　ベルディング・ジリスというげっ歯類（本章の冒頭に写真が掲載されています）を研究していた生物学者のシャーマンは、このジリスのメスが捕食者が近くにいるのを見つけたときに仲間に対して発する警戒音が協力行動であると考えました（Sherman, 1977）。警戒音を発すると、目立ってしまい自分が捕食者につかまるリスクを上げる（コスト c がかかる）一方、仲間が捕食者につかまる確率を下げる（利益 b を授ける）ことになります。したがって、警戒音は協力行動の定義にあてはまります。そして、シャーマンは何年も観察を続けて、このジリスが自分の姉妹など血縁的に近い仲間がいるときに特に警戒音を発しやすいことを突き止めました。この観察結果は、血縁者に協力的に振る舞いやすいという仮説（図3-1の3段目）から導かれた具体的な行動（警戒音）についての予測（図3-1の最下段に相当）と合致しています。

　シャーマンの観察結果から、ジリスには血縁関係にある仲間とそうでない仲間を見分けることができるという新しい予測も導くことができます。実際、子どもの頃に一緒の巣穴で寝るかどうかがジリスの血縁認識に関連しているようです（Holmes & Mateo, 1998）。自然な状況では、夜一緒に寝る相手は同腹の兄弟姉妹です（ただし、ジリスは一度に5〜8匹の子どもを産みますが、同腹子同士でも父親が異なることが多いので、ここでの兄弟姉妹は血縁度0.5と0.25の相手が混じっていることになります）。対象となっている動物の生態を知らなければ具体的な予測（図3-1の最下段）はできないと述べましたが、ジリスの生態について知らなければ、子どもの頃に一緒の巣穴で寝ることが血縁を見分けるちょうどよい手がかりになることもわかりませ

ん。

人における血縁淘汰理論の証拠

人間の場合でも親戚同士での助け合いは一般的です。自明すぎて，それについての証拠をことさらに求めるのはむしろ難しく思えるほどです。ここでは，「血は水よりも濃い」ことを示す現実場面での証拠をいくつかご紹介したいと思います。

みなさんは，1620年にメイフラワー号に乗ってイギリスからアメリカへ渡った103人の清教徒の移民（いわゆるピルグリム・ファーザーズ）について世界史で習ったのではないでしょうか。彼らの多くは，現マサチューセッツ州での最初の厳しい冬を生き残ることができませんでした。ここで，生き残った人たちと生き残ることができなかった人たちを比べてみると，興味深いことがわかりました（McCullough & York-Barton, 1991）。生き残った人たちほど103人の中に血縁度の高い者がたくさんいたのです。つまり，生き残った人たちは親類縁者から援助を受けやすかった人たちだと考えられます。また，子どもたちの生存率を調べても，両親のうち少なくとも一方が生き残ったような子どもは誰1人として厳しい冬で命を落とすことはありませんでした。この事例は，血縁同士の結束の強さ，そして親が子どもに注ぐ愛情の力をあらためて私たちに教えてくれます。

同じようなパターンは，19世紀のアメリカ合衆国の西部開拓時代に起こった雪山での遭難事件でも見られます。アメリカの中央に位置するイリノイ州から西海岸のカリフォルニアを目指した一行（リーダーの名前をとってドナー・パーティーと呼ばれています）は，カリフォルニア州のシエラネヴァダ山脈で大雪のために動けなくなり，標高約1800 mの湖のほとりにテントを張ることになりました。ドナー・パーティーに加わってカリフォルニアを目指した87人のうち35人までがこの雪山での遭難を直接的・間接的な原因として亡

くなっています（それ以外にもイリノイ州からの長旅の途中で亡くなった人もいました）。体力的にも生き残りに有利と考えられる20歳から39歳までの人たちを取り出し，生き残った人と亡くなった人を比較すると，生き残った人たちにはドナー・パーティーの中に平均して6.8人の親戚がいたのに対して，亡くなった人たちには平均2.3人の親戚しかいませんでした（Grayson, 1990）。この差を生む大きな要因は，単身でこの長旅に参加した男性でした。このような男性16人のうち生き残ったのは3人しかいなかったのです。子どもたちの生存率についてもピルグリム・ファーザーズのデータと同じようなパターンが見られました。体力的に勝る20，30代の人たちの死亡率は50%であったのに，5歳から9歳までの子どもたち（必ず親と一緒にこの長旅に参加しています）の死亡率は18.2%にとどまっていたのです。

　これらの結果は，血縁同士ではコストのかかる協力行動がなされやすいという血縁淘汰の理論の仮説から予測されるパターンです。さらに重要なことは，血縁同士の協力が過酷な状況での生き残りを左右することをこれらの研究結果が示していることです。生存率にこれほど大きな影響をもつのですから，血縁同士で協力し合う傾向が進化しても不思議ではありません。

血縁淘汰理論の実験的検討

ここまで紹介した証拠は，生きるか死ぬかという場面では，私たちが血縁者と協力し合いやすいことを直接的・間接的に示していました。実験室では，血縁淘汰の理論について，よりくわしい検証が可能です。例えば，コスト c と利益 b が同じであれば，私たちは血縁度 r が高い相手ほど助けやすいと予測されます。

　この予測を検証した実験では，実験参加者は背中を壁にもたれただけでいすに座ったようなポーズをとり続けるように依頼されまし

た（Madsen et al., 2007）。そして，長い間そのポーズをとっていられるほど，特定の相手に多くのお金が渡されることになっていました。自分自身が受取人になる条件と慈善団体（もしくは地元の学校）が受取人になる条件以外では，参加者は血縁度 0.5 の相手（親，兄弟姉妹），血縁度 0.25 の相手（祖父母，おじ・おば，甥姪），血縁度 0.125 の相手（いとこ）をリストアップするように依頼されました。そして，その中から実験者がランダムに選んだ相手にお金が送られると説明されました。自分自身との血縁度は，あえて計算すれば 1 です。慈善団体との血縁度は 0 です。したがって，この実験ではお金の受取人として，血縁度 1，0.5，0.25，0.125，0 という 5 つの条件が設定されたことになります。この実験は，最初はイギリスで行われ，その後，南アフリカのズールー人の 2 つの居住地域（エメウスとフルフルウェ）で行われました。イギリスでもアフリカでも，全体的なパターンとしては，血縁度が高い相手が受取人のときほどきついポーズを長くとる（相手に協力的に振る舞う）という結果になっており，血縁淘汰理論の予測と合致していました。

　しかし，この実験では興味深い文化差も観察されました。まず，イギリス人参加者は血縁度がきわめて高い相手（0.5 の相手）に対して特に協力的であったのに対して，ズールー人参加者は血縁度に多少差がある相手（0.5 と 0.25 の相手）を区別していませんでした。次に，イギリス人は比較的遠縁になる 0.125 の相手と他人を区別していなかったのに対して，ズールー人は 0.125 の相手も他人（地元の学校）よりは有利に扱ったということです。なぜこのような文化差が生じるのかを考える前に，私たちはどのようなメカニズムで血縁者を非血縁者よりも優遇しているのかについて考えてみたいと思います。

血縁識別のメカニズム

ジリスの研究でも検討したように、血縁者を非血縁者より優先的に援助するというパターンが見られるのであれば、血縁者と非血縁者を識別する能力が必要です。私たち人間にそのような能力があることは明らかです。その一方で、私たちの多くは血縁度を正確に計算することはできません。したがって、頭で血縁度を理解して、それに応じて協力の程度に差をつけることはできません。

私たち人間が血縁者を識別するメカニズムについては、血縁者への協力行動だけでなく、近親相姦の回避という別の適応的な特性との関連で研究されています（Lieberman et al., 2007）。血縁的に近い男女の間にできる子どもは健康面で障害をもつリスクが高いために（専門的には近交弱勢といいます）、近親相姦を避けるような心理メカニズムは適応的だと考えられるからです。

進化心理学者のリーバーマンらの調査によれば、"兄弟姉妹への協力傾向"と"異性の兄弟姉妹と性的関係をもつことに対する嫌悪感"には、①子どもの頃に自分の母親が生まれたばかりの弟妹の世話をしているところを見たかどうか、②兄弟姉妹と18歳までの間にどれくらいの期間一緒に住んでいたか、という2つの要因が関連していました。これら2つの要因の関係は少し複雑でした。母親が弟妹の世話をしているところを見ていたと回答した人たちは、弟妹と一緒にすごした期間の長さによらず、弟妹に協力的で（例えば、必要とあらば病気の弟妹に自分の臓器を提供してもよいと回答しました）、弟妹と性的関係をもつことに嫌悪感を覚えると回答しました。しかし、あたりまえのことですが、下の子の立場では、自分の母親が出産直後の兄姉の世話をしているところを見ることはできません。また、上の子であっても一時的に親と別居していたなどの事情があれば、母親が弟妹の世話をしているところを見ることはないでしょう。

このような場合には，一緒にすごしていた期間が長い回答者ほど兄弟姉妹に協力的で性的関係に強い嫌悪感をもっていました。まとめると，私たちは，①があるときには主に①を手がかりとして用い，①が利用できないときには②を手がかりとして用いるということです（Lieberman et al., 2007）。

　繰り返しますが，血縁淘汰の理論は，私たちが血縁者に協力するかどうかを決めるときに，意識的に血縁度を計算しているといっているわけではありません。血縁度という概念は，図3-1の上から2段目の中レベルの理論や3段目の仮説を考えるときに研究者が意識するものです。ですが，最下段の予測に出てくる行為者（人間であったりジリスであったりします）が血縁度を計算して知っている必要はありません。ただし，私たちは血縁度を識別するために役に立つ手がかりに反応するようなっていなければなりません。

　人間が進化の歴史の大部分をすごした生活形態（＝進化環境での人間の生態）を考えると，リーバーマンらが見出した2つの要因は血縁者を識別するよい手がかりであったと考えられます。なぜなら，赤ちゃんの世話（特に授乳）をするのはたいてい実母です。そのため手がかり①があるということは，その相手と少なくとも同じ母親を共有していることを意味します。また，人間の進化の歴史の大部分を占める狩猟採集の生業形態は，定期的な生活空間の移動，グループのメンバーの入れ替わりという特徴をもっていました。ですが，成人前の子どもが母親と離れて別のグループに入ることはほとんどないでしょう。そのため，一貫して一緒に移動し，生活していた相手（手がかり②がある相手）が兄弟姉妹である確率もとても高かったはずです。

血縁識別から行動へ

血縁者を識別する手がかりはわかりましたが，私たちはこのような手がかりを用いて

「この人とは子どもの頃に長く一緒にいたから協力しよう」といった決定をしているわけではありません。そうではなく、長く一緒にすごしていると、自然に相手に対して親近感がわくのではないでしょうか。そして、親近感をもっている相手には自然と協力してあげたくなるのではないでしょうか。

　近年の研究では、家族の生死に関わる架空のシナリオを読んでもらって、家族を助けたいかどうかを尋ねたところ、血縁度が高い者にはより親近感を覚えていて、その結果、血縁度の高い者を助けたいという回答がなされていることを示しています（Korchmaros & Kenny, 2001）。つまり、行為者に意識されるのは（この例では、協力行動の至近要因は）、相手に対してもっている親近感であって、血縁度それ自体でも血縁度と関連した手がかりでもないのです。

　ここまでの血縁識別のメカニズムから実際の行動への流れをまとめたのが図 3-2 です。血縁淘汰理論は、左端の血縁度と右端に示されている「血縁者に対する優先的な協力行動」を予測しますが、その間の具体的なメカニズムについては特定の予測をしません。ここまで紹介した実証研究から考えると、血縁度と相関のありそうな要因（母親による世話を見たかどうか、幼少期にどのくらいの期間を一緒にすごしたか）によって親近感がわき、それによって協力行動が促進されると考えられます。ただし、血縁者を識別するために使われる手がかりは他にも考えられます。例えば、顔や体臭が似ている相手とは血縁である可能性が高いでしょう（*Column* ③も参照）。

　図 3-2 には示していませんが、相手が血縁者かどうかを識別するさまざまな手がかりは、親近感以外の他の感情を引き出すことも考えられます。例えば、血縁者と性的関係をもつことは適応的ではないため、前項で述べた血縁識別の手がかり①と②は、相手と性的関係をもつことに対する嫌悪感を引き起こします（Lieberman et al.,

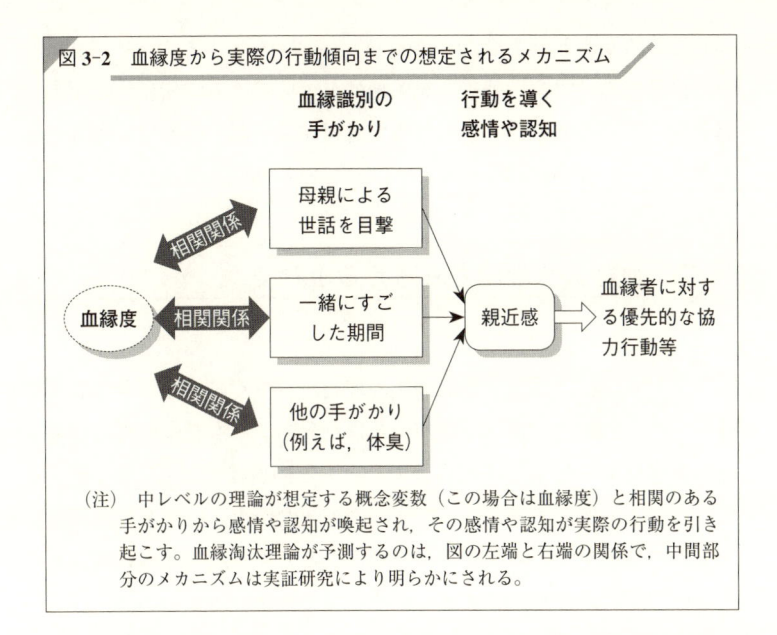

図3-2 血縁度から実際の行動傾向までの想定されるメカニズム

```
                    血縁識別の         行動を導く
                    手がかり           感情や認知

                 ┌──────────┐
            相関関係│母親による│
           ◀━━━━━▶│世話を目撃│
          ╱      └──────────┘ ╲
   ┌─────┐       ┌──────────┐  ╲  ┌──────┐       血縁者に対す
   │血縁度│相関関係│一緒にすご│──▶│親近感│━━━▶ る優先的な協
   └─────┘◀━━━━━▶│した期間  │   └──────┘       力行動等
          ╲      └──────────┘  ╱
            相関関係│他の手がかり│
           ◀━━━━━▶│(例えば，体臭)│
                 └──────────┘
```

(注) 中レベルの理論が想定する概念変数（この場合は血縁度）と相関のある手がかりから感情や認知が喚起され，その感情や認知が実際の行動を引き起こす。血縁淘汰理論が予測するのは，図の左端と右端の関係で，中間部分のメカニズムは実証研究により明らかにされる。

2007)。今後，研究が進めば，図 3-2 はより多くの要素を含むようになるでしょう。

ところで，図 3-2 のように理論的に重要な変数（この場合は血縁度）が直接行動を導くのではないという理解は，進化論的説明が文化的説明と必ずしも矛盾しない理由も説明してくれます。先に紹介した実験研究で，イギリス人参加者は親・兄弟姉妹（血縁度 0.5）に対して祖父母・おじ・おば・甥姪（血縁度 0.25）よりも協力しやすかったのに，アフリカのズールー人参加者はこれら 2 種類の親族への協力しやすさが同じであったことを思い出してください。この文化差は，イギリス人の多くが親子・兄弟姉妹だけからなる核家族で育つのに，ズールー人がいまでも大家族で生活していること（その結果，幼少期に血縁度が 0.25 の人たちとも一緒に暮らしていること）と関

係しているかもしれません (Madsen et al., 2007)。つまり，イギリスでは血縁度の特に高い親子・兄弟姉妹との間でのみ一緒にすごす期間が特に長くなるのに，アフリカでは祖父母・おじ・おば・甥姪とも同じように長い時間を一緒にすごしているということです。

3 血縁淘汰理論から考える子育て

母親の愛情

血縁淘汰の理論からすぐに予測できることですが，親は自分の子どもをよその子どもより大事にするはずです。自分の子どもとの血縁度は0.5ですが，よその子どもとの血縁度は0です。この予測が正しいことは，現実の多くの親を見ていればすぐにわかることですが，興味深い研究もあるので，実証的証拠によって確認しておきましょう。

授乳期間中の母親が，どのような思いで赤ちゃんの顔を見ているのかを fMRI により調べた研究があります。この研究では，母親に自分の赤ちゃんの顔写真とよその赤ちゃんの顔写真を見せました。その際，それぞれ笑っている写真，泣いている写真などを用意しておきました。すると，授乳期間中の母親が自分の赤ちゃんが笑っている写真を見たときに，脳の中で食べ物などの報酬を得たときに活動する部位（報酬系）が強く反応していました (Strathearn et al., 2008)。つまり，自分の赤ちゃんの笑顔を見ると，空腹時においしいものを食べたのと同じような幸せな気持ちになるのです。人間の新生児は，お腹がすいたとき，おむつがぬれたとき，そしてそれ以外のすぐにはわからないいろいろな理由で，時間・場所に関係なく大声で泣き出します。普通に考えればこの上ないストレス源です。それでも，授乳をしたり，おむつを替えたり，あやしたりという母

親が経験する子育ての苦労は，その後に赤ちゃんが見せる笑顔によって報われるようになっているのです。

もう1つ，母親が自分の赤ちゃんとよその赤ちゃんをどれくらいよく区別できるかを示す研究があります。この研究では，赤ちゃんのウンチがついたおむつが使われました（Case et al., 2006）。実験に協力した母親は，実験室で自分の赤ちゃんのウンチがついたおむつを提出しました。そして，その後，自分の赤ちゃんのおむつとよその赤ちゃんのおむつのにおいをかぎ，どちらが臭いかを判定しました。すると，自分の赤ちゃんのおむつの方が臭くないと判定されました。しかし，これは自分の赤ちゃんのおむつを臭いということに抵抗があったせいかもしれません。そこで，意地悪なことですが，母親自身の赤ちゃんのおむつをよその赤ちゃんのおむつとし，よその赤ちゃんのおむつを母親自身の赤ちゃんのおむつと偽って判定してもらう条件が設定されました。この条件でも，母親はやはり自分の本当の赤ちゃんのおむつの方が臭くないと判定しました。これらの実験結果は，母親が自分の赤ちゃんとよその赤ちゃんを嗅覚的にもしっかり区別していることを示しています。

継親と虐待のリスク

親が自分の赤ちゃんによその赤ちゃん以上に愛情を注ぐということの裏返しとして，継父母は実の親よりも子どもをかわいがらないということが予測されます。デイリーとウィルソンによる犯罪統計などを用いた分析では，継父母と一緒に暮らしている子どもは虐待にあうリスクが高いことがわかっています（Daly & Wilson, 1988）。カナダの統計データを例にすると，継父母と一緒に住んでいる2歳以下の子どもが殺害されるリスクは，両親がともに実の親である子どもが殺害されるリスクの70倍にもなるというのです。これはショッキングな数字ですが，多くの継父母に公正を期すためにつけ加えると，2歳以下の

継子が継父母から殺害される確率は 0.065%（継父母と同居している子ども 100 万人のうち 650 人）程度です。ほとんどの継父母は継子を殺害したりはしないのです。それにもかかわらずリスクが 70 倍にもなるのは，実の親に 2 歳以下で殺される子どもはもっと少ない（100 万人に 10 人もいない）からです。

愛情の欠如は，継子殺しが起こる際の殺し方にも表れています。デイリーとウィルソンは，カナダの犯罪統計で，4 歳以下の子どもが継父に殺害された場合の殺害方法を実父に殺害された場合の殺害方法と比較しています（Daly & Wilson, 1994）。ちなみに，デイリーとウィルソンが継父に分析対象を絞ったのは，4 歳以下という幼い継子と一緒に暮らしている継母はほとんどおらず，その結果，幼い継子を継母が殺すということはほとんどないからです。デイリーとウィルソンの分析結果は，ある意味で子殺しのリスクの違い（70倍！）よりもショッキングなものでした。第 2 章で見たように，私たちの道徳的直観は目の前の相手に危害を加えることを抑制するはずです。それにもかかわらず，継父に殺害された子どもの 82% までが撲殺されていたのです。それに対して，実父に殺害された子どもの場合，撲殺された子どもは 42% にとどまりました。

デイリーとウィルソンの分析結果は，とてもショッキングなものです。ところが，逆説的ではありますが，これまであまり研究されなかった父親の愛情（子育てへの適応）の存在を示しているともいえます（*Column* ③）。もし父親にも自分の子どもを他人の子どもよりも大切に扱う傾向がなければ，殺し方に違いが出たりはしないでしょう。

実子殺しは異常なことなのか？

血縁淘汰理論は，実の子と他人の子を差別的に扱うことを予測しました。しかし，実の親による子殺しという痛ましい事件も起

Column ③ 父性の不確実性と父親の子育て

現代的な医療場面を別とすると，母親にとって自分のお腹を痛めた子どもが自分の子どもであることは疑いの余地がありません。しかし，父親にとって，これはそれほど簡単な問題ではありません。例えば，妻の浮気を疑う男性は，妻の子どもが本当に自分の子どもなのか確信をもてないでしょう。また，以前に関係をもった女性が，赤ちゃんを連れて突然現れて「あなたの子どもよ」と言うかもしれません。ある子どもが本当に自分の子どもかどうかを確信できないという問題は**父性の不確実性**（paternity uncertainty）といいます。

父性の不確実性がある結果，父親が自分の子どもだと思って他人の子どもを世話しているという事態が100件に数件程度の確率で起こっているという報告もあります（Anderson, 2006；Bellis et al., 2005）。これは余計な努力を他人の子どもに費やすということなので，大きな適応度上のダメージです。このため，男性には父性の不確実性への対処方略が進化したかもしれません（第4章で紹介する嫉妬に関する研究も参照）。ただし，私たちの祖先はDNA検査を利用することができなかったので，当然ながら血縁関係と関連する至近の手がかりが利用されたでしょう。例えば，セネガルで行われた調査では，子どもと体臭・顔が似ている父親ほど，子どもに愛情をもって接していることが明らかになりました（Alvergne et al., 2009）。このような研究は，本文中で触れた継父による虐待の問題とも関わっているかもしれません。妻の連れ子とは血縁関係がないので，当然，体臭や顔が似ているはずがありません。体臭・顔の類似といった非意識的な経路で愛情を引き出す要因が欠けていることが，継父が実父より子殺しの加害者になりやすい至近のメカニズムなのかもしれません。

また，父性の不確実性や血縁の認識に関わる研究は，社会心理学の伝統的な研究に対して思いがけない示唆を与えるかもしれません。上記のセネガルの調査は，父親が子どもとの血縁度を推測するのに顔の類似度を使っていることを示していました。この知見が暗に示すのは，私たちは自分の顔を自分の顔として（つまり，自己の一部として）認識しているということです。鏡に映った自分の顔を自分と認識できるかどうかは，動物や赤ちゃんが自己意識をもっているかどうかのテストとしてよく用いられますが，これができない動物には子どもとの血縁関係を顔の類似

で推し量ることはできないでしょう。

　しかし，鏡がない時代（ヒトが進化した時代）にどうやって自分の顔と子どもの顔が似ているかどうかを知ることができたのでしょうか。1つの可能性は，親戚や友人が男性に「この子はお前にそっくりだ」などと言って教えるというものです（Daly & Wilson, 1982）。このような"社会的鏡"（Burch & Gallup, 2000）の利用は，言語の存在を前提としています。このように考えると，父性の不確実性や血縁認識の研究は，自己意識や言語の進化についての研究にも大きな示唆を与えることがわかります。

きています。デイリーとウィルソンがカナダの犯罪統計データを分析したところ，生後1年以内に殺人の被害にあった子どものうち，約60％は実の母親から殺害されていました（Daly & Wilson, 1988）。ここではわかりやすさを重視して子殺しと呼びますが，以下で紹介するのは生まれたばかりの子どもを殺す嬰児殺についての研究結果だと考えてください。

　デイリーとウィルソンの分析結果によれば，実の母親による子殺しの主たる原因は血縁淘汰理論の枠組みで理解できるものです。1つは母親の側の要因で，経済的に困窮しているか，父親がいないために子どもを健康に育てていくのが難しい場合でした。以下，父親の不在も含めて**母親の経済的困窮**と呼びます。このような状況では，子どもを無事に成人させるのが大変なので（親にとってのコストが大きくなりすぎるので），経済状況などが改善されてからあらためて子育てをする方が有利になるでしょう。生まれたときに子どもが障害をもっているかどうか（**子どもの障害**）はもう1つのリスク・ファクターでした。子どもが障害をもっている場合，その子どもが無事に成人する可能性は低いので，子育てから見込まれる適応度上の利益は小さくなります。また，健康な子どもより手間がかかるとすれ

ば，コストが大きいということにもなります。

デイリーとウィルソンは，カナダの犯罪統計だけでなく人類学のデータベースも調査しています。その結果，人類学者が子殺しについて報告している多くの事例で，カナダの犯罪統計の分析で明らかになった2つの要因が子殺しに関わっていました。また，戦後の日本の子殺しに関する判例を調査した研究でも，母親の経済的困窮は子殺しの大きな要因でした（長谷川・長谷川，2000）。つまり，これら2つの要因は文化や時代によらず，子殺しのリスク・ファクターになっていると考えられます。

子どもを直接手にかけるわけではありませんが，子どもを捨てることも子育てを放棄するという意味では子殺しと同様の要因によって引き起こされると考えられます。実際，人間の新生児がそのまま放置されて誰にも拾われなければ，死んでしまうのは確実です。子捨てに関しては，熊本県の病院が匿名で赤ちゃんを預かる制度（こうのとりのゆりかご制度）の利用理由が公表されています（こうのとりのゆりかご検証会議，2010）。この制度のもとでは，もちろん捨てられた子どもは死なないわけですが，利用理由は子殺しと似ていると予測されます。実際，子どもを捨てた理由の多くは生活困窮（13.7％），不倫や未婚といった父親の不在と関連するもの（15.7％）となっています。また，戸籍に入れたくない，世間体を考えてという父親の不在を予想させる2つの理由もあわせて20％を超えています。同様に，19世紀のパリの貧困層の女性の子捨てのパターンを分析した研究でも，非嫡出児が捨てられやすかったことが明らかにされています（Fuchs, 1987）。

これらの結果は，実子殺しは異常な事件ではないことを示唆します。ここで「異常ではない」というのは，子育てがうまくいかないことを示す手がかりがあれば，子育てを放棄するような心理メカニ

ズムが進化していても不思議ではないという意味です。道徳的に問題がないと主張しているわけではありません。また、実子殺しは進化の産物なのだからなくならないのだと主張しているわけでもありません。むしろ逆です。異常なことではなく、予測可能な要因が関わっているからこそ対策も可能なのです。

愛情を引き出す赤ちゃんの特徴

何度も繰り返していますが、進化論的予測は"意識的決定"に関する予測をするものではありません。子殺しをするかどうかも、意識的決定ではなく、母親が生まれてきた赤ちゃんにどれくらい強く愛情を感じることができるかどうかによって影響されるでしょう。母親の経済的困窮によるストレスなども影響しているかもしれません。もう1つ、子どもがどのくらい健康そうに見えるかも影響するはずです。ここでは、赤ちゃん側の手がかりが母親の愛情をいかに引き出すかに関する研究結果を見ていきます。図3-2に引き寄せて考えると、どのような手がかりによって行動に関連する感情（赤ちゃんへの愛情）が変化するかを検討した研究を見ていくことになります。

赤ちゃんの健康状態を知るために利用される手がかりの1つは、赤ちゃんの容姿です。例えば、臨月で生まれた赤ちゃんは早産で生まれた未熟児よりも顔の形が丸っこく、目が大きい傾向があります。つまり、臨月で生まれた赤ちゃんはより"赤ちゃんらしい"容姿をしています。そして、臨月で生まれた赤ちゃんらしい特徴があると、私たちはその赤ちゃんをよりかわいいと感じます（Maier et al., 1984）。また、新生児期を過ぎても、低体重を示すような顔の特徴は、大人の愛情を抑制する効果をもっているようです。図3-3に示す2枚の写真の右側は、本物の写真を加工して低体重の特徴が加えられています。具体的には、顔から予測される体重が10%ほど低

図 3-3 未加工の子どもの写真(左)と、低体重の特徴を人工的に付加した写真(右)

(出典) Volk et al., 2005 より許諾を得て掲載。

下するように加工してあります。このようにして1歳半と4歳の子どもの写真を各5人分ずつ加工し、加工前の写真と加工後の写真を成人の実験参加者に評定してもらいました。その結果、低体重の特徴をもたない加工前の写真(図3-3の左側の写真)の方が、より健康そうで、かわいく、養子にしてもよいと評定されました(Volk et al., 2005)。

これらの研究は、赤ちゃんや幼児の健康さを示す手がかりがあると、私たちはその赤ちゃんや幼児を自動的にかわいいと評価しやすくなることを示しています。これらの手がかりに母親だけが反応しないと考える理由はありませんから、健康さの手がかり(より具体的には、ある子どもが繁殖可能な年齢まで生き延びるかどうか、それにはどれくらい子育てのコストがかかるかということと関連する手がかり)があると、母親も自動的にその子をかわいく感じてしまうでしょう。もちろん、子どもの健康度は顔以外の特徴としても現れるはずですから、今後の研究が進めばより多様な至近要因が親の愛情を引き出

3 血縁淘汰理論から考える子育て

Column ④ 泣く子は育つ？

　容姿がかわいい子どもほどかわいがられるというのは，直感的にも理解できます。では，うるさい子どもはどうでしょうか？ 虐待の理由として，「子どもが泣きやまなくてイライラした」といった内容の供述を新聞で目にすることがありますから，うるさい子どもほどかわいがられないのではないかと考えられます。実際，子どもの泣き声は一般的にはあまり好ましくないものです。しかし，泣き声も容姿同様に，子どもの健康さを測る手がかりになっているかもしれません。未熟児の泣き声は臨月で生まれた赤ちゃんの泣き声よりも大人を落ち着かない，不快な気分にさせます。さらに未熟児の泣き声に未熟児の映像を組み合わせると，実験参加者の報告する不快感は特に大きくなりました (Fordi et al., 1978)。

　もし泣き声が健康さを知る手がかりだとすれば，元気に泣く子は必ずしも愛されない子ではないかもしれません。例えば，低体重で生まれた双子の母親は，双子のうち健康な方に愛情を注ぐ傾向があるようです。そして，双子のうち愛情を注がれている方（つまり，健康な方です）の特徴をよく調べると，手のかからないよい子ではなく，むしろ頻繁にぐずったり大声で泣いたりする子どもだったのです (Mann, 1992)。また，干ばつでとても環境が厳しい時期に，アフリカのマサイ族で扱いやすい気質の子どもと，すぐにぐずったりして難しい気質の子どもの生存率を比較した研究があります。子どもが生後4カ月のときに親にインタビューを行い，その約半年後に追跡調査をしたところ，難しい気質の子どもの方が高い確率で生き残っていました (deVries, 1984)。これらの調査結果は，少なくとも子どもの生存が危ぶまれるような状況では，よく泣く子どもの方が親の注意を引きつけ，生存率が高くなる可能性を示しています。ただし，これらの研究はサンプルが少ないので，まだ確実なことはいえません（双子の研究は7組の低体重で生まれた双子を対象としており，マサイ族の研究では追跡調査が可能だったのは13家族だけでした）。赤ちゃんの泣き方と母親の反応の関係は，今後，よりくわしく検討する必要があるでしょう。

すことがわかってくるでしょう（*Column* ④を参照）。

愛情形成プロセスの複雑さ

ここまで容姿と泣き声（*Column* ④）を取り上げ，それが親の愛情を引き出す赤ちゃんの側の手がかりである可能性を検討しました。しかし，人間の親が子どもにどのくらい愛情を注ぐかを決めるために使っている手がかりはもっと多様でしょう。先に指摘したように，自分の経済状況なども子育ての成功可能性を予測する手がかりとなります。

単純に手がかりの数が多いだけでなく，時期によって異なる手がかりを使う必要があるかもしれません。デイリーとウィルソンは，新生児段階，その後1週間くらいの時期，さらにそれに続く少しずつ愛情レベルを変化させていく時期の3つの期間があるのではないかと考えています（Daly & Wilson, 1988）。

愛情形成が複雑なプロセスであるということを認識することは，応用という意味でも重要です。例えば，出産後すぐに赤ちゃんと触れ合った母親とそうでない母親では，後の愛着の形成に違いがあったという研究結果（Klaus & Kennell, 1976）を受けて，産後すぐに母親は赤ちゃんと触れ合わなければならないという極端な考えがアメリカで広がったことがあります。その後の研究は，最初の数時間の母子の触れ合いにこれほど決定的な効果はないことを示していました。不幸なことに，この結果を受けて，産後すぐに母親が赤ちゃんと触れ合う必要はまったくないという別の極端な考えがアメリカでは広まってしまいました（Hrdy, 1999）。実際には，最初の数時間が母子の愛着に決定的な影響を及ぼしたりはしませんが，まったく影響がないともいえないでしょう。

手がかりの数が多く，それらがどのように勘案されるかも時期によって異なるのであれば，「このボタンを押せば愛情が形成される」

3　血縁淘汰理論から考える子育て

的な単純な考えが適用できないことは明らかです。しかし，この複雑さをもって「だから進化論では説明できないのだ」という反論も同じように無効です。複雑な適応が累積的な淘汰の結果生じることは序章で確認ずみです。そして，複雑だからこそ，メカニズムがどのように働くはずかについての道しるべとなる進化論が必要なのです。

Summary

　社会心理学に進化論的説明をもち込むとは，進化論を頂点とする階層構造をもつ体系（図 3-1）の中で，人間の社会的行動を理解するということです。進化論の1つ下には血縁淘汰理論などの中レベルの諸理論があり，これらの中レベルの理論からさまざまな仮説が導かれました。そして，それらの仮説を人間にあてはめると，人間の社会的行動について多くの予測をすることができました。

　血縁淘汰理論から導かれる最も単純な予測は，私たちには血縁者に優先的に協力行動をとる傾向があるというものです。ピルグリム・ファーザーズなどの事例は，生きるか死ぬかという場面では，血縁同士の助け合いが生き残りにとって重要になることを示していました。では，血縁者により協力的に振る舞う傾向を規定している至近のメカニズムは何なのでしょうか。1つの可能性として，血縁者に対して特に強く感じられる親近感を取り上げました。そして，行動に影響する感情や認知は，血縁者と非血縁者を分ける手がかりに反応して形成されると述べました。例えば，居住空間を長く共有している相手は，血縁者である可能性が高いので，そのような相手に親近感をもちやすいということです。これによって，血縁淘汰理論により予測される，血縁者に対してより協力的に振る舞うというパターンが生み出されるのです。

　血縁者への協力の特別なものとして，子育てについて取り上げました。血縁淘汰理論の最も単純な予測は，血縁の子どもを非血縁の子ども（継子）よりも大切にするということでした。しかし，自分の子どもでも育

てるのにコストがかかりすぎる（母親が経済的に困窮している），子育てにかかるコストに対して十分な利益が見込めない（子どもに障害がある）という2つの要因が，子殺しや子捨てのリスクを高めます。このうち後者（子どもの障害）については関連する手がかりを検討しました。例えば，子どもが低体重などではないことを示す手がかりがあると，私たちはその子どもをかわいいと感じる傾向があることを指摘しました。このようにして母親の愛情が形成されるのであれば，結果的に，血縁淘汰理論が予測するような子育てのパターン（障害のない健康な子どもほど親から愛情を注がれる）が観察されるでしょう。

　くどいようですが，私たちが包括適応度を高めるやり方で行動し，繁殖成功度を高めるやり方で子どもに関わるのは，私たちが意識的に繁殖成功度を上げようと計算していることを意味しません。そうではなく，長い進化の歴史の中で，私たちの心は包括適応度を上げ，繁殖成功度を上げるのに適切な手がかりに自動的に反応するようになったのだと考えられます。そして，それらの手がかりが引き出すものは，主観的には親近感や愛情といった感情として経験されるでしょう。その意味で，進化論的な議論は社会的行動の自動性を強調し（第1章），行動の至近要因として感情の働きに注目する（第2章）近年の社会心理学ときわめて親和性が高いのです。

Book Guide

デイリー, M.・ウィルソン, M.（長谷川眞理子・長谷川寿一訳）(1999).『人が人を殺すとき――進化でその謎をとく』新思索社

☞人間同士の葛藤の最も極端な帰結である殺人は，それが重大な帰結であるだけに犯罪統計など客観的なデータが豊富に存在します。この本では，犯罪統計や人類学データを駆使して，さまざまな進化論的予測が検討されています。

ハーディー, S. B.（塩原通緒訳）(2005).『マザー・ネイチャー』上・下, 早川書房

☞進化においてメスが果たした役割，母性についての誤解，子育て戦略の進化など，さまざまな動物のデータをもとに目から鱗が落ちるような議論が展開されます。

根ヶ山光一・柏木惠子（編著）(2010).『ヒトの子育ての進化と文化——アロマザリングの役割を考える』有斐閣

☞ 本章では子育てにおける母親の役割を中心に説明しましたが，子育ては母親や父親だけでなされるものではありません。両親以外の親族や非血縁の人たちも子育てに参加します。そして，母親以外の子育てへの参加をアロマザリングといいます。この本では発達心理学，霊長類学，人類学などさまざまな視点から，ヒトのアロマザリングについての論文が集められています。

第4章 恋愛と対人魅力

←コクホウジャク（© NJRZA：*Column* ⑥参照）

↓結婚式のワンシーン（© tarotastic）

Introduction

　立原正秋は「恋愛は常に不意打ちの形をとる」（『剣と花』より）と書き，スタンダールは「恋は熱病のようなもので，それは意志とはまったく無関係に生まれ，そして消える」（『恋愛論』第5章より）と書きました。無粋を承知で2つの名言の共通点を本書の言葉に言い換えれば，恋愛には非意識的なプロセスが関係しているということになるでしょう。恋愛という感情は，私たちが意識的にコントロールしたくてもできないようになっているわけですが，その結果，私たちは恋に目が眩んで愚かなこともたくさんするでしょう。本章では，それでも恋愛の心理は適応の産物であることを見ていきます。私たちには，適応の結果として特定の異性と強い絆を形成することもあれば，その相手を裏切ってしまうこともあるのです。

「どのような人が異性にもてるのか」は、青年期には特に気になる問題ではないでしょうか。その一方で、このような問題は科学的に取り扱う問題なのかという疑問をもたれる方もあるかもしれません。マイヤーズによる社会心理学の教科書には、著名な社会心理学者へのインタビュー記事が掲載されています。それを見ると、1960年代に対人魅力や恋愛の研究に着手した1人の社会心理学者も、そのような内容は研究テーマとしてふさわしくないという忠告を受けたようです（Myers, 1996, p. 504）。しかし、その後、対人魅力や恋愛は社会心理学の主要な研究テーマの1つに成長していきました。

1 魅力的な異性とは？

コンピュータ・デート実験と身体的魅力度

現在の社会心理学の教科書を開くと、**対人魅力**（interpersonal attraction）を規定する要因の1つとして相手の**身体的魅力度**（physical attractiveness）が挙げられています。ここで、身体的魅力度が対人魅力の規定因になるという考え方に違和感をもたれる方がいるかもしれません。原因にも結果にも"魅力"という言葉が入っているため、単に「魅力的な人ほど魅力的だ」といっているだけではないかというわけです。筆者らもこの批判は傾聴に値すると思いますが、ここではとりあえず「私たちがある異性を好きになる（対人魅力を感じる）かどうかを決める要因の1つに相手の見目麗しさ（身体的魅力度）がある」というふうに理解してください。

身体的魅力度がデートの相手選びにとても強く影響することを示した研究に、ウォルスターらのコンピュータ・デート実験があります（Walster et al., 1966）。ちなみに、このウォルスター（現在はハッ

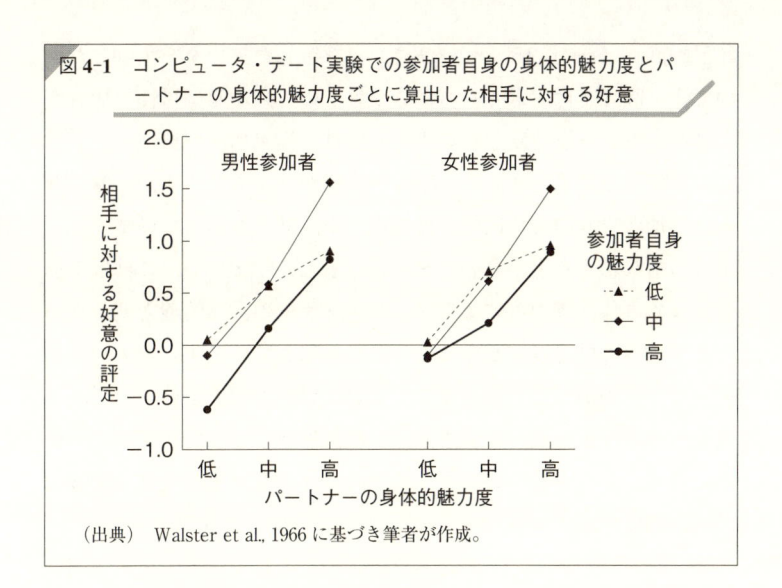

図 4-1 コンピュータ・デート実験での参加者自身の身体的魅力度とパートナーの身体的魅力度ごとに算出した相手に対する好意

(出典) Walster et al., 1966 に基づき筆者が作成。

トフィールド〔E. Hatfield〕として研究活動を行っています）こそ，冒頭で紹介した恋愛研究などしない方がよいという忠告を受けた社会心理学者です。ウォルスターらの実験では，コンピュータが似合いの相手を見つけてくれるというふれこみで大学の新入生対象のダンス・パーティーが開催されました。パーティーに参加申し込みをした新入生は，受付で性格検査などに回答し，1週間後のパーティーまでにコンピュータが似合いの相手を見つけると言われました。しかし，実際には男性の方が女性よりも背が低くならないように配慮された以外は，男女のカップルはランダムにマッチングされました。そして，ダンスの後にお互いの印象を評定するように求められました。

ウォルスターらの実験結果の一部を図 4-1 に示します。これは，参加者がパーティーの後にパートナーへの好意度を − 2.5（まったく

好きでない)から+2.5(とても好き)で評定したデータを集計したものです。図4-1は大きく左右に分かれていて、左側は男性参加者が女性パートナーを評定した結果、右側は女性参加者が男性パートナーを評定した結果です。それぞれ折れ線が3本ありますが、●,◆,▲は参加者自身の身体的魅力度の高、中、低に対応しています。いずれの折れ線も右上がりのパターンを示していますが、これは参加者自身の身体的魅力度によらず、パートナーの身体的魅力度が高いほど相手への好意度が高かったことを意味しています。ウォルスターらは、その後、追跡調査をして実際に男性が相手をデートに誘ったかどうかなどを調べていますが、結論は同じでした。実際にデートに誘うかどうかについても、相手の身体的魅力度が大きく影響していたのです。

> 魅力的な人はなぜ誰が
> 見ても魅力的なのか？

ところで、このコンピュータ・デート実験の参加者の身体的魅力度はどのようにして評価されたのでしょうか。実は参加者がダンス・パーティーへの申し込みに来たときに、4人の受付スタッフが参加者の身体的魅力度を8段階で評定していました。この4人の評定を平均したものが各参加者の"客観的"身体的魅力度とされました。客観的に身体的魅力度が高い(または低い)というからには、誰が評定しても同じように評定されるはずです。実際に4人の評定者の間には、かなりの程度このような合意がありました。合意の程度を示す評定者間相関係数は.49から.58という値をとっていました。相関係数は合意がまったくない場合には0になり、評定がぴったり一致するときに1になります。評定者は、次から次にやってくる参加者の受付対応もしながら評定作業をしていたということを考えると、評定者の意見はかなり一致していたといえるでしょう。

では、そもそもなぜこのような合意が存在するのでしょうか。1

つの可能な説明は，どのような身体的特徴が魅力的と見なされるかは文化によって決まっていて，それぞれの文化に住む人々はこの美の基準を共有しているというものです。しかし，この説明は文化を超えて共有されている美の基準の存在を説明しません。さらに，このように考えると「身体的魅力度が対人魅力の規定因だ」というのは，やはり「(ある文化で) 魅力的と見なされる人ほど (その文化圏に住む人にとって) 魅力的だ」といっているのと同じになってしまいます。これに対して，進化論的な視点は，その美の基準を使って配偶相手を探すことが適応的な結果を導くのでその基準が進化したのだというふうに，美の基準の起源を説明してくれます。

　私たちがデートの相手（潜在的な結婚相手かもしれませんし，一晩限りの関係を期待する相手かもしれません）を選ぶことを，生物学的には**配偶者選択**（mate choice）といいます（一般的な意味ではデートの相手は配偶者に含まれませんが，本章では配偶者という用語は結婚相手から一晩限りのデートの相手までを含む広い意味で用います）。配偶者選択の成否は，繁殖の成否に直結していますから，このときに使われる基準が進化したとしても不思議はありません。そして，美の基準が進化の産物であれば，文化を超えて共有されていても不思議はありません。例えば，繁殖可能性の高い相手を好むことや，子どもに引き継がせたいような優れた遺伝的特性をもっている相手を好むことは適応的なことです。実は私たちの異性に対する美の基準は，こうした適応に関連した手がかりに対応しているものが少なくありません (Rhodes, 2006 ; Thornhill & Gangestad, 1999)。おおまかにいうと，男性が好む女性の身体的特徴は女性の繁殖力（多産さ）と関連しています。それに対して，女性が好む男性の身体的特徴は男性の健康さと関連しています。

女性の顔の魅力度

女性らしい顔の特徴として，小さな鼻，小さなあご，大きめの唇などが挙げられます。これらの特徴をもった女性の顔は魅力的であると判断されます (Rhodes, 2006)。これらの特徴が魅力的と見なされるのは，ある文化圏の男性（例えば日本人男性）が異なる文化圏の女性（例えばアフリカ系女性）の顔の魅力を評定するときにも一貫しています (Cunningham et al., 1995)。では，このような女性的な顔の特徴は，女性の繁殖力の高さと関連しているのでしょうか。女性の顔写真と尿中の女性ホルモン代謝物の濃度を調べた研究では，女性的な顔立ちで魅力的であると評価された女性ほど，エストラジオールという女性ホルモンの濃度が高いことが示されました (Law Smith et al., 2006)。女性ホルモンの濃度が高い女性ほど受胎しやすいことがわかっていますから，女性的な顔立ちの人に魅力を感じる男性は，結果的に繁殖力の高い女性を好んでいることになります。ただし，顔の魅力と女性ホルモンの関係は化粧をしていない女性でのみ見られました。この結果は，なぜ女性が化粧をするのかという問いに答える手がかりを与えてくれそうです。

ウェスト・ヒップ比

顔以外にも女性の繁殖力を示す手がかりはあります。それは大きな胸や臀部（でんぶ）です。臀部への脂肪の蓄積と，それによりヒップに対するウェストの比率（ウェスト・ヒップ比）が小さくなるのは性ホルモンにより思春期以後に現れる第二次性徴の1つです。また，胸が大きくかつウェスト・ヒップ比の小さな女性は，唾液中のエストラジオール濃度が高いことも示されています (Jasieńska et al., 2004)。

では，こうした女性的な身体的特徴は，魅力的と判断されるのでしょうか。進化心理学者のシンがミス・アメリカの体型の特徴を調べたところ，1923年から1987年にかけてミス・アメリカの体重は

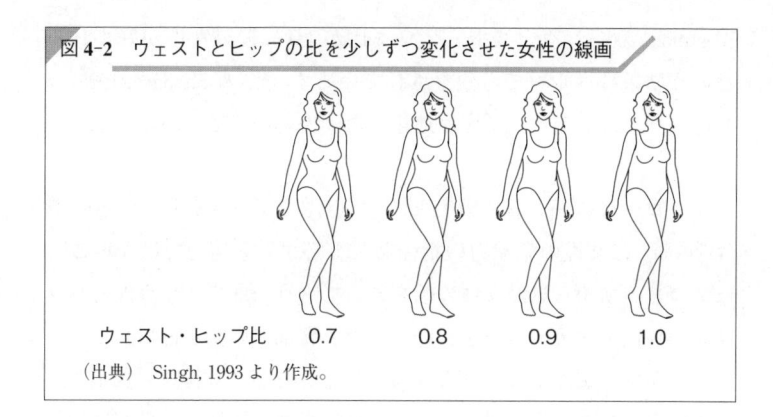

図 4-2　ウェストとヒップの比を少しずつ変化させた女性の線画

ウェスト・ヒップ比　0.7　0.8　0.9　1.0

（出典）　Singh, 1993 より作成。

減少する傾向がありましたが（時代とともにやせ形の女性が美しいとされるようになったという通説を支持する結果です），ウェスト・ヒップ比はおおむね 0.7 で半世紀以上の間一定していました（Singh, 1993）。モデルの体重は減少傾向を示すがウェスト・ヒップ比は 0.7 近辺でほぼ一定というパターンは，1955 年から 1990 年にかけての『プレイボーイ』誌のグラビアをかざるモデルにもあてはまっていました。次にシンはアメリカ人の大学生にさまざまな体型の女性を描いた線画を示し，どの線画が最も魅力的かを評定してもらいました（図4-2）。すると，やはりウェスト・ヒップ比が 0.7 の絵が最も魅力的と判断されました。

　それでは，このウェスト・ヒップ比が 0.7 の女性が好まれるという傾向は文化を超えて観察されるのでしょうか。この問題を検証するために，人類学者のマーローは，タンザニアで現在も狩猟採集の生業形態を保っているハッザ族の男性にシンが用いたものと同じような線画を示し，どの絵の女性が魅力的かを尋ねました。すると，ハッザ族の男性は太めの女性（ウェスト・ヒップ比が 1.0 の女性）の絵を 0.7 の絵よりも魅力的で妻にしたいと回答しました（Marlowe &

Westman, 2001)。ウェスト・ヒップ比が1.0に近い女性が好まれるという結果はペルーでも観察されています（Yu & Shepard, 1998）。では，ウェスト・ヒップ比は進化した美の基準ではないのでしょうか。

マーローは線画に描かれたヒップ（女性を正面から見たときの骨盤付近の幅）は女性の繁殖力の指標として必ずしも適切ではないことに気づき，横から見た女性の絵を使ってもう一度アメリカ人とハッザ族の男性を対象に調査を行いました。臀部に脂肪が蓄積しているかどうかは，正面から見るより横から見る方がよく判断できます。その結果，ハッザ族の男性もアメリカ人男性と同様に，臀部に脂肪の蓄積した女性を魅力的であると判断しました（Marlowe et al., 2005）。つまり，女性の繁殖力と関わる臀部への脂肪の蓄積（多くの文化圏で，これは正面から見た女性のウェスト・ヒップ比を小さくすると考えられます）は，かなり広い文化圏で女性の身体的魅力度を規定する要因であることが示されたということになります。

ここまで見てきた知見は，**繁殖力が高いことを示す特徴をもっている女性ほど，男性から身体的魅力度が高いと判断される**ことを示しています。これは，男性にとって繁殖力の高い女性と配偶することが適応的であるという進化論的予測を支持するパターンです。また，美の基準（の少なくとも一部）は，適応的な意味をもっており，文化ごとに恣意的に決まっているのではないことを意味します。ただし，このことは男性が繁殖力の高い女性と結ばれたいと意識的に望んでいるといっているわけではありません。単に，女性らしい顔立ちや大きな胸・臀部といった女性の繁殖力を示す特徴にひかれる傾向をもっていた男性ほど繁殖上有利だったので，男性にはそのような好み（女性らしい特徴にひかれる傾向）が備わっているということです。

2　愛する人と結ばれたい

37の文化圏での調査　多くの社会心理学の教科書が身体的魅力度を相手に対する好意を規定する1つの要因としているように，配偶相手を選ぶ際に私たちが使う基準は身体的魅力度だけではありません。進化心理学者のD. M. バスは，世界の37の文化圏において男女が配偶相手を選ぶ際に用いる基準について調査を行いました（Buss, 1989；Buss et al., 1990）。調査された37の文化圏には，アフリカ，アジア，中東，ヨーロッパ（調査実施時に共産主義であった東欧の国を含む），オセアニア，北米，南米のさまざまな地域の国が含まれていました。同じ国でも，イスラエルのユダヤ人とパレスチナ人などは異なる文化圏とされました。D. M. バスとその共同研究者たちは，これら37の文化圏の男女に，「良識があり信頼できる」「知的である」など18の特性を示し，それらが配偶相手を選ぶ際にどのくらい重要かを0点（まったく無関係）から3点（絶対に必要）の4段階で評価してもらいました。すべての文化圏の回答をまとめて，男女ごとに配偶相手に求める特性を重要なものから順に並べたのが表4-1です。

　男女ともに，お互いにひかれ合っていること（愛し合っていること）を最も重視しています。もちろん表4-1のランキングには文化差もありました（Buss et al., 1990）。例えば，アフリカのズールー人の男性ではお互いが愛し合っていることは18の特性のうち10番目にしか重視されていませんでしたし，中国の女性では8番目でした。しかし，このような例外はありましたが，多くの文化でお互いに愛し合っていることは男女双方から配偶相手を選ぶ基準として高く評

表 4-1 D. M. バスらによる 37 の文化圏での配偶相手に求める特性に関する調査結果

順位	男性による評定 特性	平均値	女性による評定 特性	平均値
1	相互にひかれ合うこと（愛）	2.81	相互にひかれ合うこと（愛）	2.87
2	良識があり信頼できる	2.50	良識があり信頼できる	2.69
3	情緒面での安定性・成熟度	2.47	情緒面での安定性・成熟度	2.68
4	楽しい	2.44	楽しい	2.52
5	健康	2.31	教育水準と知性	2.45
6	教育水準と知性	2.27	社交性	2.30
7	社交性	2.15	健康	2.28
8	家と子どもを望んでいること	2.09	家と子どもを望んでいること	2.21
9	上品さ・洗練	2.03	*野心と勤勉さ*	2.15
10	*外見のよさ*	1.91	上品さ・洗練	1.98
11	**野心と勤勉さ**	1.85	同じ程度の教育水準	1.84
12	料理・家事が上手	1.80	*将来の収入見込み*	1.76
13	*将来の収入見込み*	1.51	*外見のよさ*	1.46
14	同じ程度の教育水準	1.50	社会的地位	1.46
15	社会的地位	1.16	料理・家事が上手	1.28
16	純潔（過去に性的経験がないこと）	1.08	同じ宗教	1.21
17	同じ宗教	0.98	同じ政治的信条	1.03
18	同じ政治的信条	0.92	純潔（過去に性的経験がないこと）	0.75

（出典） Buss et al., 1990 をもとに作成。
（注） 太字は多くの文化圏で女性が男性よりも重視する特性。太字斜体は，多くの文化圏で男性が女性よりも重視する特性（第3節参照）。

価されていました。お互いに愛し合っていることは，29 の文化圏の男性と 23 の文化圏の女性から最も重視されていましたし，（ズールー人男性と中国人女性を除けば）お互いに愛し合っていることは必

ず5位以内に入っていました。お互いに愛し合っていることは，文化を超えて配偶相手を決める重要な基準になっているのです。

みなさんの中には，"愛"というのは近代以降に西洋で発明されたイデオロギーだという考え方を学ばれた方もいるかもしれません。その考え方からすると，世界中で愛が重視されるというのは意外な結果でしょう。しかし，人類学者がこれまでに調査したほとんどの文化で恋愛に相当する感情が経験されることが報告されています（Jankowiak & Fischer, 1992）。これらの知見から，少なくとも感情としての"愛"は普遍的で，配偶相手を選ぶときに重視されるということがわかります。

愛の適応的意味

ではお互いに愛し合っている相手と結ばれることには，どのような適応的意味があるのでしょうか。私たちは夫婦の絆という言葉を使うことがありますが，生物学ではこれをペア・ボンドといいます。ですが，一夫多妻を認める文化も多く見られます。一夫多妻制のもとでは夫婦の絆という言葉はうまくあてはまらないように思われるかもしれません。しかし，一夫多妻が認められている文化でもほとんどの男性は1人の妻しかもっていません。同時に複数の妻と結婚することができるのは，通常，その男性に複数の妻とその子どもを養育するだけの経済力がある場合だけです。したがって，女性の視点から考えると，自分を愛している（＝ペア・ボンドを維持する）男性を選ぶことの適応的意味は，男性からの子育てへの貢献を確実にすることといえそうです。

反対に男性の視点から考えると，女性との確実なペア・ボンドの形成は父性の不確実性の問題と関連しています（第3章 *Column* ③を参照）。父性の不確実性とは，妻の子どもが必ずしも自分の子どもとは限らないという問題でした。女性の場合は，お腹を痛めて産ん

だ子どもが（自分の遺伝子を引き継いでいるという意味で）自分の子どもであることは確実ですが，男性の場合はそうではないということです。自分の遺伝子を受け継いでいない子どもを育てるために努力する男性は，ライバルの男性の適応度を上げ，自分の適応度を下げる結果になります。したがって，男性にとって自分を愛してくれている女性（つまり，浮気をしないだろうパートナー）を選ぶことの適応的意味は，父性の不確実性の問題を回避することになります。

　ペア・ボンドが維持されることの適応的意味は男女で違っていますが，いずれの場合も現実的な問題は，パートナーが自分より魅力的な異性に出会ったときに自分を裏切るかもしれないというものです。男女いずれの立場でも，パートナーが自分よりも魅力的な相手になびかず自分との関係にコミットし続けると期待できなければ，相手と結婚したいとは思えないでしょう。経済学者の視点から感情の適応的意義を論じたフランクは，この問題を**コミットメント問題**と呼びました（Frank, 1988）。フランクは，相手を愛しているということが相手との関係に強くコミットしていることを意味していて，それが相手に伝わるようであればコミットメント問題は解決すると考えました。

| 関係維持戦略としての"愛" |

近年の研究は，**ロマンティックな愛情**（romantic love）がコミットメント問題解決の機能をもつ**関係維持戦略**（relationship maintenance strategy）である可能性を示しています。実験の参加者に現在つき合っている相手に対してロマンティックな愛情を感じた場面を想起してもらうと（つまり，ロマンティックな愛情を追体験してもらうことになります），魅力的な他の異性になびきにくくなるのです。目の前に現れた魅力的な異性にひきつけられないのであれば，コミットメント問題は解決されます。

ゴンザーガらが行った実験では，ロマンティックな愛情の関係維持機能を検討するために思考抑制によるリバウンド効果が利用されました（Gonzaga et al., 2008）。思考抑制によるリバウンド効果とは，あること（例えば白熊）について努めて考えないようにすると，その後，そのこと（白熊）についてむしろ考えやすくなるという現象です（Wegner et al., 1987）。私たちは魅力的な異性の写真を見せられると，ついついその異性のことを考えてしまうかもしれません。しかし，ロマンティックな愛情が魅力的な異性についての思考を自動的に頭から追い出してくれるのであれば（努めて考えないようにする必要がないのであれば），ロマンティックな愛情を経験している者ほどリバウンド効果が起きないだろうと予測されます。

　この予測を検証するために，ゴンザーガらの実験は次の3つのパートに分かれていました。パート1では，実験の参加者に魅力的な異性の写真を見せ，まずその異性について作文をしてもらいます。パート2では，参加者に（A）現在つき合っているパートナーに対してロマンティックな愛情を感じたとき，（B）現在つき合っているパートナーに対して性的欲求を感じたとき，（C）何でもよいので頭に浮かんだことのいずれかについて作文をしてもらいます。このとき「パート1で見た魅力的な異性のことは極力考えないようにしてください」という思考抑制の指示をします。さて，最後にパート3では，パート2と同じ内容について作文してもらうのですが，今度は「パート1で見た魅力的な異性について極力考えるようにしてください」という指示をします。

　実験参加者は，パート1で見た異性のことが頭に浮かんだときには作文用紙の余白に印をつけるように依頼されていました。その印の数を集計した結果，予測通りパート2でロマンティックな愛情を追体験していた条件Aの参加者ほどパート3でリバウンド効果が

起きていませんでした。条件Bと条件Cの参加者がパート3で魅力的な異性について考えた平均回数はそれぞれ2.10回と3.90回であったのに対して，条件Aの参加者は平均0.60回しか魅力的な異性について考えていなかったのです。この結果は，ロマンティックな愛情を感じていると，自動的に魅力的な異性が頭から追い出され，その結果としてリバウンド効果が起きないという予測と一致しています。

同様の研究結果はほかにもあります。現在のパートナーと強いコミットメント関係にある人たち（すなわち，普段から相手に愛情を感じている人たち）は，他の異性の写真の魅力度を低く評定し（Johnson & Rusbult, 1989；Simpson et al., 1990），魅力的な異性の写真に注意を払わない傾向があるのです（Miller, 1997）。これらの結果から，**ロマンティックな愛情には現在のパートナーとの関係へのコミットメントを促進する関係維持機能があることがわかります。**

コミットメントの表出　では，関係にコミットしていることはどのようにして相手に伝達されるのでしょうか。実験室で，実際のカップルの自然な相互作用の様子をビデオに撮影し，そこで表出されているしぐさを分析した研究によれば，主観的に報告されたロマンティックな愛情やコミットメントは，①肯定的うなずき，②デュシェンヌ・スマイル（口元だけでなく目元も笑っている真に楽しい気分を意味する笑顔），③活発な手振り，④パートナーへの身体の傾きという4つのしぐさと特に強く関連していました（Gonzaga et al., 2006）。

このような非言語的な手がかり以外に，相手が自分との関係にコミットしてくれているかどうかを知る手がかりはないのでしょうか。この問題に対して，実は社会心理学者と進化生物学者が基本的に同じ結論に到達しています。社会心理学者のケリーはパートナーに対

して無理難題をふっかけて，それに相手が応えてくれるかどうかを見ることで，相手が自分との関係にコミットしてくれているかどうかをテストできると考えました (Kelley, 1983)。ここで重要なのは，無理難題でなければ関係にコミットしていない相手でも応えてくれるので，相手の反応を見ても相手のコミットメントの程度がわからないということです。それに対して，無理難題に何とか応えようとしてくれる相手は，本当に自分との関係にコミットしてくれている相手だけでしょう。同じことを進化生物学者のザハヴィはボンド（絆）のテストと呼びました (Zahavi & Zahavi, 1997)。余談ですが，ケリーもザハヴィもこのようなボンドのテストは男女間だけでなく，親密な関係では一般的に用いられていると考えているようです (*Column* ⑤)。

このような無理難題に応えることができる人（現在のパートナーとの関係に強くコミットしている人）は，相手のために自己犠牲をいとわないはずです。ファン・ランゲらは，このことを調査と実験を用いて検証しました (Van Lange et al., 1997)。最初の調査では，回答者に自分にとって大事な趣味・活動（例えば，サッカーをすること）を3（または4）つ挙げてもらいました。その後，もし現在つき合っている相手と今後もつき合い続けるためには，この趣味・活動をすることをあきらめなければならないとしたらどうするかを尋ねました。こうして，現在つき合っている相手のために自分の人生の楽しみの一部を犠牲にしてもよい程度である**自己犠牲の意志**（willingness to sacrifice）を調べたところ，自己犠牲の意志の高い人ほど，現在の相手との関係に満足し，コミットしていると回答していました。読者の中には，このような自己犠牲の意志は口先だけのものではないかと思われる方もあるかもしれません。そこで，ファン・ランゲらは，自己犠牲の意志を測定した後，実験室で実験参加者にできる

だけ早く踏み台昇降をしてもらい、その結果に応じてパートナーに現金が支払われるようにした新たな実験を行いました。すると、パートナーのための自己犠牲の意志の高い参加者ほど、実際に素早く踏み台昇降をしました。たかが踏み台昇降と思われるかもしれませんが、少なくとも自己犠牲の意志がただの口からの出まかせではなかったことはわかります。また、結婚したカップルを対象に行った調査では、上記の方法で測定した自己犠牲への意志が、1年以上後のカップルの関係の良好さを予測することが示されました。

このような自己犠牲は、実際の生活の中では相手のニーズに応じてなされるでしょう。近年の親密な関係の研究では、パートナーが自分のニーズに応答してくれていると感じられる程度（**ニーズへの応答性の知覚**）が、相手との関係を進展させるかどうかを決める要因になることが指摘されています（Reis et al., 2004）。これらの知見は、お互いに愛情を伝え、お互いにそれを知覚し合うこと（お互いの愛を確認する作業）が、恋愛関係の進展や安定した関係の維持にとても重要な要素であることを示しています。

3　相手に何を求めるのか？

37の文化圏での調査・再び

D. M. バスの37の文化圏での調査結果は、世界中の多くの文化で配偶相手とお互いに愛し合っていることが重視されることを示していました。実はこのほかにも、多くの文化に共通するパターンが観察されていました（Buss, 1989）。この普遍性に関連する項目は、**表4-1**の中で太字・太字斜体にして強調してあります。これらの項目はランキングとしてはそれほど高くなっていませんが、多くの文

Column ⑤ 母子間の愛着と男女間のペア・ボンド

第3章の冒頭で，これまでの社会心理学では親密な関係はひとまとめにして研究されてきたと述べました。それに対して，本書では家族関係，男女の恋愛関係，友人関係に対してそれぞれ1つの章を割き，別々に検討しています。しかし，ここで従来の社会心理学のアプローチにも理にかなった部分があることを認めておきたいと思います。

特定の異性にコミットするための感情システム（ロマンティックな愛情）と母子の愛着システムとは，生理学的レベルでは同じメカニズムを共有しているようなのです。その結果，母子の愛着と成人男女のペア・ボンドは，相手と一緒にいたいという気持ち，相手との身体的接触，分離に対する不安といった心理・行動面での類似点をもっています（Fisher, 1998）。また，主にげっ歯類を対象とした研究では，母子の愛着と雌雄のペア・ボンドは共通の神経メカニズムを共有しており，オキシトシンやバソプレッシンという神経伝達物質の働きに大きく依存していることが明らかになっています（Carter, 1998）。ロマンティックな愛情とオキシトシンの関係は人間の場合にも検討されています。ゴンザーガらは，女性の実験参加者に現在つき合っている男性に対して愛情を感じた場面を思い出してもらい，そのときのデュシェンヌ・スマイルなどロマンティックな愛情に関連する非言語的手がかりの表出と血中オキシトシンの濃度を調べました。血中のオキシトシン濃度と脳内で神経伝達物質として働くオキシトシンとの関係にはまだよくわかっていない部分もありますが，非言語的手がかりの表出が多かった参加者ほど血中オキシトシン濃度が高いという関係が見られました（Gonzaga et al., 2006）。

母子の愛着と成人男女のペア・ボンドが同じ至近メカニズム（ここでは生理的メカニズム）を共有しているのであれば，母子関係と男女関係を"親密な関係"にひとくくりにする社会心理学のアプローチにも一理あるといえます。しかし，だからといって母ネズミの養育行動と配偶行動を同じものとして研究したりはしないでしょう。これは，それぞれが異なる適応上の機能をもっているからではないでしょうか。そうであれば，人間の親密な関係の研究にも，至近要因面での類似を認めつつも，機能面での違いを明確にするアプローチが必要なのではないでしょうか。

3 相手に何を求めるのか？

化に共通して男性・女性のいずれかに高く評価される傾向がありました。

例えば，37 のうち 36 の文化圏で男性よりも女性が配偶相手の「将来の収入見込み」を重視していました。将来の収入見込みと関連して，配偶相手の「野心と勤勉さ」も男性よりも女性が重視する傾向がありました（37 のうち 34 の文化圏でこの傾向があり，そのうち 29 の文化圏でこの差が統計的に有意でした）。男性の将来の収入見込みは，その男性が子育てに投資する能力を示していると考えれば，女性は将来子育てに投資できる相手を選んでいると考えることができます。反対に男性は女性よりも配偶相手の身体的魅力度（外見のよさ）を重視する傾向があり，この傾向は 37 の文化圏すべてで見られました。すでに見たように，女性の身体的魅力度は繁殖力を反映していると考えられますから，男性は配偶相手に繁殖力の高さを求めていると考えられます。

これらの男女差以外に，D. M. バスの調査では配偶相手の理想の年齢に関して 37 の文化圏に一貫した男女差が観察されています。この男女差とは，男性は自分より年下の女性を好むのに対して，女性は年上の男性を好むというものです。女性が年上の男性を好むことは，ほとんどの文化で男性の社会的地位・経済力が年齢とともに上昇することと関連づけて説明されます。つまり，女性が男性の将来の収入見込みを重視する傾向があることの延長です。それに対して，男性が年下の女性を好む傾向は，女性の繁殖力と関連づけられて説明されます。直感的にも，若い女性と結婚すれば，その相手と生涯に多くの子どもをつくることができると考えられます。しかし，この説明は私たち人間が長期的なペア・ボンドを形成することを前提としなければ意味をなさないことには注意が必要です。実際，チンパンジーのオス（子育てには基本的に貢献しません）は，若くて出

産経験のないメスよりもこれまでに出産経験のある年上のメスと交尾することを好みます (Muller et al., 2006)。出産経験はそのメスの繁殖力を示しているのです。

> 配偶者保持戦術

ペア・ボンドを維持するためには、自分が関係にコミットするだけでは不十分です。というのも、不貞 (infidelity)、つまり浮気も私たち人間の社会で普遍的に見られ、離婚の主要な原因となっているからです (Betzig, 1989)。ペア・ボンドを維持するためには、パートナーの不貞への対抗手段も必要です。D. M. バスは、私たちが配偶関係を維持するために行う行動のレパートリーを**配偶者保持戦術** (mate retention tactics) と呼び、その分類と目録作成を行いました (Buss, 1988)。D. M. バスの調査では、男女の大学生が自分の知り合いがパートナーを失いそうな場面でとった具体的な行動を記述するように調査対象者に依頼しました。このようにして集めた目録には、次のような戦術が含まれていました（括弧内に具体的な行動例を示しています）。警戒（誰と一緒にいるか確認するために電話する）、資源誇示（高価なプレゼントを買う）、配偶者の隠蔽（パートナーを自分の同性の友人に紹介しない）、服従（何でもすると相手に言う）、身づくろい（化粧をする）、不貞への罰（別れると脅す）、同性内での脅し（ライバルをにらみつける）、暴力（パートナーに近寄った相手を殴る）。

このように配偶者保持戦術は多様ですが、男女が配偶者に求める特性に対応する形で、どのような戦術が用いられやすいかにも男女差がありました。女性は男性に経済力を求めます。したがって、男性はふられそうになったときに女性よりも資源誇示を行う傾向がありました。反対に、男性は女性の身体的魅力度を重視します。そのため、女性は身づくろいを男性よりも行う傾向がありました。この傾向は大学生を対象とした調査 (Buss, 1988) でも既婚の男女を対象

とした調査（Buss & Shackelford, 1997）でも一貫していました。これ以外に，D. M. バスの調査では興味深い男女差が明らかになりました。例えば，男性は女性よりも服従，同性内での脅し，暴力を用いやすく，女性は男性よりも不貞への罰を用いやすい傾向がありました。

また，どのような人が配偶者保持戦術を用いやすいかというデータにも，これらの戦術が適応の結果であることを示す傾向が見てとれました。簡単にいうと，ライバルに配偶者をとられる可能性が高い人（若い女性と結婚した男性と高収入の男性と結婚した女性）ほど，日常的に配偶者保持戦術を用いる傾向があったのです（Buss & Shackelford, 1997）。

嫉妬の性差

配偶者保持戦術を私たちにとらせる至近メカニズムとして**嫉妬**（jealousy）が挙げられます。恋のライバルの出現は，私たちにやきもちをやかせ，上記のような配偶者保持戦術に私たちを駆り立てるのです。

実は嫉妬を引き起こす状況に関しても，パートナーの不貞が男女それぞれにもたらす適応上の問題の違いに対応した男女差があることがわかっています。男性にとって妻の浮気は父性の不確実性の問題と関連します（第3章 *Column* ③参照）。これに対して，女性にとってパートナーの浮気から生じる適応上の問題は，パートナーの資源が別の女性（とその子ども）のために費やされるというものです。このようなパートナーの不貞がもたらす適応上の問題の男女差から，男性の嫉妬はパートナーが他の男性と性的関係をもった（もちそうだ）という状況で特に強くなるのに対して，女性の嫉妬はパートナーが別の女性に資源を投資しようとする（つまり，別の女性に心が移りつつある）という状況で特に強くなると予測されます。D. M. バスらはこの予測を，次の（A）と（B）の2つの状況のうち，「どちら

がより我慢ならないか」と男女の実験参加者に尋ねることで検証しました (Buss et al., 1992)。

(A) あなたのパートナーが他の誰かと深い感情的結びつきを築いている

(B) あなたのパートナーが他の誰かと情熱的な性的関係を満喫している

どちらも我慢ならないと思われるかもしれませんが,あえてどちらか一方を選べと言われたらみなさんはどちらを選ぶでしょうか。D. M. バスの実験では,男性参加者の過半数 (60%) は状況 B を,女性参加者の過半数 (83%) は反対に状況 A の方を我慢ならないとしました。

嫉妬は男女の適応上の問題によく対応した場面で強く感じられることがわかりました。そして,この感情によって私たちは相手を関係に引き留めるように行動すると考えられます。しかし,嫉妬は必ずしも円満解決をもたらすわけではありません。アメリカのさまざまな犯罪統計を調べると,嫉妬は殺人の原因としてかなり上位に入りますし,世界各地に妻の浮気現場を目撃してしまった男性が妻やその浮気相手を殺してしまったという記録があります (Daly et al., 1982)。嫉妬がこれほど強い反応を引き起こすという事実も,配偶者と長期的なペア・ボンドを維持することがいかに重要な適応上の問題であったかを物語っています。

異性へのアピールの進化

たしかに嫉妬は殺人のような悲劇的な結末をもたらすこともありますが,配偶者保持戦術の中には資源誇示・服従・身づくろいのように相手の求めに応じる穏当な戦術も含まれていました。相手が求めているものによって相手にアピールすることは,配偶者保持の場面だけでなくデートの相手を探すときにも役に立つはずです。

例えば，女性が男性に将来の収入見込みのような経済力（子どもへの投資能力を示す至近要因です）を求めるのであれば，男性には経済力があることを示すことで女性にアピールするような傾向が進化してもよいのではないでしょうか。生物学では，一方の性（多くの場合にメス）が配偶者選びで選り好みをする結果，他方の性（オス）に異性にアピールする特性が進化することを**性淘汰**（sexual selection）と呼びます（長谷川，2005）。性淘汰の理論は，一見すると生存に不利になりそうな形質も，繁殖面での利点をもてば進化可能であることを説明してくれます（*Column* ⑥）。

では，性淘汰の理論はどこまで人間の行動にあてはまるのでしょうか。例えば，高い社会的地位を示す服を着ている男性（Hill et al., 1987）や高級車に乗っている男性（Dunn & Searle, 2010）は，そうでない男性よりも女性に魅力的と評価されます。では，このような高級品を身に着けて女性にアピールをするような傾向を男性はもっているのでしょうか。グリスケヴィシャスらは，実験の参加者に魅力的な異性の写真を示し，その異性との理想のデートについて作文をしてもらいました（Griskevicius et al., 2007）。比較のために，もう1つの条件では異性の写真を示さずに散歩について作文をしてもらいました。その後，別の実験と称して，自由に使えるお金が5000ドルあったら何に使うかを決めてもらいました。すると，散歩について作文した男性と比べて，デートについて作文をした男性は高級腕時計など贅沢品にお金を使うと回答しました（女性ではこのような差は見られませんでした）。経済力を示すために贅沢をすることは**顕示的消費**（conspicuous consumption）と呼ばれます。

性淘汰により進化した男性のアピール方法は，顕示的消費に限られないかもしれません。進化心理学者のミラーは，芸術や言語などが性淘汰によって進化したという大胆な仮説を発表しています

(Miller, 2000)。この仮説のどこまでが妥当なのかはさておき、選ぶ側が適応に有利なような選択の基準をもって選ぶのであれば、選ばれる側にもそれに応じた特性が進化するという性淘汰の理論の考え方は、さまざまな男女差の説明に有効だと考えられます。

4 短期的配偶戦略

男性は浮気にオープンか？

ここまで紹介してきた研究の多くは、私たち人間にはペア・ボンドを形成する傾向があることを前提にしたものでした。しかし、安定したペア・ボンドの形成が難しい問題になるのは、そうではない関係（浮気）が存在するからです。D. M. バスは、私たちには長期的なペア・ボンドを形成するための心理メカニズムだけでなく、浮気のための心理メカニズムも進化の結果として備わっていると考えました。D. M. バスの**性戦略の理論**（sexual strategy theory）では、前者を**長期的配偶戦略**（long-term mating strategy）、長期的な関係を前提とせずに異性と性的関係をもつことを**短期的配偶戦略**（short-term mating strategy）と呼んでいます（Buss & Schmitt, 1993）。当然、浮気は短期的配偶に含まれます。性戦略の理論によれば、浮気はたまたま目の前に抗しがたい魅力をもつ異性が現れたときに起こる事故のようなものではありません。

男性にとっての短期的配偶の適応上のメリットは自明です。男性の場合、行きずりの女性と一晩限りの関係をもっただけでも、相手を妊娠させることが可能です。その結果、自分が子育てに投資することなく自分の遺伝子を引き継いだ子どもがどこかで育ってくれれば、その男性の適応度（繁殖率）はそれだけ上昇します。女性の場

Column ⑥ 性淘汰の2つ（?）のメカニズム

　コクホウジャク（第4章の冒頭の写真を参照）というスズメよりも少し大きな鳥のオスは，繁殖期には50cmもの長い尾羽を見せびらかすように飛翔してディスプレイを行います。このコクホウジャクのオスの長い尾羽は性淘汰の結果であると考えられています。例えば，人工的にオスの尾羽を長くしてやると，そのオスはメスにもてるようになったのです（Andersson, 1982）。しかし，このような尾羽は飛ぶのにも邪魔で，生存にとっては不利になりそうです。

　遺伝学者のフィッシャー（F. A. Fisher）は，メスの選り好みが強いときには，たとえ生存に邪魔になるとしてもメスにもてる形質が進化すると考えました。例えば，ちょっとだけ長い尾羽が多くのメスに好まれると考えてください。ちょうど育種家が大きな実がなった株の種だけを選んでより大きな実をつける品種をつくるのと同じように，メスの選り好みはオスの尾羽をより長くするでしょう。ここで，育種家の場合と1つ違うことがあります。それは，尾羽の長いオスは母親から受け継いだ長い尾羽を好む遺伝子ももっている可能性が高いということです。つまり，尾羽の長いオスには「オスとして生まれたときに長い尾羽をつくる遺伝子」と「メスとして生まれたときに長い尾羽のオスを好む遺伝子」が相乗りしています。このようなオスが何世代も選ばれ続けると，オスの尾羽だけではなくメスの好みも極端なものに進化します。このようにしてメスの好みとオスの形質が暴走的に共進化するという説明を**ランナウェイ説**といいます。ランナウェイ説によれば，長い尾羽など極端な形質は配偶では有利だけれど生存上はむしろ不利になるということが予測されます。

　これに対して，オスのコクホウジャクの尾羽のような極端な形質はオスがメスに自分の頑健さをアピールするためのハンディキャップなのだと考える研究者もいます（Zahavi & Zahavi, 1997）。将棋で飛車角落ち（不利な状況）で勝負をして勝てる人が本当に強い人だということがわかるのと同じように，長い尾羽があるという不利な状態でも元気に生き延びているということは，そのオスが正真の頑健さをもつことを示すというのです。この考え方は，**ハンディキャップ原理**と呼ばれます。ハンディキャップ原理によれば，極端な形質をもつオスほど頑健なので，生存上も有利なはずです。

このようにランナウェイ説とハンディキャップ原理は，より極端な形質をもつオスが生存上有利かどうかに関して正反対の予測をします。そのためライバル仮説と見なされてきたのですが，近年，生物学者のコッコらは，数理モデルの解析を通じて，この2つの仮説は1つのメカニズムの異なる帰結に注目しているだけだと指摘しました（Kokko et al., 2002）。コッコらのモデルでは，遺伝的に健康なタイプのオスと，やや健康面で劣るタイプの2種類のオスがいると仮定されています。ただし，この違いを直接観察することはできません。それぞれのオスは，異なるレベルのディスプレイを行うのですが（尾羽の発育に違いが出ると考えます），派手なディスプレイを行うほど早死にしやすくなります。健康なオスほど余裕があり派手なディスプレイを行うことができると考えられますから，ディスプレイが直接観察できない健康さの指標となります。したがってメスは派手なディスプレイに対する好みを進化させるでしょう。ただし，選り好みすることにはコストがかかり，そのコストの大きさは環境によって変化します。例えば，集団の密度が低ければ，選り好みをして配偶者を探しまわるのには多大なエネルギーが必要です。

コッコらのモデルを用いた分析結果はとても興味深いものでした。メスにとって選り好みのコストが小さいと，派手なディスプレイへの好みは強くなります。すると，それに呼応してオスのディスプレイも派手になり，健康なオスの方が不健康なオスよりも平均すると早死にするほどの過剰なディスプレイが進化するのです（不健康なオスは生存を優先してささやかなディスプレイをするように進化します）。これはランナウェイ説が予測するパターンです。反対に，メスにとって選り好みのコストが大きいと，選り好みの程度は低く抑えられます。それでも健康なオスの方が不健康なオスより派手なディスプレイをしますが，健康なオスの方が不健康なオスより長生きできる程度でディスプレイの進化が止まるのです。これはハンディキャップ原理が予測するパターンです。つまり，いずれの場合にもメスの選り好みによって派手なディスプレイが進化しますが，その派手なディスプレイがどこまでオスの生存を脅かすようになるかは，メスの選り好みにかかるコストに応じて決まるのです。

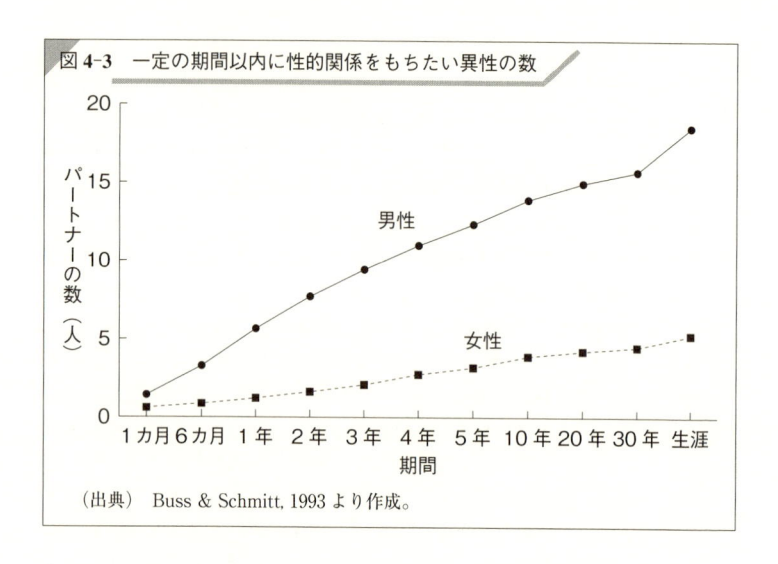

図 4-3 一定の期間以内に性的関係をもちたい異性の数

パートナーの数（人）

期間：1カ月、6カ月、1年、2年、3年、4年、5年、10年、20年、30年、生涯

男性／女性

（出典）Buss & Schmitt, 1993 より作成。

合，約9カ月の妊娠期間，出産に伴うリスク，出産後数年にわたる授乳期間など，子育てに多くの投資をしいられます。このため，機会があれば（たとえ行きずりの関係でも）異性と性的関係をもってもよいという傾向は男性の方が女性よりも高いと考えられます。

この予測を検証するために，D. M. バスらは大学生の男女に将来何人の相手と性的関係をもちたいかという単刀直入な質問をしてみました。すると，図4-3に示すように，今後1カ月の間に関係をもちたい相手の数から生涯にわたって関係をもちたい相手の数に至るまで，一貫して男性の方が女性よりも多い（しかも，その差はどんどん広がっていく）という結果になりました。また，魅力的な異性とどの程度の期間つき合った後であれば性的関係をもってもよいかも尋ねました。すると図4-4に示すように，男性の方が知り合ってからの期間が短くても相手と性的関係をもってもよいと回答する傾向がありました。男性と女性が相手と性的関係をもってもよいと思う

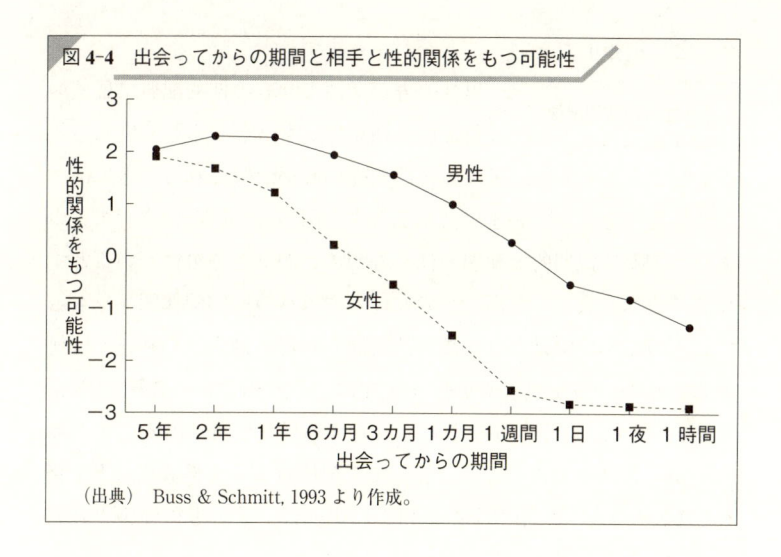

図 4-4　出会ってからの期間と相手と性的関係をもつ可能性

縦軸: 性的関係をもつ可能性（-3 から 3）
横軸: 出会ってからの期間（5年, 2年, 1年, 6カ月, 3カ月, 1カ月, 1週間, 1日, 1夜, 1時間）

男性
女性

（出典）　Buss & Schmitt, 1993 より作成。

程度が同じになるのは、なんと知り合ってから5年も経った後なのです。

　D. M. バスらの調査結果は、大学生に短期的配偶という答えにくい内容を単刀直入に聞いたものですが、はたしてこのような調査に回答者はまじめに答えてくれたのかと疑問に思われる方もあるかもしれません。しかし、この調査結果はさほど的外れではないようです。というのも、この傾向をもっと大胆なやり方で調べた研究でも基本的に同じような（あるいは「もっと極端な」）男女差が観察されたからです。その研究では、キャンパスで見つけた男女に異性の実験者が「あなたのことが以前から気になっていました」という趣旨の自己紹介をした後、「今晩、ベッドをご一緒しませんか」と切り出したのです。この申し出に同意した女性は1人もいませんでしたが、なんと約7割の男性がこの申し出に同意したのです（Clark & Hatfield, 1989）。これらの結果から、男性の方が短期的配偶関係をも

4　短期的配偶戦略　　133

つことに積極的だということがわかります。

女性の短期的配偶

男性の方が女性よりも短期的配偶に積極的だという知見は，もっともらしく感じられるでしょう。しかし，実際に短期的配偶関係が結ばれるときには，同性愛などを除いて必ず男女が１人ずつ関わっているはずです。つまり，実際に短期的な配偶関係をもつことができる男性がいるとすれば，のべ人数にして同じ数の女性もやはり短期的配偶関係をもっているのです。では女性が短期的配偶から得る適応上の利益とは何でしょうか。短期的配偶を行う女性は，その相手から**資源**（お金，食物など）や，自分自身や子どもに対する**保護**を引き出すことができるかもしれません。これに加えて，配偶者よりも健康面などで**優れた遺伝子**をもった相手を浮気相手に選べば，子どもに健康上有利な遺伝子を引き継がせることができます。

短期的配偶から女性が資源を獲得することの顕著な例は売春です（Buss & Schmitt, 1993）。しかし，売春が生業として成立するのは近代的な避妊が可能な場合ではないでしょうか。人類学者のマーローは，アフリカのタンザニアに住むハッザ族の男性に狩猟で得た肉と引き換えに，婚外交渉をすることができるかと尋ねてみました。そのような形での婚外交渉もまれには行われるということですが，女性に短期的配偶傾向を進化させるほど大きな適応上の利益になるとは考えられませんでした（Marlowe, 1999）。

それに対して，短期的配偶関係をもった男性から子どもへの資源・保護の提供はどうでしょうか。男性の視点から考えると，自分が関係をもった女性の子どもは自分の子どもかもしれません。つまり，ここでも父性の不確実性が生じます。ただし，いま考えているのは他所の子どもが実は自分の子どもかもしれないという意味での不確実性です。南米の複数の文化で，この父性の不確実性は父性が

分割可能というちょっと変わった文化的な信念に結びついています。簡単にいうと、母親が複数の男性と性的関係をもった場合、生まれた子どもは複数の父親の子どもという考え方です。そして、複数の父親をもつことは子どもにとって適応上有利になります。ベネズエラのバリ族での調査では、一度の妊娠期間に複数の男性と性的関係をもった母親の子どもの方が、そうでない貞淑な母親の子どもよりも15歳まで生存する確率が高かったのです (Beckerman et al., 1998)。これは、家庭の外にいる第2の父親（たち）がその子どもに投資をした結果であると考えられます。女性が婚外交渉の相手から資源・保護を引き出すという場合には、売春のような即物的交換よりも、子どもに対する投資の方が重要なのかもしれません。

それでは、女性が子どもに優れた遺伝子を引き継がせるために短期的配偶を行っているということを示す証拠はあるのでしょうか。この仮説は、女性の好みが性周期によって変化するという意外な知見によって支持されています。抱卵期後期（最も妊娠しやすい時期）の女性は、より男性的な顔の特徴（張り出した頬骨と大きなあご）を好むようになります (Penton-Voak et al., 1999)。男性的な顔の特徴は、成長期のテストステロンという男性ホルモンの濃度により影響を受けます。実はテストステロンは免疫系の働きを抑制するので、成長期に高いテストステロン濃度を保っていて、それでも健康に成人しているというのは、その人の免疫系が優れたものであることを示します。ハンディキャップを背負っても健康であったというハンディキャップ原理（*Column* ⑥）の考え方がここでも適用できます。

ガンゲスタッドらは、抱卵期後期の女性のこの他の好みの変化（例えば男性の低い声を好むようになること）、自分のパートナーが抱卵期後期になると男性が警戒などの配偶者保持戦術を用いやすくなるという証拠（男性は意識的にはわからなくても、女性の性周期に反応する

ことが知られています），社会的に一夫一妻の（しかし実際には完全な一夫一妻になっていない）鳥類での"浮気"の進化に関する理論などを概観し，女性の好みの変化が短期的配偶への適応の結果であると論じています（Gangestad et al., 2005）。このような好みの変化は，本当に必要なときにだけ浮気をすることで長期的配偶相手に浮気がばれるリスクを最小にする一方，子どもに健康面で優れた遺伝子を引き継がせるという適応上のメリットをもっているのです。

　ここでは，女性が短期的配偶を行う理由として，**短期的配偶相手から子どもへの資源・保護を引き出すことができること，短期的配偶相手の遺伝的に優れた資質を子どもに引き継がせることができること**を指摘しました。男性と比べて，女性が短期的配偶を行う理由は複雑でした。さらに，これらの理由が複合的に関わっているかもしれませんし，まだ知られていないメリットもあるかもしれません。

Summary

　本章では恋愛に代表される男女関係の理解に，進化論がどのように貢献できるかを見ました。進化論は身体的魅力度の高い相手にひかれることの適応的な意味を明らかにしてくれました。女性の身体的魅力度と関わる特徴の多くは，その女性の繁殖力を示す手がかりです。したがって，そのような特徴を多くもつ女性に魅力を感じる男性は，結果的に繁殖力の高い女性を配偶相手に選んでいることになります。

　人間という種の配偶システムが多くの哺乳類と異なるのは，男女が長期的なペア・ボンドを形成し，男性も子育てに貢献するということです。そのために，人間の男女にはペア・ボンドを維持するための巧妙な心理メカニズム（つまり長期的配偶戦略）が備わっています。多くの文化の男女が，相手と愛し合っていることを結婚の重要な条件と見なしていました。そして，ロマンティックな愛情には他の魅力的な異性になびかず

コミットメント関係を維持する機能がありました。それだけではなく，私たちは自己犠牲（もっと一般的な言葉でいえば献身的な愛といえるでしょう）を通じて相手に自分のコミットメントを伝達することもできるのです。しかし，ロマンティックな愛情の機能は完全とはいえないのでしょう。私たちはパートナーが裏切るかもしれないという疑いから解放されません。その結果，嫉妬とそれに基づく配偶者保持戦術を駆使して相手を自分との関係につなぎとめようとする傾向があるのです。

パートナーの裏切りに対する戦術が必要なのは，男女いずれにも短期的配偶関係をもとうとする傾向があることの裏返しかもしれません。男性は女性よりも多くの性的なパートナーを望みますし，行きずりの相手と関係をもつことにも抵抗が小さいようです。その一方，女性は短期的配偶相手から子どもへの投資を引き出したり，妊娠可能性が高いときに優れた遺伝子をもった男性を短期的配偶相手に選ぶことができます。このような巧妙なメカニズムが存在することから，浮気は単なる心の迷いの結果生じるのではなく，進化の結果，私たちに備わった心理メカニズムによって生じるのだと考えることができます。

本章の冒頭で触れた「恋愛は科学的な研究に値するテーマか」という問題を思い出してください。本章を通じて，筆者らはそれが科学的研究に値することを示してきたつもりです。恋愛は繁殖という適応上の大問題と関わりますから，特にこれを進化論の俎上（そじょう）に載せることには大きな科学的な意味があります。また，男女関係がただの親密な関係ではないことも示したつもりです。ロマンティックな愛情により結ばれる絆は親密な関係と呼ぶにふさわしいでしょうが，それと同時に私たちにはその絆で結ばれたパートナーを裏切るための心理メカニズムも備わっているのです。これら2つの矛盾するメカニズムのバランスのもとに，男女の親密な関係は成立しているのです。

Book Guide

バス，D. M.（狩野秀之訳）(2000).『女と男のだましあい――ヒトの性行動の進化』草思社

☞本章で紹介したD. M. バスの研究が紹介されています。この本はD.

M. バスが一般向けに書いた最初の本の翻訳で，これ以降の一般向けの本も翻訳されていますが，基本的な内容を押さえるためにはこの本がおすすめです。

長谷川眞理子（2005）．『クジャクの雄はなぜ美しい？（増補改訂版）』紀伊國屋書店
☞ 性淘汰理論についての生物学での研究がわかりやすくまとめられています。この本で紹介されるさまざまな動物の配偶戦略を知ると，本章で扱った浮気などの問題が人間だけの問題ではないことがわかるでしょう。

坂口菊恵（2009）．『ナンパを科学する——ヒトのふたつの性戦略』東京書籍
☞ 本章では女性より男性の方が短期的配偶に積極的であるという男女差について説明しました。ところが男性の中にも短期的配偶に熱心な人とそうでない人がいます。この本では，本章で紹介しきれなかった性戦略の個人差について説明されています。

ミラー，G. F.（長谷川眞理子訳）（2002）．『恋人選びの心——性淘汰と人間性の進化』I・II，岩波書店
☞ 私たちの親切心・芸術・言語などが性淘汰により暴走的に進化したという大胆な仮説を提示するミラーの著書の翻訳です。ミラー自身の仮説が興味深いこともさることながら，前半は性淘汰理論のわかりやすい解説にもなっています。

第5章 協力的な人間関係

←チスイコウモリ

(Wilkinson, 1990；© patriciawynne.com)

↓ハグする子ども

Introduction

　私たちは，血縁関係にない相手とも協力し合うことができます。第5章では，血縁関係にない相手と協力関係をもつことの適応的な意味を，"困ったときはお互いさま"という考え方で整理してみたいと考えています。このページにはチスイコウモリが抱き合っている絵を掲載しています。実はこれは，十分に血を吸ってねぐらに帰ってきたコウモリが，食いっぱぐれて飢えた仲間に血を吐き出して分けてあげているところです。困ったときはお互いさまの原理で，チスイコウモリの間にも協力関係が進化するのです。第5章ではチスイコウモリの助け合いを参考に，友人関係の理解にも進化論が役に立つことを見ていきたいと思います。

1　互恵的利他主義と友人関係

　第3章では，進化論的な考え方によれば"親密な人間関係"を家族関係，恋愛関係，友人関係の少なくとも3つに分けて考える必要があることを指摘しました。そして，血縁淘汰により家族間での協力行動（利他行動）が説明できることを確認しました。ですが，私たち人間は血縁関係にはない相手にも協力的に振る舞います。生物学者のトリヴァースは，血縁関係を超えた協力行動の説明として**互恵的利他主義**（reciprocal altruism）という考え方を提唱しました（Trivers, 1971）。互恵的利他主義とは，ひとことで言えば"お互いさま"の原理です。一方が困ったときに他方が助けてあげるような関係を築くことができれば，そのような相互の援助がない場合よりも有利になるはずです。

| チスイコウモリの血のやりとり |

　　互恵的利他関係が有利になる例として，生物学者のウィルキンソンによってくわしく調べられたチスイコウモリの血のやりとりについて考えてみましょう（Wilkinson, 1990）。チスイコウモリとは，その名の通り動物の血液を吸って生きているコウモリです。夜になると巣穴から飛び立って大型の哺乳動物などの血を吸って生きています。ですが，毎晩首尾よく血を吸うことができるとは限りません（ウィルキンソンが調べた群では，毎晩7〜30％のコウモリは食いっぱぐれて朝を迎えていました）。チスイコウモリは最後の食事から60時間程度で餓死するので，ある晩に血を吸いそこなうことは文字通り致命的な失敗になりかねません。

　このときに，十分に血を吸って戻ってきた仲間が，未消化の血を

少し吐き出して分けてあげることが知られています。血を分けてあげる方にとっては，自分の生存のためにも重要な食糧（血）を吐き出すのですから，これはコストがかかる行動です。一方，血を分けてもらう方にとっては，それによって餓死の危険を低くすることができるので適応上の大きな利益を得ていることになります。第3章で協力行動・利他行動を「みずからコストを支払い他者に利益を授ける行為」と定義したことを思い出してください。チスイコウモリが飢えた仲間に血を吐き出してあげるという行為は，この定義にあてはまることがわかります。

　では，チスイコウモリの血のやりとりは本当に互恵的利他主義の例だといえるのでしょうか。ウィルキンソンはチスイコウモリの血のやりとりを入念に調べ，その多くは血縁間で行われていることを突き止めました（観察された血のやりとりのうち7割は母親が自分の子どもに血を与えるというものでした）。つまり，これについては血縁淘汰で説明できることになります。ところが，残りの3割について分析すると，頻繁にねぐらを一緒にしている非血縁同士でのやりとりが含まれていたのです。非血縁同士でのやりとりは血縁淘汰では説明できません。さらにウィルキンソンが，2つの異なる地域から連れてきたチスイコウモリを飼育下で一緒にして，毎晩ランダムに選んだ1匹を飢えさせて集団に戻すという実験を行ったところ，血のやりとりはほぼすべて同じ地域から連れてこられたコウモリ同士で行われました。さらに，同じ地域から来たコウモリの中でも，特に"仲の良い"ペアができ，ほぼすべての血のやりとりが仲良しペアの間で行われていました。仲良しのペアの間で血のやりとりが繰り返されるということは，特定のペアの間で飢えたときは"お互いさま"という関係が成立していたということです。

　このような互恵的利他関係は，チスイコウモリにとって本当に適

応的なのでしょうか。ウィルキンソンは,これについても検討を行っています。満腹のチスイコウモリにとって少しの血を仲間に分けてあげても,それによって餓死するまでの時間が大幅に短くなるわけではありません。それに対して空腹のチスイコウモリが血を分けてもらうと餓死するまでの時間はとても長くなります。つまり,血を分けてあげるコスト (c) はさほど大きくないのに対して,血を分けてもらったときの利益 (b) はとても大きいのです。このことは,チスイコウモリの血のやりとりが小さい掛け金 (c) で,もしものときの大きな保障 (b) を得る保険として機能することを意味します。これがうまく機能していることの傍証として,ウィルキンソンはチスイコウモリの1年間の死亡率のデータを挙げています。実際の死亡率は24%ですが,互恵的な血のやりとりがなければ,死亡率は80%を超えるとウィルキンソンは見積もっています。

このチスイコウモリの例は,"お互いさま"の関係(互恵的利他関係)をもつことの有利さを端的に示しています。さて,私たち人間が血縁関係にない相手とお互いさまのやりとりをするときに,その相手を友人と呼ぶのではないでしょうか。ウィルキンソンもチスイコウモリの特定のペアでの血のやりとりのことを比喩的に"親友システム"(buddy system)と呼んでいます。

> 友情にとって利益は本質的か？

友人関係を互恵的利他関係ととらえるならば,友人関係は関係から生じる利益のために維持されていると予測できます (*Column* ⑦)。しかし,多くの人は「あなたは損得勘定に基づいて友人とつき合っているのか」と聞かれても,「その通り」とは答えないでしょう。ヘイズは,友人関係を「2者の間での長期にわたる自発的な相互依存関係」と定義しています。そして,その主たる機能は友人同士の社会的・情緒的なものであるとしていて,お互いに助け合う

ことなどは副次的なものと見なしています (Hays, 1988)。

その一方で、アメリカの大学の寮でルームメイトになった学生たちの友人関係の形成について調べた研究では、ルームメイトとの関係から得られる「報酬」が関係への満足度や相手への好意と関係していました (Berg, 1984)。ここでの報酬とは、ルームメイトがこれまでにどのような手伝いをしてくれたかなどを尋ねることで測定されました。つまり、自分のことを助けてくれる相手とは友人関係が形成・維持されやすかったということです。ただし、この結果は必ずしも回答者が意識的に「この関係は得になるから満足な関係だ」と考えていることを意味しません。

近年の社会心理学における自動性研究（第1章）は、友人との親しさの感覚が非意識過程を通じて調整されている可能性を示しています (Fitzsimons & Shah, 2008)。フィッツサイモンズらは、実験の参加者に学業成績を向上させるために役に立つ友人、特にその目的には役に立たない友人の名前を挙げてもらいました（それだけではわざとらしいので、その他さまざまな目的のために役に立つ友人、役に立たない友人の名前も挙げてもらっています）。その後、半分の参加者は学業成績を向上させるという目標に注意が向かう状況におかれました。具体的には、友人関係の調査とは別の作業として、単語を並べ替えて文章をつくる課題（乱文構成課題）を行ってもらうのですが、並べ替える単語の中に学業面での成功と関連する単語がたくさん含まれていました（目標プライム条件）。残り半分の参加者には、乱文構成課題にこのような単語が含まれていませんでした（統制条件）。その後、友人関係に関する別の調査として、先ほどいろいろなことに役に立つ／役に立たない友人として名前を挙げてもらった相手に対する親近感の程度などを評定してもらいました。すると、図5-1に示すように、学業面での成功に注意が向いていない参加者（統制

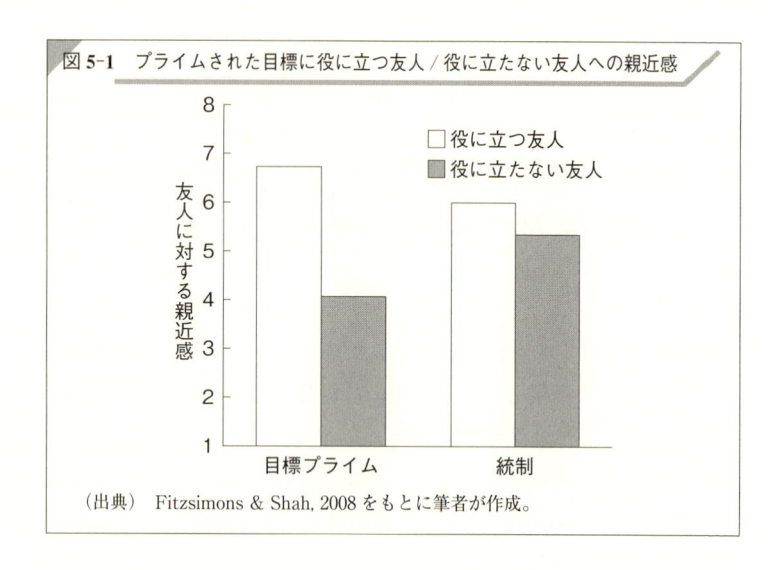

図 5-1 プライムされた目標に役に立つ友人/役に立たない友人への親近感

（出典）Fitzsimons & Shah, 2008 をもとに筆者が作成。

条件の参加者）では，学業面で役に立つ友人と役に立たない友人に対する親近感の程度にほとんど差がなかったにもかかわらず，学業面での成功に注意が向いた参加者（目標プライム条件の参加者）では，役に立つ友人と役に立たない友人への親近感に大きな違いが生じていました。学業成績の向上という実験的にプライムされた目標の達成に役立つ友人への親近感は高く評定され，役に立たない友人への親近感は低く評定されていたのです。

このような結果を見てもなお，友人関係の本質は関係から得られる利益のような即物的なものではないと考える読者もいることでしょう。しかし，第 3 章で血縁淘汰の議論をしたときに，私たちが血縁度の計算をして血縁者に協力しているわけではないと説明したことを思い出してください。私たちを血縁者に協力的に振る舞わせる至近要因は，親近感などの感情だと考えられます。私たちが意識する血縁者との関係の本質はこちらです（意識的に血縁度を計算し協

力的に振る舞うかどうかを決める人はいないでしょう)。しかし,だからといって「なぜ血縁者に対してより協力的に振る舞う傾向が進化したのか」という問い(図 3-1 の上から 2 段目のレベルの問いです)に答えるときに,血縁度が無関係ということにはなりません。同じように,私たちが特定の相手と互恵的な関係を形成することができるとしたら,究極的にはそれが私たちの適応度を高くしたはずです。その意味で,友人関係は関係から生じる利益の収支と無縁というわけにはいきません。しかし,このことは友人関係において私たちが意識的に損得勘定をしていることを意味しないのです。フィッツサイモンズらの実験の参加者も「意識的に損得勘定をして親近感を割り増したり,割り引いたりしたか」と聞かれれば「そんなことはしていない」と答えるはずです。

社会的交換としての友人関係

友人関係の発展・維持にとって関係から生じる利益が重要なのであれば,客観的な視点からは友人関係を利益のやりとり(=社会的交換)として分析することができるはずです。クラークとミルズは親密な関係とそうでない関係の違いを社会的交換のルールの違いとして整理しています(Clark & Mills, 1979)。具体的には,家族・恋人・友人との関係は**共同関係**(communal relationship),単なる知り合いとの関係は**交換関係**(exchange relationship)として区別されます。交換関係とは"相手がしてくれたことに対してお返しすべし"というルールにのっとった関係で,"相手がお返しをしてくれるかどうか"が主たる関心事になります。これが社会的交換を促進することはすぐにわかります。それに対して,共同関係とは"相手が援助を必要としているときに援助すべし"というルールにのっとった関係で,"相手の福利厚生"が主たる関心事です。この場合にも,特定の 2 者が長期にわたってつき合い続けるのであれば,困っ

1 互恵的利他主義と友人関係

たときには"お互いさま"の社会的交換関係が成立します（ただし，当事者が友人との関係を"社会的交換"と見なしているとは限りません）。以下，社会的交換という言葉は，交換関係と共同関係の両方を含む用語として用いるので注意してください。

　ここで共同関係と交換関係の違いについて少し具体的に考えてみましょう。クラークとミルズは，援助を行う際の関心事がこの2つで違うと考えていました。クラークらは，この違いを実験室で検討しています（Clark et al., 1989）。クラークらの実験の参加者は必ず友人と一緒か，友人以外の誰かと一緒になるように募集されました。実験室に到着した参加者は，友人同士もしくは初対面の者同士でペアを組み，共同でパズルのような問題を解決する作業を行ってもらうと言われました。そして，2人は個別にパズルを解くが，最終的に両者の成績を合算して2人の実験の謝礼を決定すると説明されました。その後，すべての参加者は相手が先に課題を行うからと言って休憩室に通され，そこに設置された信号について説明を受けました。必要性条件の参加者は，この信号はペアの相手がパズルの解き方について誰かに相談したいとき（つまり援助の必要性を感じているとき）に点灯するのだとの説明を受けました。貢献条件の参加者は，この信号はペアの相手が難しい問題を首尾よく解決したとき（つまり顕著な貢献をしたとき）に点灯するのだとの説明を受けました。さらに，いずれの条件の参加者も，この信号は別の実験で使っているもので，説明したタイミングで点灯するが気にする必要はないとの説明を受けました。実際には，この信号は実験中に一度も点灯しませんでした。

　クラークらは，このような実験状況で参加者がどれくらい信号の方に目を向けるかを調べました。もし友人同士（共同関係）では相手の福利厚生が本当に大事なのであれば，相手が困っていないかど

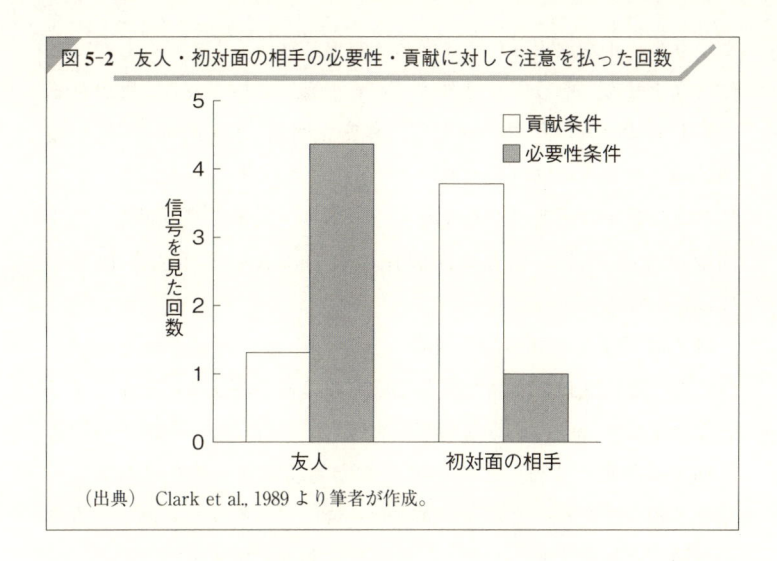

図 5-2 友人・初対面の相手の必要性・貢献に対して注意を払った回数

(出典) Clark et al., 1989 より筆者が作成。

うかを示す信号に目を向けやすいはずです。それに対して，初対面の相手（交換関係）では相手がしてくれたことにお返しすることが大事なのであれば，相手が顕著な貢献をしたかどうかに目を向けやすいはずです。実験結果（図 5-2）はクラークらの予測を支持するものでした。参加者は友人が困っていないかどうかは頻繁に確認しましたが，友人が顕著な貢献をしたかどうかはさほど確認しませんでした。反対に初対面の相手と実験に参加しているときには，相手が顕著な成果を挙げたかどうかの方が，相手が困っていないかどうかよりも頻繁に確認されていました。

共同関係では見返りを期待して援助するわけではないとしても，援助される側は交換関係のときと同じようにお返しをしなければならないと感じます。しかし，お返しの適切なタイミングについては，共同関係と交換関係で違っています。親密さの低い関係（交換関係）では，相手からしてもらったことにはお返しをしなければならない

というルールが適用されますから、お返しは早くするにこしたことはありません。そうでなければ、ルール違反をしていると疑われるかもしれません。それに対して、親密な関係（共同関係）ではお互いに困ったときに助け合うわけですから、してもらったことにすぐにお返しをする必要はありません。つまり、返報までの適切な時間間隔は交換関係よりも共同関係において長いと予測されます(Clark & Mills, 1979)。

例えば、親友（または友人未満の知り合い）と一緒にご飯を食べに行ったときに、自分が席を外している間に相手が支払いをすませていたとします。このような場面を想像してもらって、実験の参加者に相手にお返しする（おごり返す）のが適切かどうかを尋ねると、相手が親友であろうと友人未満の知り合いであろうとお返しするのが適切だと答えます。しかし、このときお返しするまでにどのくらい時間が経過してもよいかを尋ねると、親友へのお返しは友人未満の相手に対するお返しよりも時間間隔が長くあいてもかまわないと判断されます（Lydon et al., 1997）。時間間隔があいてもかまわないという点は互恵的利他関係が成立するうえでも重要です。チスイコウモリの場合にも、血を分けてあげる個体は、すぐに何か見返りを相手に要求しません。自分が飢えているときと相手が飢えているときが違うから互恵的な血のやりとりは適応的なのです。

再び至近要因と究極要因の説明について

チスイコウモリの話のついでに、同じ血のやりとりであっても血縁者間で行われるものと非血縁者間で行われるものがあったことを思い出してください。クラークとミルズは、共同関係の相手を友人だけに限定しているわけではありません。家族・親族との関係も共同関係に含めて考えています。第3章で述べたように、社会心理学では親密な人間関係をひとまとめにして理解することができ

ると考えるのが一般的です。それに対して、生物学者はチスイコウモリの血のやりとりの進化を説明する際に、それが血縁間でなされるかどうかにより血縁淘汰と互恵的利他主義という2種類の説明を用いています。ただし、このことは血のやりとりの至近メカニズムが血縁間かどうかでまったく異なるといっているわけではありません。例えば、血縁の個体に血を分けてあげるときと非血縁の個体に血を分けてあげるときで、血の吐き出し方のような身体的な至近メカニズムが違ったりはしないでしょう。同じように心理的な至近メカニズムも似ているかもしれません（第4章 *Column* ⑤も参照）。擬人化していえば、血縁の個体であれ非血縁の"仲良し"の個体であれ、食いっぱぐれている相手に対する同情のようなものを感じるのかもしれません。

しかし、血縁淘汰の理論と互恵的利他主義の理論（図3-1の上から2段目のレベル）は、適応的な社会的交換の様態について異なる予測をします。チスイコウモリの場合は、親子では母親が食いっぱぐれた子どもに血を分けてあげることが一般的でした（観察された血のやりとりの7割に達していました）。つまり、親子間の血のやりとりはバランスがとれていません。血縁淘汰理論では、遺伝子を共有している可能性の高い親族への利他行動は、遺伝子の視点から見るとみずからを助けているのと同じでした。したがって、交換にバランスがとれている必要はありません。それに対して、ウィルキンソンが実験で示したように、仲良しのペアが形成されて、その間で血のやりとりを繰り返すのであれば、長期的に見てバランスのとれた社会的交換が行われるはずです。互恵的利他主義は"お互いさま"の原理だと述べたように、両者が相手の窮状を救い合うという関係でなければならないのです。

それでは、私たち人間の社会的交換にも血縁淘汰と互恵的利他主

1 互恵的利他主義と友人関係

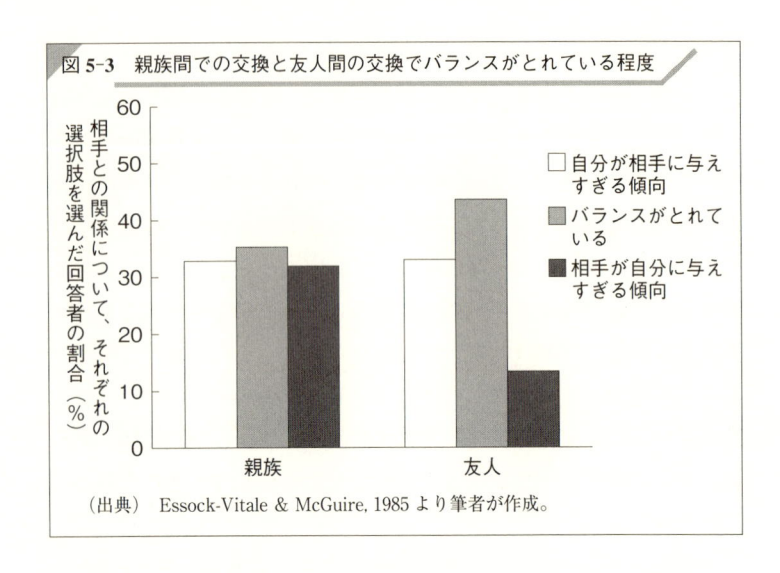

図 5-3 親族間での交換と友人間の交換でバランスがとれている程度

凡例：
- 自分が相手に与えすぎる傾向
- バランスがとれている
- 相手が自分に与えすぎる傾向

縦軸：相手との関係について、それぞれの選択肢を選んだ回答者の割合（％）

（出典）　Essock-Vitale & McGuire, 1985 より筆者が作成。

義の違いを反映した違いがあるのでしょうか。ロサンジェルスの女性に対するインタビュー調査で、どのような関係にある人と援助の交換を行っているか、また交換があればそれがバランスのとれたものか（一方がもらいすぎていないか）どうかが調べられました。すると、親族間の援助の交換と比べて、友人間での援助の交換はバランスがとれていると見なされる傾向がありました（Essock-Vitale & McGuire, 1985）。図 5-3 を見ると、友人との交換関係（図の右側）ではバランスがとれているという回答が突出していることがわかります。それに対して、親族間での交換関係（図の左側）を見ると、自分が与えすぎている関係や自分がもらいすぎている関係もバランスがとれている関係と同じくらいの頻度で報告されています。つまり、友人間での援助の交換は親族間での援助の交換よりも"お互いさま"の関係になっているのです。

援助の交換にバランスがとれているかどうかについて図 5-3 に示

されるような違いがあるとしても,困っている相手を援助するときの気持ち(至近メカニズム)は似ているかもしれません。例えば,自分の娘や息子であれ,親友であれ,相手が困っていると「見るに見かねて」援助するのかもしれません。この両者に共通の至近メカニズムの研究にももちろん意味はあります。しかし,それだけでは図5-3に示される差がなぜ生じるのかを説明するには不十分でしょう。それに対して,進化論の枠組みでは,家族関係と友人関係に適用される中レベルの理論が違っていると考えることができ,異なる中レベルの理論が異なる交換パターンを説明してくれるのです。

まとめ

ここで,人間の友人関係についての議論を整理しておきましょう。私たちは意識的に損得勘定をするわけではありませんが,友人関係が深まるかどうかは関係から得られる利益に無意識のうちに影響されていました。この意味で,友人関係を広い意味で社会的交換ととらえるクラークとミルズの枠組みは妥当なものだと考えられます。また,共同関係と交換関係では社会的交換のルールが異なっていました。例えば,親しい友人同士(共同関係)では即座に返報をする必要はありませんでした。クラークとミルズの枠組みでは,友人関係とは,お互いに相手の福利厚生に対して関心をもち合い,援助し合うという社会的交換関係として分析できる関係でした。ただし,クラークとミルズの枠組みでは,親族との関係も友人との関係も共同関係としてひとくくりにされていました。しかし,進化論的には親族との関係と友人関係での社会的交換が同じものとは考えられません。実証研究の結果も,友人関係での社会的交換はバランスがとれている(互恵的利他主義が予測するパターン)のに対して,親族間の社会的交換はバランスがとれていない(血縁淘汰が予測するパターン)ことを示していました。

Column ⑦ 友人関係と相互扶助

友人とのつき合いから得られる利益に着目して友人関係の進化を説明する理論は，互恵的利他主義の理論だけではありません。生物学で**相互扶助**（mutualism）と呼ばれる考え方も，友人関係から得られる利益が友人関係の進化を促したと考えます。

相互扶助の考え方は，つき合いから利益が発生すると考える点では互恵的利他主義と同じですが，利益を与える側にコストがかからないと考える点で違っています（したがって，これはみずからコストを負って他者に利益を授ける"協力"ではありません）。例えば，あなたが大型のテレビをもっていると考えてください。スポーツや映画など，大型のテレビで観た方が楽しい番組もあるでしょう。このとき，あなたがどうせ観る番組であれば，大型テレビをもっていない友人がその場にいて一緒にテレビを観ても，あなたにはほとんどコストはかかりません。その一方，友人はあなたと友人であることによってその番組を大型のテレビでより楽しんだ（利益を得た）ことになります。このように，友人の間には，お互いにコストのかからない形で相手に利益を与え合う相互扶助関係の側面もありそうです。相互扶助の特徴は，一方の利益追求行動の副次的な効果として，他方にも利益がもたらされる点です。

相互扶助で想定される副次的な利益は，お互いに考え方や趣味が似ている者同士の間で発生しやすいかもしれません。例えば，いくら大型のテレビをもっている友人がいても，観る番組がまったく違っていては上記のような利益は発生しません（Silk, 2003）。

社会心理学では，私たちは自分と似た態度をもつ相手を魅力的だと感じることが示されています（Byrne, 1971）。この知見は対人魅力研究によりもたらされたもので，同性の友人選びに限らず異性のパートナー選びにもあてはまります。友人関係について調べた研究によれば，態度だけでなく価値観などにもこの類似性の効果があるようです（Fehr, 1996）。また，類似性の効果がどの程度長続きするかを検討するために1987年の大学生時代の友人同士を2002年に追跡調査した研究では，学生時代の専攻・関心が類似していた人たちほど2002年にも親しくつき合っている傾向がありました（Ledbetter et al., 2007）。これは，態度や価値観が似た相手を友人に選べば，上記の相互扶助関係が形成されやすいためかもしれません。

2　互恵的利他主義の進化と応報戦略

　ここまで，互恵的利他関係をもつことができれば有利であるという点にだけ注目してきました。そのため，互恵的利他関係が進化するのはあたりまえのようにも思われたかもしれません。しかし，互恵的利他主義の進化はそう単純ではないのです。

> 囚人のジレンマ

　繰り返しになりますが，協力行動（もしくは利他行動）とは，みずからcのコストを負って相手にbの利益を与えることと定義されています。ここでは，少し話を具体的にして，自分のコストを1点，相手の利益を3点としてお互い協力し合ったり，協力しなかったりするとどうなるかを考えてみましょう。まずお互いに協力し合うと，どちらも1点のコストを支払いますが相手から3点をもらうので，差し引き2点を得ることになります。一方的に協力すると1点を失いっぱなし，一方的に協力してもらうと3点をもらいっぱなしということになります。また，2人とも協力しないとコストを支払わないかわりに利益も得られませんから両者ともに0点となります。この関係を一覧表にしたのが**表5-1**です。現実社会では，自分にかかるコストがいかに大きかろうと（例えば100のコストがかかっても）相手に利益（例えば3の利益）を与える人こそ真の利他主義者と考えられるかもしれませんが，このような利他行動では"お互いさま"が成り立たないので（お互いに協力し合うと−97点），互恵的利他主義の話をするときには，bがcより大きい場合に限って話をすることになります。

　表5-1に示されている状況は，**ゲーム理論**（game theory）という分野では**囚人のジレンマ**（prisoner's dilemma）状況と呼ばれています。

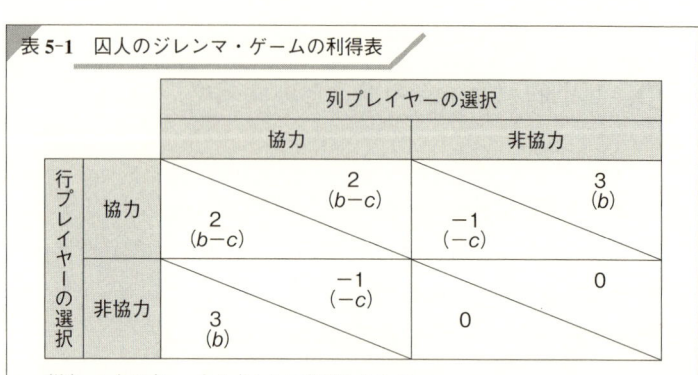

表5-1　囚人のジレンマ・ゲームの利得表

		列プレイヤーの選択	
		協力	非協力
行プレイヤーの選択	協力	行: 2 ($b-c$) / 列: 2 ($b-c$)	行: -1 ($-c$) / 列: 3 (b)
	非協力	行: 3 (b) / 列: -1 ($-c$)	行: 0 / 列: 0

（注）b を3点，c を1点として作成したもの。

これは，この状況を説明するために，2人の共犯関係にある囚人が自分の刑を軽くすることだけを考えて自白するかどうかを決めるという例がしばしば用いられるためです。別々の部屋で仲間を裏切って自白すれば刑を軽くしてやると言われる囚人は，仲間のために黙秘を貫くか，自白して自分の刑を軽くしてもらうべきかのジレンマに直面します。この状況は，チスイコウモリが飢えた仲間を前にして，血を分けてあげるべきか，分けてあげずに自分の生存を優先するかのジレンマに直面している状況と同じものとして分析できるのです。

　ゲーム理論の用語では，協力・非協力の選択を行う人（もちろんチスイコウモリでもかまいません）をプレイヤーと呼びます。**表5-1**では，2人のプレイヤーをそれぞれ行プレイヤーと列プレイヤーとして示しています。行プレイヤーにとっての戦略は表の上と下の行に示されています。列プレイヤーにとっての戦略は表の左右の列に示されています。この組み合わせで各プレイヤーの得点が決まります。各セルの中の対角線の左下が行プレイヤーの得点，右上が

列プレイヤーの得点になっています。

囚人のジレンマ状況では，**相手が協力してくれるか協力してくれないかにかかわらず，自分は協力しない方が得になります**。例えば，表5-1の行プレイヤーの得点に注目して考えると，列プレイヤーが協力してくれているときに，行プレイヤーも協力していれば2点を得ることができますが，非協力を選んでいれば3点を得ることができます。反対に，列プレイヤーが非協力を選んでいるときに行プレイヤーが協力すると-1点になりますが，非協力ならば0点ですみます。このように，個人的にみると協力するよりも非協力を選ぶ方が得になるのですが，**2人ともが非協力を選んだときの結果は，2人ともが協力を選んだときの結果よりも両者にとって悪い結果である**というのが囚人のジレンマ状況のもう1つの特徴です。非協力をとり合うならば2人とも0点ですが，協力し合う場合には2人とも2点ずつもらえるのです。チスイコウモリの例でも，互恵的な血のやりとりがある方がないときよりも1年間での死亡率に大きな違いが出そうだと述べました。

囚人のジレンマ状況が各プレイヤーにとって悩ましいのは，非協力・非協力に終わるくらいなら協力・協力が望ましいにもかかわらず，個人的には非協力を選んでおいた方が得になるという点にあります。チスイコウモリの例でいえば，お互いに血のやりとりをする関係が望ましいにもかかわらず，もし一方的に血をもらうだけですむのであれば（お返ししなくてよいのであれば），その方が得になるということです。これは囚人のジレンマにおけるただ乗り問題（free rider problem）と呼ばれる問題です。空腹の友人には血を分けてあげる協力的なチスイコウモリの集団に，困ったときには分けてもらうけれどけっしてお返ししないという突然変異体が生まれたらどうなるでしょうか。一方的にもらうだけのこのただ乗りチスイコウモ

2 互恵的利他主義の進化と応報戦略

リは協力的なチスイコウモリよりも適応的なので、次世代に非協力的なただ乗り遺伝子が増えます。これが何世代も続くと、ただ乗りをする非協力者に駆逐されて利他主義者はいなくなってしまうでしょう。

応報戦略

囚人のジレンマ状況で、どのようにして互恵的利他関係が達成・維持されるかを理解するために、政治学者のアクセルロッドが行った囚人のジレンマの戦略トーナメントについて説明します（Axelrod, 1984）。

囚人のジレンマ状況では、2人のプレイヤーはそれぞれ協力と非協力の2種類の選択肢をもっています。ゲーム理論では、選択肢を選ぶ際の方針を**戦略**（strategy）と呼びます。囚人のジレンマ・ゲームを誰かと1回だけ行う場合には、それぞれのプレイヤーがとりうる戦略は協力と非協力の2つだけです。しかし、同じ相手と繰り返し囚人のジレンマ状況におかれるのであれば、どんなときにも協力する全面協力戦略、どんなときにも非協力をとる全面非協力戦略以外にさまざまな戦略を考えることができます。例えば、相手の出方を見てお人好しそうなら非協力をとる（相手を搾取する）けれど、そうでない相手には協力しておくという戦略があるかもしれません。

アクセルロッドは、繰り返しのある囚人のジレンマ状況でどのような戦略がうまくいくのかを少し変わった方法で調べることにしました。アクセルロッドは、ゲーム理論に関わる研究者を、繰り返しのある囚人のジレンマ状況での戦略選手権に招待したのです。招待に応じた研究者は、これぞという戦略を考案してアクセルロッドに送りました。こうして応募された戦略を総当たりで対戦させて得点を比べたところ、優勝したのは、**初回は協力し、それ以降は相手が前回に選んだ選択をまねる**という戦略でした。これは応募された戦略の中で最も単純な戦略で、**応報戦略**（tit-for-tat もしくは TFT）として広

く知られるようになりました。

アクセルロッドは，応報戦略の強さの秘訣として次の4つの特徴を挙げています。①上品さ（自分から進んで非協力をとらない），②報復性（相手が非協力をとったら即座に非協力で返す），③寛容さ（かつて非協力をとった相手でも再び協力してくればすぐに許してやる），④わかりやすさ（前回の相手のとった手をそのまま返す応報戦略は，その行動方針が相手にすぐにわかる）。上品さと寛容さを備えているので，応報戦略は協力的傾向をもつ戦略と相互協力を達成しやすいのです（相互非協力よりも相互協力を達成する方が得点が高くなっていたことを思い出してください）。その一方，その報復性のおかげで，非協力的な戦略から簡単に搾取されることがありません。また，そのわかりやすさのために，応報戦略と対峙する相手は応報戦略につけいる隙がないこと，応報戦略とうまくやろうと思ったら自分も協力するしかないことがすぐにわかります。つまり，応報戦略が有効な理由は，相互協力を達成しやすいことと非協力的な戦略の搾取を許さない点にあるのです。

3 報復と赦しの心理

ここでは，応報戦略の強みのうち報復性と寛容さについて少しくわしく考えてみたいと思います。私たちの友人関係（あるいは友人間の協力関係）が応報戦略によって成り立っているのであれば，私たちには相手の行動に応じて報復をしたり赦したりする傾向があるはずです。

報復の心理　　私たちは，自分に協力してくれない相手に対して協力を差し控える傾向があります。

ラパポートとチャマーは，実験参加者に繰り返しのある囚人のジレンマ・ゲームをプレイしてもらい，1回前のゲームでの相手の行動（協力・非協力）ごとに協力率を計算しました。すると，前回のゲームで相手が協力していた場合の協力率は76%であったのに対して，相手が非協力だった場合の協力率は25%でした（Rapoport & Chammah, 1965）。このパターンはまさに応報戦略が予測するものです。実はアクセルロッドの戦略トーナメントに応報戦略を送ったのはラパポートです。つまり，アクセルロッドの研究は，実験室で普通の人たちがとる行動パターンが実は適応的だったということを示したともいえます。

囚人のジレンマでの非協力は，単に協力を差し控えるだけで，そのことによって何か損失を被ることはありません（囚人のジレンマでは，相手の行動によらず非協力をとるのが個人的には得になったことを思い出してください）。ところが，私たちは自分に非協力的に振る舞う相手をコストを負ってでも罰することがあります。例えば，あなたが次のような実験に参加したと考えてください。あなたともう1人別の参加者は，1000円を2人の間でどのように分配するかについて合意を達成しなければなりません。そのために相手が1000円をどのように分けるかを提案し，あなたはそれを受け入れるかどうかを決めます。もしあなたが受け入れるのであれば，1000円は相手が提案した通りに2人に分配されますが，あなたが受け入れないのであれば2人とも何ももらえずに実験を終了することになります。これは，実験経済学で**最後通牒ゲーム**（ultimatum bargaining game；最後通告ゲームとも訳されます）と呼ばれる実験状況です（Güth, 1995）。

経済学が想定する合理的な人間観によれば，相手が1円でも分けてくれるのであればそれを受け入れるはずです。たとえ1円であっても受け入れない場合の0円よりはましだからです。このことを見

越した相手は，あなたに1円だけ渡すと提案するでしょう。このような経済学の予測に反して（そして，多くの人の直感に即して），1円といわず300円（資源全体の3割）程度しかもらえないような提案を受けた人は，多くの場合，その受け入れを拒否します（また，提案する方も相手に1円しか渡さないというような不平等な提案はめったにしません）。不平等な提案を拒否するときには，不平等なことをした相手に仕返ししてやろうという気持ちがあるのかもしれません。ここでは囚人のジレンマの場合と違い，不平等な相手に思い知らせてやるためには自分が受け取るはずのお金を棒にふる必要があります。ですから，最後通牒ゲームで不平等な提案を拒否する人がかなりいるということは，相手に報復するためにコストを支払ってもよいという人がかなりいることを意味しています。

近年の神経科学の研究は，自分にひどいことをした相手にコストを支払ってでも報復する至近メカニズムについて興味深い発見をしています。実験室でお金をかけたゲームをしているときに，自分が協力的に振る舞ったのに相手がそれに報いてくれなかったとします（その結果，相手は自分よりも多くの報酬を稼いだと考えてください）。このとき，一定額のコストを支払えば相手に仕返しをする（相手の報酬を減額する）ことができるという状況を設定します。このような状況で相手に報復している人の脳活動を調べると，脳の中の報酬系が活性化していたのです（de Quervain et al., 2004）。報酬系とは，おいしいものを食べたり，お金をもらったりしたときに活性化します（第3章では，授乳中の母親が自分の赤ちゃんが笑っている写真を見ても活性化することを確認しました）。同じような部位が相手に報復しているときに活性化するということは，報復はそれ自体が心地よい経験であることを示唆します。したがって，おいしいものを食べるためにそれに見合うお金を支払ってもかまわないと考えるのと同じように，

3 報復と赦しの心理

相手に報復するためにそれに見合うお金を支払ってもかまわないという判断が下されるのだと考えられます。

| 友人に対する寛容さ

ここまで見てきたように，自分にひどいことをした相手に報復する傾向が私たちには備わっているようです。しかし，この報復の心理メカニズムは友人関係でどれくらい頻繁に使われているのでしょうか。友人関係に関する調査結果によれば，私たちは友人に対してあまりにも性急な報復はしない傾向にあるようです。友人とケンカするなど対人的葛藤場面では，私たちはむしろ関係修復のために建設的に振る舞ったり，すぐには何もせずに様子を見ることの方が多いのです（Birditt et al., 2005）。小学校 4 年生・5 年生を対象とした調査では，仮想の友人同士での争い場面を報復によって解決しようとした子どもほど，親友と呼べる友人が少ないという結果が得られています（Rose & Asher, 1999）。これらの知見は，実際の友人関係では私たちが性急な報復をしないこと，あまりにも性急に報復すると友人関係の構築・維持に逆効果であることを示しています。応報戦略の特徴の1つは相手の非協力にすぐに非協力で返すという報復性であったわけですが，友人関係において私たちは応報戦略のようには振る舞わないのです。

応報戦略の分析に用いられた繰り返しのある囚人のジレンマ状況は，2者のつき合いのモデルとしては非常に単純化されたものです。この単純化のおかげで，応報戦略は人間の友人関係だけにとどまらない多くの協力関係の分析に役に立ちます（アクセルロッドの著書の日本語版には「バクテリアから国際関係まで」という副題がついています）。その一方で，単純化され抽象的であるために，個別の現象の細かな点についてはうまくあてはまらないことも出てきます。そこで，友人関係の分析を目指して，それに即した仮定をつけ足した進化ゲームのモデルも提案されています。

例えば，フルシュカとヘンリックは，アクセルロッドの研究が想定する状況は，次のような点で人間の友人関係にあてはまらないと考えました（Hruschka & Henrich, 2006）。私たちはランダムに組み合わされた相手との継続したつき合いを強制されるわけではありません。私たちは積極的に友人を選ぶ（パートナー選択をする）のです。また，私たちは意図とは違う行動をとってしまうことがあります。協力的な意図から（よかれと思って）とった行動が裏目に出ることもあるでしょうし，電車やバスが遅れたために意図せずに相手を待ちぼうけさせることもあるかもしれません（このような協力的な意図を実行に移す際のエラーを応報戦略はけっして許しません）。

　フルシュカとヘンリックは，パートナー選択が可能で実行エラーが小さな確率で生じる状況で多くの個人が囚人のジレンマをプレイすると仮定し，どのような戦略が進化するかをコンピュータ・シミュレーションにより検討しました。その結果，特定の相手をパートナーとして決めたら，その相手とつき合い続けようとする戦略が進化することがわかりました。さらに，この戦略はパートナーと決めた相手（友人）が非協力を選んだとしても，応報戦略のようにすぐにそれに反応するのではなく，そのまま相手との関係を続け，自分は協力しつつ様子を見る戦略でした（ただし，相手への"好意"は少し低下します）。これは，友人の非協力に即座に非協力で返すのではないという意味で応報戦略より寛容な戦略で，現実の友人間の葛藤で多くの人が採用している"様子見"を思い出させます。ただし，この戦略も相手への好意が下がった後，より望ましい相手に出会うと，友人を新しいパートナーに置き換えることで非協力的な"友人"に対応します。大学生を対象とした調査でも，相手への好意の低下と，新しい友人で古い友人を置き換えるということは友人関係解消の理由として頻繁に挙げられています（Rose, 1984）。

| 赦しと適応 |

フルシュカとヘンリックの知見は次のように要約できるでしょう。**相手の協力・非協力が常に相手の意図を反映していないときには，一度の非協力に対して即座に報復的に振る舞うよりも，数度の過ちは赦す方が適応的だ**（*Column* ⑧）。応報戦略の寛容さは，相手が改心した（再び協力した）ときにすぐに赦すというものでした。それに対して，フルシュカとヘンリックが見出したのは，相手の非協力を見逃してやるような寛容さも必要だということです。このような寛容さがないと，せっかく相互協力関係を達成可能な貴重なパートナー（友人）を失ってしまいかねません。このようなモデルを概観して，マッカローは大事なパートナーを失わないために，相手を赦すことは適応的であると考えました（McCullough, 2008）。実際，人間以外の多くの霊長類でも争いの後に効果的に仲直りをするためのさまざまなシグナルやそれに対する応答の仕方が進化していることが報告されています（de Waal, 1989）。マッカローは人の赦し（forgiveness）のプロセスも，同じように研究できると考えたのです。

マッカローは，赦しが適応の結果として私たちに備わっている心理メカニズムであれば，赦すべき友人を赦さずにいることは不快な気持ち（不安感）を引き起こすだろうと考えました。赦さずにいると居心地が悪いから，相手を赦すのだというわけです。ここでマッカローは，赦しは合理的な計算に基づくものではないと考えています。相手との関係が将来にわたってもたらす利益を意識的に考えて赦すわけではないというのです。これは，ここまで筆者らが繰り返し述べてきた考え方と同じです。私たちは適応的な機能（究極要因）を意識的に知っているからそのように行動するのではなく，そのように行動するような心理メカニズム（至近要因に反応する心）をもっているからそのように行動するのです。したがって，自分にとって

大事な相手（親しい友人）を赦していないという事実は，自動的に私たちを不安にするはずです。

マッカローは，この予測を支持する研究としてカレマンスらの研究を引用しています（Karremans et al., 2003）。大学生を対象とした調査では，回答者に特定の相手との深刻な争いを思い出してもらい，その争いの相手との関係の深さ，その相手を赦しているかどうかを尋ねました（この研究では，親戚や恋人との争いは含まないように教示されているので，想定された相手は友人や顔見知りだったと考えられます）。そして，その相手を赦している／赦していないことに起因する心理的な緊張を尋ねました。すると，深い関係にある相手を赦していないときに特に心理的緊張が高かったのです。

カレマンスらは，さらにこの関係を実験的に検証しました。この実験でも，特定の相手との争いおよびその相手との関係の深さを尋ねるところまでは同じでした（ただし，この実験では争いの相手として親戚や恋人を挙げることは禁止されなかったので，少なくない参加者が親戚や恋人との争いを想起していました）。ですが，その後，実験参加者は本心から相手を赦しているかどうかを調べると称するテストを受けます。実際には，そのようなことを測定するテストではなく，第1章でも紹介した潜在連合テスト（IAT）をそれらしく改変したものでした。テストの後，半分の参加者は「テストの結果によれば，あなたは相手を赦している」と教示され，残り半分の参加者は「相手を赦していない」と教示されました。図5-4に示しているように，深い関係にある相手を赦していないと知った参加者は，それ以外の参加者よりも高い心理的緊張を経験していたのです。このような心理的な緊張は，現状を何とかしなければという警報のようなものとして私たちに働きかけるかもしれません。

3　報復と赦しの心理

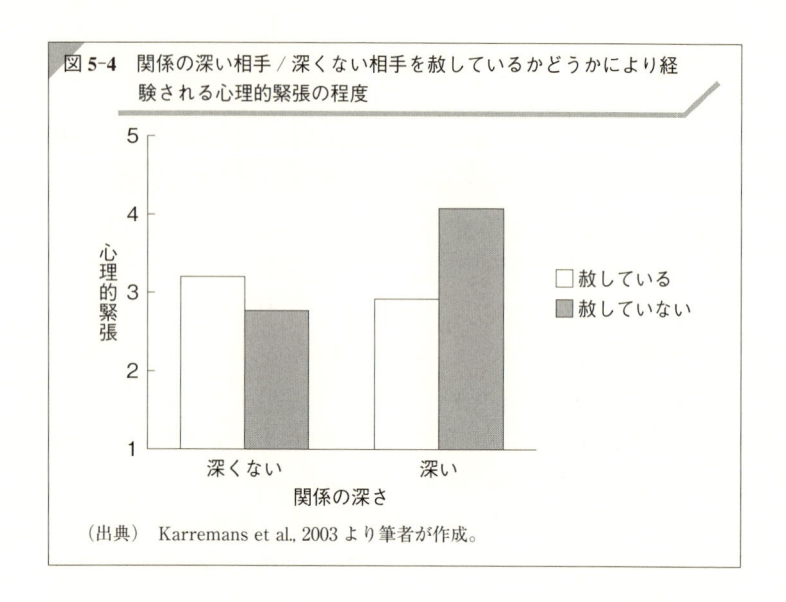

図 5-4 関係の深い相手／深くない相手を赦しているかどうかにより経験される心理的緊張の程度

(出典) Karremans et al., 2003 より筆者が作成。

まとめ　ここでは、応報戦略を適応的な戦略としている4つの特徴のうち2つ（報復性と寛容さ）を取り上げ検討しました。実証研究の結果は、私たちには自分に非協力的に振る舞う相手に対して報復しようとする傾向があることを示していました（コストをかけてでも報復しようとする傾向は応報戦略以上の報復性です）。しかし、親しい友人との間では、相手の非協力に即座に報復するようなことはまれであるようです。そして、人々は相手が改心するまで赦さない応報戦略よりも、友人に対してもっと寛容に振る舞います。これに対応して、アクセルロッドの状況をより実際の友人関係に近い状況にしたシミュレーション研究では、友人の非協力には即座に非協力や絶交で応じるのではなく、そのまま様子見をする戦略の方が適応的でした。報復の心理メカニズムだけでなく、大事な友人の一度や二度の非協力には寛容で、相手

Column ⑧ エラーへの対応としての意図性推論

　私たちは意図せずに誰かを傷つけたり，相手に損害を与えてしまうことがあります。このような意図を実行に移す際のエラーへの対応として，とりあえず相手の意図がわからないので当面は赦しておくという反応もあるでしょうが，私たちは相手の意図を読み取り，それに応じて相手への対応を変えることもあります。実際，私たちは他者の行動を観察したときに，それが意図的になされたものかどうか（行動の意図性）を常に推論しています（Malle, 2004；第7章も参照）。そして，相手の協力（もしくは非協力）が意図的なものであったと考えるかどうかにより，相手に対して協力するかどうかを決めています（Falk & Fischbacher, 2006 によるレビューを参照）。

　例えば，ファルクらは次のような2人ゲームを用いて協力（非協力）への返報（報復）に対する意図性の効果を検討しています（Falk et al., 2008）。まず第1プレイヤー（A）は－6点から＋6点の範囲で自分の選択（a）を行います。もしaが正の値であれば，Aはa点を失いますがBは$3a$点を受け取ります（Aは小さなコストでBに大きな利益を与えているので協力していることになります）。もしaが負の値であれば，AはBからa点を奪うことになります（Aはa点を獲得し，Bはa点を失います）。次にBが－6点から＋18点の範囲で自分の選択（b）をします。もしbが正の値であれば，BはAにb点を与えることになります（Bの得点がb点減り，Aの得点がb点だけ増えます）。もしbが負の値であれば，Bはb点失いますが，Aは$3b$点を失うことになります（BはAにコストをかけて報復もしくは意地悪をすることになります）。ゲームのルールは少し複雑ですが，ようするにAが協力的に振る舞ったときにBがお返しすることができ，Aが非協力的に振る舞ったときにBが仕返しすることができるゲームでした。このゲームで，Aに実際に選択をさせる条件が意図あり条件，Aの選択をサイコロで決定する条件が意図なし条件でした。

　ファルクらの実験結果は，図 Column ⑧のようになりました。図の横軸はAの選択です。そして，縦軸はそれに対するBの選択の効果を示しています（bが正の値であればbのままですが，負の値の場合は$3b$になっています）。また，グラフに示されているのはメディアン（中央値）といい，B役で実験に参加した全員の選択を大きい方から順に並べ

3　報復と赦しの心理　165

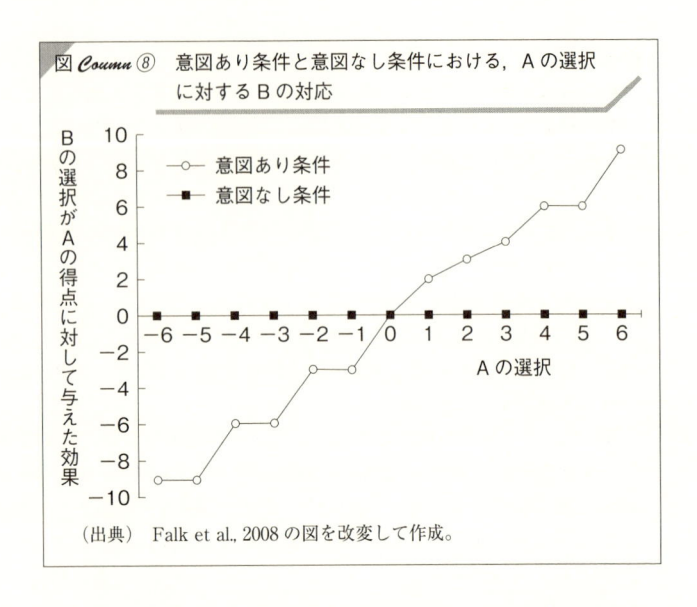

図 Column ⑧ 意図あり条件と意図なし条件における，Ａの選択に対するＢの対応

（縦軸）Ｂの選択がＡの得点に対して与えた効果
（横軸）Ａの選択

凡例：○ 意図あり条件／■ 意図なし条件

（出典）Falk et al., 2008 の図を改変して作成。

て，ちょうど真ん中にくる値です。その意味で，"平均的な"個人がどのような b を選んだかが示されています。意図あり条件（○）では，Ａの選択が協力的であるほどＢも相手に多くを返報しており，Ａの選択が非協力的であるほどＢもＡにより大きな報復をしています（右上がりのパターンがそれを示しています）。それに対して，意図なし条件ではＢの応答はＡの決定（サイコロを振って決められたもの）にほとんど影響されていませんでした。このことから，私たちの互恵的な行動は，相手の協力的（あるいは非協力的）意図に大きく影響されることがわかります。つまり，私たちは相手が非協力をしたときに，相手の意図がわからないからとりあえず寛容に対処するというだけでなく，積極的に相手の意図を読み取り，それに応じて相手への対応を決めるのです。

を救そうとする心理メカニズムも進化可能なのです。

4 信頼関係の形成

　ここまで見てきたように，私たちの友人関係は互恵的利他関係と考えることができます。そして，その進化は大局的に見れば応報戦略（協力的な相手には協力し，非協力的な相手には協力しない）により理解できます。しかし，友人関係をよりくわしく見ていくと，応報戦略をそのままあてはめることができないことがわかりました。1つは，応報戦略とは違い，私たちは友人の非協力に即座に非協力で対応しないという観察結果がありました。それだけでなく，友人関係を特徴づける相互信頼の形成を理解するのにも，標準的な囚人のジレンマと応報戦略のモデルでは限界がありそうです。

　山岸らは，標準的な囚人のジレンマ状況では，パートナーとの間に形成される信頼関係と協力関係が区別できないと指摘します

> 信頼は少しずつ醸成される

(Yamagishi et al., 2005)。ここでの**信頼**（trust）とは，自分のパートナーは自分にひどいことをしないだろうと期待することです（ここでいう信頼は，山岸〔1998〕が"信頼の解き放ち理論"で扱っている"一般的信頼"とは異なるものですから注意してください）。例えば，親友に他の人には言えないような悩みを相談するとき，私たちは親友が自分の悩みを他の人たちに言いふらさないと信頼しているはずです。この信頼がなければ，私たちは悩みの相談をすることはできません。このようなパートナーへの信頼は，相手が困っているときに協力するかどうかとは別の問題です。

　ところが繰り返しのある囚人のジレンマを用いた実験で参加者同

士が協力し合っているときには，2者の間には相手は裏切らないだろうという信頼関係もあるでしょう。つまり，信頼関係と協力関係の両方が達成されているので，それぞれについて個別に調べることができません。そこで，山岸らは依存度選択型囚人のジレンマという実験を考案し，信頼関係の形成について調べています。例えば，松田・山岸（2001）の実験では，参加者は元手の10点のうち何点を相手に"預託"するかを尋ねられました。預託された得点は，実験者により2倍にされてパートナーに渡されます。パートナーはその預託された得点を相手に返すかどうかを決定します。お互いに10点全部を預託し，預託された得点を相手に返す場合には，2人とも20点を得ることができます。しかし，相手が信頼できるかどうかわからないのに10点全部を預託するのは躊躇されるかもしれません。仮にお互いに1点だけを預託して返し合うのであれば，お互いに11点（預託して返してもらった2点＋手元に残しておいた9点）を得ることになります。この実験では，相手にいくら預託するかが相手に対する信頼の指標となり，相手に得点を返すかどうかが協力の指標となります。

　松田・山岸（2001）の実験結果はとても興味深いものでした。多くの参加者は，最初は用心して少ししか預託しませんでした。ですが，預託された分を返すという協力行動は最初からとっていました。つまり，信頼関係の形成過程の初期では，私たちは用心深く振る舞いますが（最初から相手を全面的に信頼することはしませんが），協力的には振る舞います。というのも，関係の初期に協力的に振る舞わなければ，お互いに相手を信頼するとっかかりがなくなるからです。

　山岸らの依存度選択型囚人のジレンマ状況では，相手に裏切られたときに自分が被る不利益を自由に選択できる状況でした。これに対して，一定の範囲で協力の程度を変えることができるときに，ど

のくらい協力をするか（相手のためにどれくらい多くのコストを支払うか）という状況を用いて協力関係の形成過程を検討した研究でも，相手の出方をうかがいながら少しずつ協力程度を引き上げていく戦略が適応的で（Roberts & Sherratt, 1998），実際に実験参加者もそのように振る舞うことが示されています（Roberts & Renwick, 2003）。これらの結果を合わせて考えると，**特定の相手との信頼関係は少しずつ醸成される**というのは，かなり一般的なパターンといえそうです。

> 友人関係の発展

信頼関係は少しずつ醸成されるという山岸らの知見は，実際の友人関係の形成プロセスによく対応しています。アルトマンと D. A. テイラーにより提唱された**社会的浸透理論**（social penetration theory）は，友人との関係が親密なものになるほど，つき合い方も表面的なものからより深いものへ変化すると考えています（Altman & Taylor, 1973）。例えば，**自己開示**（self-disclosure）の内容も，友人関係が発展するにつれて表面的なものからより深い内容へと少しずつ移行すると考えられています。最初はあたりさわりのない会話をしていた2人が，相手と親密になるに従って他の相手にはできないような秘密を含む相談ができるようになるかもしれません。このような信頼関係の発展は，最初はほんの少しだけ相手に預託してみて，相手が信頼できるとわかると預託額を上げていくという松田・山岸（2001）の実験結果によく対応しています。

実際の友人関係において社会的浸透理論の予測を検証するために，ヘイズは大学生の友人関係の形成プロセスを12週間にわたって調査しました（Hays, 1985）。ヘイズの調査では，自己開示だけでなく，一緒に行う活動（例えば，一緒に映画に行く），気遣いや援助（例えば，重要な決定をするときに相談する），感情の表出（例えば，ただ声を聞くために電話をする）という4つの側面で，それぞれ親密度の高い項目，

4 信頼関係の形成

低い項目を用意し，そのようなことが特定の人物との間にあるかどうかを尋ねました。ヘイズは，初回の調査でまだ出会ったばかりの同級生を2人選んでもらい，それぞれの行為をその相手とするかどうかを尋ねました。そして，その後，3週間ごとに同じことを尋ねたのです。すると，社会的浸透理論の予測通り，調査終了時点で親密な友人関係に発展した相手については，時間とともに親密さの高い行動を一緒にするという回答が多くなっていました。

このように友人関係の形成に時間がかかるのであれば，ある友人との関係がこじれてもすぐに次の友人に乗り換えることができなくなります。その結果，時間をかけて形成した友人関係では協力する方が得になり，友人関係における協力行動は自己維持的なものとなります (Bergstrom et al., 2008 ; Yamagishi et al., 2005)。

ここでもう一度マッカローの赦しの議論についてよく考えてみましょう。マッカローは親しい友人との関係は大事な関係だと議論していました。主観的にはこれはよくわかります。しかし，適応という客観的な視点から考えたときに，親しい友人との関係はすぐに利益に結びつく関係 (例えば，友人になることと引き換えに肉をくれる相手との関係) よりも本当に大事なのでしょうか。もし親しい友人との関係が，時間をかけて醸成した相互信頼のある関係とイコールなのであれば，親しい友人との関係ではよりリスクの大きな (したがって利益も大きな) 社会的な交換が可能です。そして，そのような関係をつくるには時間がかかるので，相互協力がおのずと維持される関係でもあります。これが適応上重要な関係であることはもうおわかりでしょう。

Summary

　人間の友人関係もチスイコウモリの（非血縁間での）血のやりとりも，"お互いさま"の関係という意味では，互恵的利他関係と考えられます。その結果，私たちが友人に対して抱く親密さは，意識していなくとも友人関係から生じる利益に影響されるのです。では，このような"お互いさま"から協力関係が生まれることは，進化論的にはどのように説明されるのでしょうか。繰り返しのある囚人のジレンマ状況を用いた分析では，1回前に相手がとった行動をまねるという応報戦略により相互協力が達成可能であることが示されました。協力的な相手とは協力し合い，非協力的な相手とはつき合わないようにする応報戦略は，さまざまな協力関係（バクテリアから国際関係まで！）の本質を説明してくれます。友人間での相互協力の本質も応報戦略によると考えてよいでしょう。

　その一方で，あまりにも杓子定規に応報戦略を友人関係にあてはめようとすると齟齬も出てきます。それは，人間の友人関係という特殊な事例には，単純化されたモデルには含まれない個別の特徴が含まれているからです。例えば，私たちは友人が1回くらい非協力行動をとっても，すぐにそれに目くじらをたてることなく建設的に葛藤解決を図ったり，様子見をしたりします。この寛容さ（相手が改心したから赦してやるのではなく，相手の非協力を何度か大目に見てやる）は，私たちが意図せずに相手に不利益を与えることがある（実行エラーがある）状況で特に適応的な性質になります。また，このような赦しの心理メカニズムは，失うには惜しい大事な関係に対して選択的に向けられているようです。

　では失うには惜しいほど大事な関係はどのようにして生まれてくるのでしょうか。これには，私たちがパートナー選択をし，特定の相手との間に信頼関係を形成するということが関わっています。私たちが見知らぬ相手とつき合い始めるときには，最初から協力的には振る舞うかもしれませんが，最初から相手に全幅の信頼をおいたりはしません。相手が信頼に足る人間かどうか，リスクの小さなやりとりを繰り返すことで試します。その結果，信頼関係を形成するのには時間がかかります。そのため，すでに相互信頼のある相手は自分にとってより重要なパートナーになります（他の相手とつき合うなら，また最初から時間をかけて信頼

関係を醸成し直さなければならないからです)。

このように、実行エラーとパートナー選択という特徴を繰り返しのある囚人のジレンマ状況につけ足してやると(モデルの状況設定を友人関係に近づけてやると)、私たちの友人関係の特徴とその進化がよりよく理解できそうです。

Book Guide

アクセルロッド, R.(松田裕之訳)(1998).『つきあい方の科学——バクテリアから国際関係まで』ミネルヴァ書房
☞ 本章で紹介した応報戦略(この本の中では"しっぺ返し"と訳されています)がなぜ有効な戦略なのか、もっとくわしく知りたい読者の方にはぜひ一読をおすすめします。

浦光博(1992).『支えあう人と人——ソーシャル・サポートの社会心理学』サイエンス社
☞ 本章で社会的交換として扱った友人間のやりとりの多くは、ソーシャル・サポートとして研究されています。この本は、ソーシャル・サポート研究の日本語による概説書です。

相川充(2009).『人づきあいの技術——ソーシャルスキルの心理学(新版)』サイエンス社
☞ この本では、他者とうまくつき合っていくための"技術"が紹介されています。学んで身につける技術は進化とは無関係の話と思われるかもしれません。しかし、この本で紹介されている技術を使って人づき合いを良好なものにすることができるのは、これらの技術が対人関係を構築し維持するために私たちが意識せずに使っている"自然"な人づき合い方略に対応しているからではないでしょうか。

ダーレガ, V. J.・メッツ, S.・ペトロニオ, S.・マーグリス, S. T.(齊藤勇監訳)(1999).『人が心を開くとき・閉ざすとき——自己開示の心理学』金子書房
☞ 友人関係の発展とともに自己開示の内容は広く・深いものになります。自己開示研究に関心をもたれたら、この本を最初に読むことで自己開示研究の全体像をつかむことができます。

第6章 集団過程と自己過程

◐成人式の催しで，談笑する若者ら
(毎日新聞社)

実験に用いられたホルス神の顔◐
(*Column* ⑨参照；Haley & Fessler, 2005)

Introduction

　社会心理学の領域内に自己研究があるのは，自己の成立にとって他者が欠くべからざる存在であるからです。他者の目を通した自己像は自己概念の形成にとって必要ですし，他者と比較することで自己の性質をより詳細に知ることができます。そして生きるということが自己の維持，保存ということに強く連結しているならば，他者の手を借り，また集団の力の助力を得ながら生きること，そのためにも他者との相互作用を展開していくことは大切な課題となるでしょう。逆に，集団から排除されることは死にも等しいつらい体験になります。このように社会関係と不可分な私たちの生の営みを，自己過程と集団過程をフュージョンさせながら扱うことで新たに何が見えてくるのか。第6章では，集団への適応という観点から自己過程と集団過程を取り上げてみます。

人間は，集団を構成して生きていく戦略をとるに至った動物です。人間集団に対応してさまざまなコミュニケーション・スキルを発達させると同時に，複雑な意図的行動が可能になった人間は，他者を裏切ったり，不道徳な振る舞いも行ったりするようになりました。

　集団状況に高度に対応するには以下の3つの点が必要です。

　第1に，集団のメンバーを記憶する。これは，顔認知の識別能力の向上の進化が下支えすることになりました。さらに，協力的な「よい」人と，非協力的な「悪い」人を識別しなければなりません。これは裏切り者検知の能力と記憶に依存しています。

　第2に，協力的な互恵的行動，さらに一般的信頼に基づく協力行動の進化によって，より効率的な集団機能の発展が得られました。

　第3に，非協力的な人に対する制裁システムの形成・発展です。裏切り者検知の結果，そのような「悪い」人にどう対応するかは，不道徳的行動の抑止にもつながります。しかし，制裁システムを用意するにはコストがかかりますので，集団のある程度の合意に従って，費用を捻出して，制裁システムを稼働させます（*Column* ⑩）。ちなみに現代では，これは警察機能と司法システムであって，これらは税金によって担われています。

　これらの機能が有効に働くには，集団の中で，何が守られるべき道徳的行いであり，何がそれに違反する悪い行いであるかの合意を形成していかなければなりません。これが集団規範です。規範は，シェリフの実験で見られるように，数人の人がいれば自然に自動発生的に生成されてくることが知られていますが（Sherif, 1936），人々はおのずとその規範に同調することによって協調体制を築いていくわけです。

　本章では，人が集団で生きるために生じる同調圧力や他者への配慮，他者から受け入れられるために行う自己呈示など，自己のあり

方を集団における適応という視点からとらえて，さまざまな自己過程を描き出してみました。

1　社会的影響

<u>同調と社会的影響</u>　私たちがうまく社会生活を送るためには，家族，恋人，友人という枠を超えて他者一般とうまくやっていく必要があります。ここで「他者一般とうまくやっていく」と言うときに，私たちは本書で定義した意味で他者一般と協力し合う（みずからコストを支払い，他者に利益を与える）ことだけを意味するわけではありません。例えば，クラスやサークルの集まりで，あなたが面白くないと思っているテレビ番組の話題でみんなが盛り上がっていると考えてください。このときに，あなたはわざわざ「あの番組は面白くない」と水を差すような発言はしないでしょう。適当に同意したり相槌を打ったりするのではないでしょうか。場合によっては，みんなの意見に同調して「面白いよね」とさえ言うかもしれません。

　この例のように，他の人たちの態度や意見に接することで自分の態度や意見を変えることを同調（conformity）といいます。この後で見るように，こうした同調には，"他者一般"とうまくやっていくために行われるものがあります。したがって，私たちは初対面で二度と顔を合わせることがないとわかっている相手にも，同調することがあります。アッシュは，このことを実験によって示しました（Asch, 1951）。アッシュの実験の参加者は，図 **6-1** の左側の線分と同じ長さの線分を右側の3本の線分から選ぶように求められました。見ていただくとすぐにわかるように，この場合，答えは1番の線分

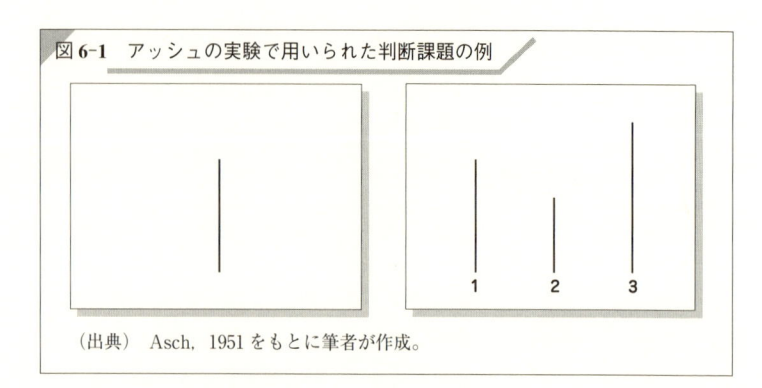

図 6-1 アッシュの実験で用いられた判断課題の例

(出典) Asch, 1951をもとに筆者が作成。

が同じ長さで，まったく難しくない課題でした。実際，予備調査を行ったところ，このような判断で間違う参加者はほとんどいませんでした。

実験には8人の参加者が同時に参加していて，1人ずつ順々に自分の判断を述べるように求められました。ところが，実際の実験参加者は7番目の参加者だけで，他の参加者は実験者が雇った実験協力者（実験のサクラといわれます）でした。実験のサクラは，あらかじめ実験者から決まった間違いをするように言われていました（図6-1の場合は，7人のサクラは全員2番が同じ長さであると回答しました）。すると，実際の参加者の判断の約32%が同じように間違った回答になったのです。個人で判断を行えば間違うことがほぼない課題ですから，32%の間違った回答は，他者の意見に自分の意見を合わせた同調であると考えられます。

では，アッシュの実験で同調した人たちはどのような理由で同調したのでしょうか。アッシュは実験後のインタビュー結果に基づき同調の理由を3つに分類しました。①実際に間違った線分が同じ長さに見えた。②他の人たちの判断の方が正しいのだろうと思った。

③他の人たちが間違っていると思ったが，わざわざ変わったことをして目立ちたくなかった。アッシュによれば①に該当する参加者はごく少数だったということなので，同調した参加者は，他の人の意見が正しいと思ったのでそれに従った人と，みんなの意見に表面的に合わせておいた人の大きく2種類に分けられることになります。同調は他の人の態度や行動から**社会的影響**（social influence）を受ける結果として生じるわけですが，②と③の人では質的に異なる社会的影響を受けたといえそうです。社会心理学では，正しくありたいという動機に基づく**情報的影響**（informational influence）と，みんなから好かれたい（嫌われたくない）という動機に基づく**規範的影響**（normative influence）として区別しています（Deutsch & Gerard, 1955）。②に分類された人たちは情報的影響を，③に分類された人たちは規範的影響を受けたといえるでしょう。

社会的影響と適応

もし，自分よりも他の人たちの方が正しい判断をしていると思うのであれば，正しい判断と思える判断を採用すること（情報的影響を受けること）は適応的でしょう。また，私たちが集団から離れて孤独に生きていくことができないという事実から，嫌われないように注意する（規範的影響を受ける）ことも適応的であると考えられます。ところが，これら2つの社会的影響が解決している適応上の問題は異なっています。情報的影響を受ける場合には，客観的に正しい判断を下すことが重要なはずです。例えば，見たことのないキノコが食べられるのかどうかわからないときに，村人全員が「食べられる」と太鼓判を押してくれたなら，あなたはこのキノコを食べるかもしれません。このときの適応上の問題（生きるか死ぬか）は，そのキノコが食べられるかどうかという客観的事実にかかっています。これに対して，規範的影響を受ける場合には，客観的事実ではなく，"ある集団で暗黙

のうちに共有されている振る舞い方のルール"(規範)を知ることが重要になります。例えば,イタリアでスパゲッティを食べるときに豪快に音を立てて食べるのはマナー違反です。ですが,キノコが食べられない毒キノコだった場合と違って,音を立ててスパゲッティを食べても死ぬわけではありません。しかし,まわりの人はあなたに冷たい視線を送り,あなたと一緒に食事をしなくなるかもしれません。

みんなから相手にされなくなることを,**社会的排斥**(social exclusion)と言います(古代アテネの追放制度から,社会的排斥をオストラシズムと呼ぶ研究者もいます)。毒キノコを食べるのとは違い,社会的排斥にあってもすぐに死ぬというわけではありませんが,誰からも援助を受けることができない孤立無援の状態が,生存・配偶にとってきわめて不利なことは容易に理解できます(*Column* ⑨)。本章の残りの部分では,規範的影響を受けるときの関心事である「自分が他者一般に受け入れられるかどうか」という側面に着目して,**自己**(self)に関わる諸現象を考えてみたいと思います。

2 社会集団と自尊心

ソシオメータ理論──
社会的受容と自尊心　社会心理学の多くの研究は,人々が**自尊心**(self-esteem)を高く保つように動機づけられていることを示しています。また,自尊心を高く保つことが人々の心身の健康にとって重要であることも多くの研究で示されています。では,私たちは家に閉じこもって自分のよいところに目を向けていれば,自尊心が高くなり心身の健康を手に入れることができるのでしょうか。これでは,あまりにも自尊

Column ⑨　間接互恵性と協力関係からの排斥

　私たち人間は，特定の2者の"お互いさま"関係を超えて，社会レベルでの協力を達成しています。このような協力行動の進化は，他人に親切にすると誰か別の人が自分に親切にしてくれるという"情けは人のためならず"の考え方（**間接互恵性**：indirect reciprocity）によって説明されます。(Alexander, 1987；Nowak & Sigmund, 1998)。

　それにしても，なぜ見ず知らずの相手に協力するような傾向が進化するのでしょうか。間接互恵性の理論では，**評判**（reputation または standing）の存在が鍵となっています。ここでの評判とは，あなたが過去にしたよい行い（協力行動）・悪い行い（非協力行動）を反映したものです。例えば，困っている人を助けた人は"よい人"，助けなかった人は"悪い人"ということになります。仮にあなたに"よい人"という評判があれば，あなたが困ったときに誰かが助けてくれますが，あなたに"悪い人"という評判があれば誰も助けてくれません。この評判システムでは，"悪い人"を助けなかった人の評判が悪くならないことが大事です。さもなくば，"悪い人"を助けなかったよい人が次々に"悪い人"扱いされてしまいます（Ohtsuki & Iwasa, 2006）。社会の中にこのような評判システムがあると，自分が困ったときに助けてもらうために誰もが進んで困っている"よい人"を助けるようになります。

　間接互恵性の理論は，私たちが自分の評判に敏感であることも予測します。本文でも紹介するソシオメータ理論によれば，私たちは他者からの受容を示す手がかりに敏感です。それに加えて，私たちは評判に影響しそうな状況にも敏感で，自分の評判を守るために"よい人"らしく行動します。例えば，実験者から一定額のお金を渡され，自分と他人との間で好きなように分けてよいと言われたとします。実はこれは独裁者ゲームと呼ばれる実験状況です。独裁者ゲームを使ったある実験では，本章の冒頭に掲載している目のような模様を実験を行うコンピュータの画面に提示しておきました。すると，目のような模様に見つめられながら実験を行った参加者は，そうでない参加者よりもたくさんのお金を相手に分けてあげたのです（Haley & Fessler, 2005）。目のような模様が評判に無関係であることは自明です。ところが，本物の"他人の目"は評判に直結します。ですから，私たちはそれと似た手がかりにも自動的に反応して，用心深く振る舞うのだと考えられます。

2　社会集団と自尊心

心それ自体の役割をもち上げすぎだと感じられることでしょう。リアリーとバウマイスターは，自尊心はそれ自体が大事なのではなく，自分が社会的に受容されていることのバロメータなので重要なのだとする**ソシオメータ理論**（sociometer theory）を提唱しています（Leary & Baumeister, 2000）。この考え方によれば，私たちの自尊心は他者から受容されているという手がかりがあると高くなりますし，他者から受容されていないという手がかりがあると低くなります。そして，自尊心と心身の健康との関係は，実際に他者から受容されているかどうかという適応に直結する問題を介して生じていることになります。

　ここでソシオメータ理論の主張を，本書の趣旨に即して整理したいと思います。私たちにとって自尊心はとても重要ですが，自尊心が重要なのは究極要因として社会集団への適応という問題と関わっているからです。そのため，自尊心は他者からの受容・排斥の状態を反映して上下します。さらに，自尊心の低下は，至近要因として自尊心を回復するような行動（つまり，他者からの受容を引き出すような行動）に私たちを駆り立てます。ですが，排斥の回避という適応上の問題が私たちに意識されている必要はありません。実際，リアリーとバウマイスターも，自尊心は社会的受容・排斥を自動的（非意識的）に監視するシステムであると述べています。また，関係から排斥されそうだという問題を察知したときに，私たちは認知的・合理的にそれを解決する方策を練るわけではないでしょう。むしろ，低下した自尊心に伴うネガティブな感情が，私たちを「何とかしなければ」と強く動機づけるはずです。単純に認知的な判断を行うのであれば，アッシュの実験の参加者の多くは，今後再び会うことのない他の参加者の意見に同調することは無意味であると結論づけたでしょう。このような観点から，リアリーとバウマイスターは，自

尊心を単なる自己評価ではなく，**感情的内容を含む自己評価**であると定義し，ソシオメータ理論が想定している自尊心の役割が感情的な動機づけのシステムであることを強調しています。

リアリーとバウマイスターは，ソシオメータ理論の妥当性を示す研究結果として，自尊心は社会的受容・排斥を伴う事象に反応して変化すること，他者に見られていない出来事よりも他者に見られている出来事の方が自尊心により強く影響することなどを挙げています。例えば，リアリーらの実験研究では，5人の参加者が同時に実験に参加し，お互いに性格検査の結果や自己紹介の作文を交換して，相互に評定（例えば，一緒に作業をしたいのは誰か）を行いました (Leary et al., 1995)。その後，別の実験と称して集団意思決定の実験が開始されました。一緒に参加している5人のうち3人は集団で話し合いをし，残りの2人は個人で同じ意思決定課題を行うと告げられました。これにより3人は集団に受容されたことになり，残りの2人は排斥されたことになります。このとき，半分の参加者には「ランダムに3人と2人に分けた」と説明し（ランダム条件），残り半分の参加者には「先ほどの評定に基づき分けた」と説明しました（集団選択条件）。最後に，参加者の自尊心を測定したところ，集団選択で排斥されたと思っていた参加者ほど自尊心が低くなっていました。ランダムに分けられたと思っていた参加者では，集団での話し合いに加わることができても／できなくても自尊心はほとんど変わりませんでした。これは，他者からの受容と排斥が自尊心に影響するというソシオメータ理論の予測を支持する結果です。

> 排斥されることの帰結

リアリーとバウマイスターは，多くの自尊心を測定する心理尺度の項目が，対人的な関係で重視される次の4つの内容を含んでいることを指摘しています。①他者とうまくやっていける程度（例えばフレンドリーさ），②

能力（例えば学校の成績や運動能力），③身体的魅力度，④自己価値。これらの特性は，ある人を集団に受容するかどうかを決めるのに重要な要因でもあります。そのため，自尊心の尺度はそもそも集団に受容されやすい程度を測定していたのだといえます。

さらに興味深いことに，リアリーとバウマイスターが挙げた①と②の特性は，近年，フィスクらが提唱している**ステレオタイプ内容モデル**（stereotype content model）が想定している，他者を評価する際に重要な2次元（人間としての温かさと能力）とほぼ重なっています（Fiske et al., 2007；第7章も参照）。フィスクらは，温かさと能力のそれぞれの高低で2×2の表をつくり，それぞれにあてはまる社会集団があると指摘しています。温かさ・能力いずれの評価も高い集団には，白人・中産階級の人々といった社会集団が含まれます（これは，アメリカ社会の多数派を形成する社会集団です）。温かさの評価は高いけれど能力の評価が低い集団には，障害者や高齢者が含まれます。温かさの評価は低いけれども能力の評価が高い集団には，ユダヤ人（商売上手で金持ちというイメージがあります）やキャリア女性が入ります。最後の温かさ・能力のいずれの評価も低い集団にはホームレスなどが入ります。

フィスクらの研究チームでは，実験の参加者にこれらの社会集団の成員の写真を見せ，そのときの脳活動をfMRIで測定しました（Harris & Fiske, 2006）。すると，温かさ・能力のいずれの評価も低い社会集団（ホームレス）の写真を見せたときだけ脳の反応に重要な違いが観察されました。他の3つの社会集団の写真を見ているときには，脳の内側前頭前皮質（medial prefrontal cortex；mPFC）が活動していました。このmPFCは他者の心の状態の推測など社会的認知と関わりの深い領域です。ところが，温かさ・能力の評価がともに低い集団の成員の写真を見せても，mPFCは活動していなか

ったのです。ハリスとフィスクは、温かさ・能力の評価がともに低い集団（社会的排斥にあいやすい集団です）は、人として認知されていないのではないかと考えています。社会的排斥にあうことで人として見てもらえなくなるとしたら、ソーシャル・サポートのネットワークから締め出されるとしても不思議はありません。

3 自己意識

　社会的規範が個人に影響を及ぼしやすいときと、そうでないときがあります。社会から受け入れられるかどうかまったく意識していない状況、他者が気にならない状況や、自分の行動をまったく自覚していない状況では、規範的影響は起きにくいと考えられます。誰も見ていない状況では、たばこをポイ捨てしてしまうような人でも、人目のあるような注目されやすい場所では違反行動はしにくいと感じるかもしれません。自分の行動に自覚的であり、さらに人目を気にするといった心的状態では、反道徳的な振る舞いはしにくいでしょう。

自己への注目　　自覚的であることの仕組みを考えると、自分のことを考えている主体としての自分と、思考の対象となっている自己とがあることに気づきます。ジェームズは主体としての自分を**主我**（I）、客体としての自己を**客我**（Me）と分けることで、心的な構図を整えました（James, 1890）。スポーツなど何かを夢中で行っているときには、ほぼ主我だけが働いている状態で、客体としての自己を反省的に振り返ったり、考えたりはしません。反省するのは、この客我に対して注意が向けられるときだけです。デューヴァルとウィックランドは、客体的自覚理論で、

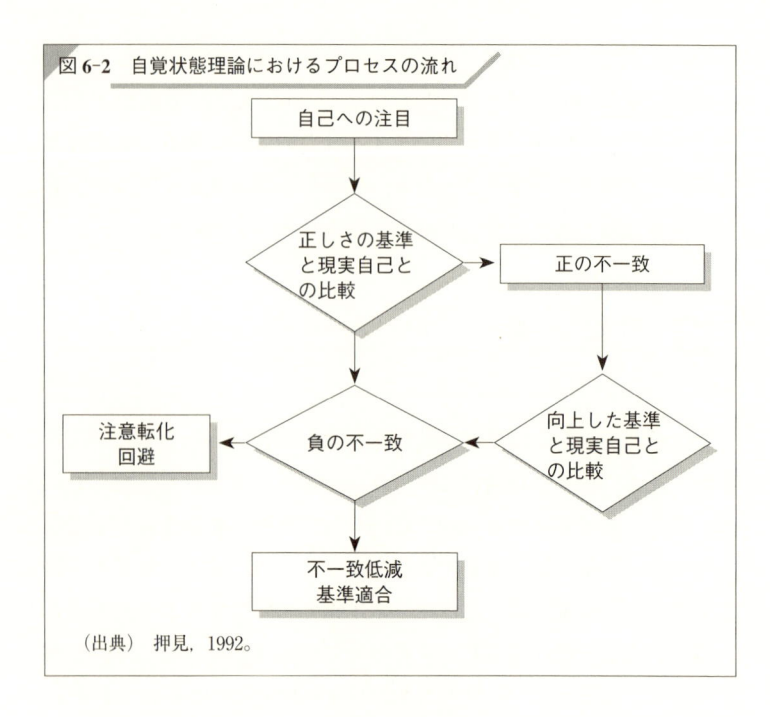

図6-2 自覚状態理論におけるプロセスの流れ

```
           自己への注目
               │
               ▼
         正しさの基準
         と現実自己と ──────▶ 正の不一致
          の比較                  │
               │                  ▼
               │            向上した基準
               ▼            と現実自己と
  注意転化  ◀── 負の不一致 ◀──  の比較
   回避           │
                  ▼
              不一致低減
              基準適合
```

（出典）押見, 1992。

この客我に注意を向けた状態を**客体的自覚**（objective self-awareness）と呼び、客体的自覚を行うと、本来の自己のあるべき基準に目が向き、たいていは、その基準に到達していない現在の自己を意識するので、ネガティブな感情が引き起こされる（負の不一致）と指摘しています（Duval & Wicklund, 1972）。基準を上まわる正の不一致が生じている場合でも、人は往々にして求める基準を上げてしまい、その結果やはり基準に満たない負の不一致が生じてしまいます（押見, 1992；図6-2）。

これを解決する道筋には2通りあり、基準を下まわっている自己の状態を向上させて基準にかなうように変えていくという対処がまず1つあります（不一致低減）。もう1つは、そもそもそのような自

図6-3 鏡による自覚状態が態度と一致する罰行為に与える影響

（出典） Carver, 1975.

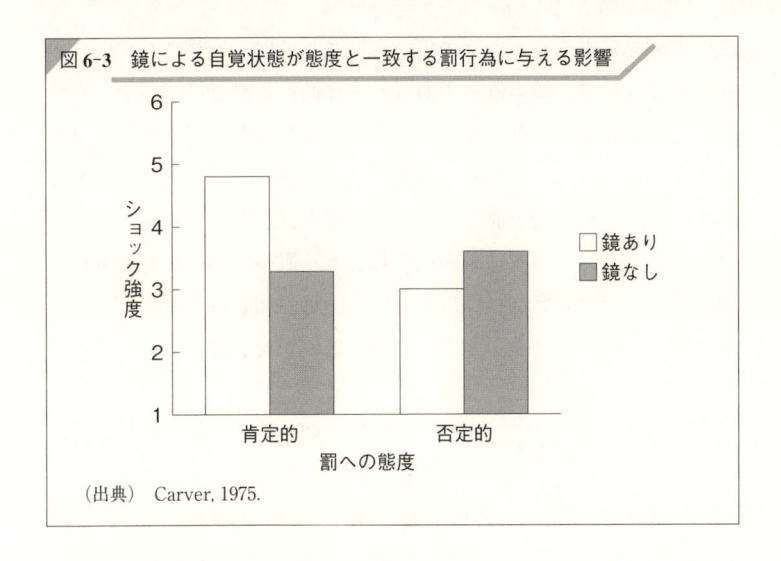

己に注意を向けているために不快感情が生じるのですから、注意を何か別の外向きにそらしてしまうといった方法です（注意転化）。本来の自己の基準に従うといった1つ目の対処がとられることを示した実験があります（Carver, 1975）。この実験では、実験参加者が座る位置の前におよそ20cm × 30cmの大きさの鏡が置いてあり、そのために自己の客体視が促進されてしまう実験群と、鏡の置いていない統制群が設定されました。そして、罰が学習に及ぼす効果を検討するといった説明のもと、ペアの相手の学習試行での失敗に対して、罰として電気ショックを送るという設定がつくられていました。従属変数は、電気ショックの強度の選択です。実験参加者たちは、教育に対する罰の効果についてどのように考えるか質問紙調査がなされており、もともと罰に対する肯定派と、罰は教育に有効でないと考える否定派がありました。そして、図6-3のように、鏡の置いていなかった統制群では、もともとの罰についての考え方によって、

この実験での電気ショックの用い方はさして何も影響されていなかったのに対して，鏡の置いてあった客体的自覚群では，本来の自分の意見に合致した行動が見られました。すなわち，罰が教育に有効だと考えている人は，罰のための電気ショックをより強い強度で与えており，罰が有効でないと思っている人は，より弱い電気ショックを与えていたという結果が見られます。置いてあった鏡の有無という，それだけの実験操作によって，実験参加者は本来の自分の意見に従った行動をとるかどうか，その違いが見られたということです。

公的自己と私的自己

A. H. バスは，客我として自覚される自己にも2種のものがあると考えました（Buss, 1980）。他者から見える外見や振る舞いなどの**公的自己**（public self）の側面と，他者からは見えないその人の内的な思考や感情，自分自身の価値観などの**私的自己**（private self）という側面の2つです。反省したり自省を行ったりするのは，私的自己を自覚した状態であり，これを**私的自覚**（private self-awareness）と呼びます。人目を気にするなどといった自分の振る舞いが適切であるかどうか気にかける状態を**公的自覚**（public self-awareness）と呼びます。

集団の中で暮らす人間が，自分が適切な行いをしているかセルフ・チェックする状態というのは，公的自覚が高まった状態だといえるでしょう。公的自覚ができるという能力は，自己の行動を正したり，調整したりするのに役立っているということがわかります。

4 社会的比較

社会的比較とは 　自分で何が適切な振る舞いであるかがわかっている,あるいはその信念があるならば,公的自覚状態から行動の調整を行うことができるでしょう。しかし,人間の行動は必ずしも正解が明白にあるような絶対的基準が働く状況で生じるとは限りませんし,むしろ明白な基準がない場合の方が多いかもしれません。そのようなとき,人はどうするでしょうか。まわりの人の行動を見て参照するわけです。このような心的プロセスは,**社会的比較**(social comparison)と呼ばれるプロセスを引き起こします。社会的比較には,その題材として大きく2つのものがあり,1つは意見の比較,もう1つは能力の比較です。自分の意見や考え方に自信がもてないとき,まわりのみんなはどう思うかを尋ねてみたり,参照してみたりすることがあるでしょう。意見の比較の結果は,その場での態度や振る舞いとなって現れることがあり,周囲の意見を尊重して従うと同調という現象が生じます。能力についての比較は,とりわけ自尊心に影響を与えます。比較の相手としては,自身と同性であるとか,年齢が近いなど基本的な類似性をもつ他者が選ばれますが,比較次元そのものとなる能力については,上位の他者と比べるか下位の他者と比べるかは議論のあるところです(Wills, 1981)。

　自己の改善,進歩に役立つのは上位他者との比較であり,それによって能力を高めるうえで参考にできたりします。したがって,将来の改善可能性,到達可能性を高く評価している場合には,上位他者との比較が行われやすいでしょう。また,その到達可能性を時間

軸で考えてみた場合，自分が現在劣った点があるものの，自分もそのくらいの年齢になったらできるだろうと考えるのは最も自尊心を保ちやすい考え方ですから，上位他者として年長の先輩などと比較することで参考になる知識・技能を得て，進歩に生かすという方策はとりやすいものとなりますが，優れた後輩と積極的に比較するのは，より気の進まないプロセスだろうということになります。

> 自己評価維持モデル

このあたりの他者との関係性と比較によって生じる心情を取り上げたものが，テッサーの**自己評価維持モデル**（self-evaluation maintenance model；SEM）です（Tesser, 1988）。自己評価維持モデルでは，比較の題材になる能力に関する遂行（performance），比較他者との心理的近さ（psychological closeness），課題の自分にとっての重要さ（relevance）の3つの要素を用いて考えます。自分にとっての重要さが高い領域において，心理的に近い他者よりも遂行が下まわることが最も自尊心を低下させる事態だといいます（比較過程）。心理的に近い他者の遂行が自己を上まわっていても，それが自分が重視しているのではない領域ならば，それは喜ばしいことであり，むしろ優れた他者と心理的に近いことによって，栄光に浴するということもあり（Cialdini et al., 1976），これは**反映過程**（reflection process）と呼ばれます。いずれにしても，心理的に遠い他者との遂行の比較よりも心理的に近い他者との遂行の比較は，ポジティブにせよネガティブにせよ，心理的に大きなインパクトをもつことになります。

しかし，人は集団の中で人間関係を保ちながら生きていますので，自分が常に「勝って」いるのが心地よいこととは限りません。人は他者の意図や心の推測によって，他者が重視していること，そうでないことも知るに至ります。友達がとても重視している領域で，友達よりも自分の遂行が上まわってしまった場合，単純に自尊心を向

上させるといった事態だけではなく、友達の心情にも思いをはせて、自身が他者の比較において脅威を与える存在となっていないか気にかけることになります (Exline & Lobel, 1999)。人には自己の能力を高めたいという欲求と他者と親密でいたいという欲求の両方がありますから、それらが葛藤する場面では両立するような対処に腐心することになるわけです。

5 自己呈示

印象管理

他者よりも自己の方が能力が優れていることが指摘されてしまうような場面に立ったら、どうするでしょうか。それは誇らしさを感じる一方、他者から比較脅威の対象と認知される危険が伴います。そのようなときに、人はよく謙遜を行います。これは、他者に対して「自分はたいしたことないんだよ」とわざと示している行動であり、このような行動は**自己呈示**(self-presentation) の1つと考えることができます。より広い文脈でこの現象を見ると、それは1つの**印象管理**(impression management) であるといえるでしょう。ゴフマンは、社会的なルールに従って、人が互いに自己呈示をし合い、相互交渉を行っていることを指摘しました (Goffman, 1959)。場面によって適切な振る舞いというものがあり、葬儀の場面では騒いだりせずに哀悼の意を表する、婚礼の場面ではネガティブなことは言わず、幸福を言祝(ことほ)ぐなどといった振る舞いです。

印象管理の基本は集団の中での他者との適応的・協調的な関係ですから、好ましく思われることが1つのテーマになります。人の魅力としては、大きく2つの次元があることが知られています。1つ

は人柄に関するもの，つまり対人関連次元であり，そのポジティブさは，好ましさ，好意（liking）の感情を生みます。もう1つは，能力に関するもの，つまり課題関連次元であり，そのポジティブさは，尊敬の念（respect）を引き起こします。

第1の好意を人にもってもらうことを目的とした自己呈示が，**好意獲得**（ingratiation）です（Jones & Wortman, 1973）。他者の考えや行動に対して，その場で同調したり，ほめたりすることによって，よい印象をもってもらうという戦略です。第2の尊敬を目的とした自己呈示については，自分ができること，能力を人に示すという**自己宣伝**（self-promotion）と呼ばれる行動が挙げられます（Jones & Pittman, 1982）。しかし，文脈を考えない自己宣伝は，よい効果を生まずに，「威張っている」「自慢している」というネガティブな印象を生じます。そこで，それとは逆の謙遜という自己呈示方略が現れるわけです。場合によっては，能力的自己宣伝による尊敬を犠牲にしても，好意獲得の方を優先し，自己の秀でた能力を否定したり，またその原因帰属を操作したりして，他者のおかげであるとか，偶然に運がよかったからであるなどといった言説を唱えるわけです。互いにこのような謙遜的やりとりが慣習化すれば，能力についての否定や低めの呈示も受け取り側にとっては謙遜と解釈され，文字通りの言葉のままには受け取られないでしょう。持参した土産について「つまらないものですが」と言っても，本当につまらないものと考えているのだと受け手は理解するわけではないということです。しかし，このような文化的慣習は文化が異なるとスムースに理解されるとは限りませんので，何らかの誤解やディスコミュニケーションが生じるおそれがあります。

威嚇と攻撃行動

自己呈示の1つに，威嚇があります。他者に恐ろしいという恐怖感を喚起して，こち

らが望むような行動をとらせるといった方略です。このように達成したい目的があって、そのために他者を傷つけるといったことが生じる場合、これを道具的攻撃と呼びます。それに対して、その他者を傷つけること自体が目的であるような攻撃は表出的攻撃と呼ばれます。攻撃行動は、他者を傷つける、損害を与えることを意図してとられる行動であり、身体的攻撃－言語的攻撃、直接的攻撃－間接的攻撃などの分類があります。直接的な身体的攻撃は、なぐるなどの暴力、直接的な言語的攻撃は、罵倒するなどです。間接的な身体的攻撃は、落とし穴に落とすなど障害・妨害物を用意したり、靴に画鋲（がびょう）を入れておいたり、弁当を隠すなど、面と向かわず行動的に相手の被害の蓋然性を高める行為を指します。間接的な言語的攻撃は、よくない噂を流す、ネットに悪口を書き込むなどといった行為があてはまります。

　人はこれまで生きてきたなかで、あるいは、自身の直接経験によらないでも、何らかのメディアを通して経験することによって、そのような攻撃と被害についての知識、つまりスキーマを獲得していき、そのような攻撃の片鱗や、手がかりが示されると警戒するようになります。このような警戒反応や恐怖を意図的に利用して、自分の望みや主張を通そうとするのが威嚇です。したがって、威嚇自体は必ずしも暴力や攻撃行動の実際の発動を伴わなくても、これを示唆するだけで成立するケースが多くあり、怒らせると怖いぞとか、言うことを聞かないとひどい目にあわせるぞなどと、ほのめかすだけでも相手に対して威力を発揮する場合があるわけです。

　しかし、これに簡単に折れて従ってしまうと、地位・威信が低下してしまいますし、また同じことが繰り返されて、継続的に従属的な関係性がつくられてしまいます。文化によっては、とりわけこのような事態を望ましいものではないと考え、メンツを保とうとする

Column ⑩ 利他的罰と集団規範の維持

攻撃行動の中には，自己呈示のためではなく集団規範の維持のために役立つものもあります。例えば，町内会で清掃をするときにまったく協力しない人があったら，私たちはそれを苦々しく感じます。また，清掃に参加しない人が増えると，町をきれいに保つことはできなくなります。このとき，清掃に出てこない人をどやしつけて清掃に連れ出す人がいれば，町内会の清掃をサボる人はいなくなるでしょう。みんなの努力にただ乗りをする人をどやしつける行為はある種の攻撃行動ですが，罰行動といわれる方がしっくりきます。

このような罰行動をする人は，集団全体の規範の維持のために貢献する一方，どやしつけた相手から反撃されたり，みんなから煙たがられたりするかもしれません。したがって，このような罰行動は，コストを負って集団全体に利益を授けることになるので，**利他的罰**（altruistic punishment）と呼ばれます。

利他的罰の存在が，集団の規範を維持し，高い協力率を保つために大事であることが近年の実験研究で示されています（Fehr & Gächter, 2002）。町内会での清掃を実験室に再現するような実験状況を公共財ゲームと呼びます。例えば，4人のお互いに面識のない参加者が，自分に与えられた資源（20円）をグループのために寄付できると考えてください。各人が寄付した資源は実験者によって1.6倍にされて4人に平等に分けられます。全員が20円をそのまま手元に残せば全員が20円を獲得します。しかし，全員が20円を全額提供すれば4人分の80円が1.6倍され128円になり，それが全員に平等に分配されます（各人は32円を受け取ります）。町内会での清掃と同じように，誰も協力しないよりみんなが協力した方がよい状況です。ところが，ほうっておくと他人が貢献した分はちゃっかりともらって，自分ではお金を出さない人が増えてきます。この状況で，前回協力しなかった人をコストをかけて罰することができるようにすると（特定の誰かを罰するために1円支払うと，その人の収入の10%が没収されるようにすると），公共財ゲームで高い協力率が保たれたのです（したがって，そう頻繁に利他的罰を行使する必要もありませんでした）。利他的罰の存在は集団規範・高い協力率の維持に役立つのです。

反応が高い場合があります。ニスベットらは,アメリカの南部社会ではこのようなメンツに基づいて誇りや名誉を維持しようという動機づけが高く,侮蔑されることに対して,攻撃的にやり返すような行動が見られるといいます(Nisbett & Cohen, 1996)。対応や反応の正解というのは判定がつきにくい問題ではありますが,第2章でも指摘したように,サバイバルするには,他者から搾取されないように尊重される必要があり,その1つの対策が,怒る,報復するといった行動ないしはその構えですから,文化によってその対応の強弱は異なるでしょうが,攻撃行動に絡む行動系列のレパートリーとして,被害を受ける側の報復や被害を未然に防ぐ威嚇などといったものも注目に値する現象であると考えられます。

| 防衛的自己呈示 |

好意獲得や自己宣伝,威嚇は,**主張的自己呈示**(assertive self-presentation)と呼ばれますが,もう1種ある**防衛的自己呈示**(defensive self-presentation)も重要なものです(安藤,1990;Tedeschi & Norman, 1985)。人は失敗した際に,集団からはじき出されたり,罰されたりします。致命的な結果にならないように,そのような罰はできれば重くならないようにしたいと考えるでしょう。そういったときに,防衛的自己呈示として,正当化,弁解,謝罪という対処があります(Schlenker, 1980;Semin & Manstead, 1983)。

正当化はそもそも自己の行った失敗と思われる行為が,そもそも失敗ではないとか,まずいことではないとか,あるいは,正しい行いをしたのでやむをえなかったのだとか,自分の非を認めない対処です。

弁解は,責任の否定ないし軽減を目指す言い訳であり,そもそも自己が行為主体であることの否定から(否認として別に分ける考え方もあります),意図や動機の否定,結果の予見のなさ,責任の否定な

ど，これら弁解の様態は，他者の原因帰属の操作という観点から見て非常に興味深い現象に満ちあふれています。裁判などの司法場面においても，このような責任の軽減を目指した情状酌量の獲得や，企業の不祥事に見られる責任からの逃避など組織体を主体としたような社会的場面においても観察される現象です。

　謝罪は，責任が逃れようがない場合など，正しく謝罪することによって，社会的非難やこれ以上の社会的制裁を回避しようとする修復的な行動です（Felson, 1982；大渕, 2010）。社会的な排斥は個人にしても組織にしても社会的な死を意味しますから，なんとしてでも致命的な扱いをされることを避けるために，謝罪の気持ち，反省の気持ちを伝えて，二度と過ちをしない約束や決意などを表明することによって，ある程度のところで，「勘弁」してもらうことを目標とします。

自己呈示と意識

ここまで説明のわかりやすさという観点から，自己に注意を向けて，他者の目を意識する，人からどう思われるかを斟酌して，自己の振る舞いを調整するということを記してきました。しかし，これらはどれくらい意識されていることでしょうか。当初は，自己呈示は意図的であるという要件を多分に含んでいましたが，印象管理は行為者が必ずしもよく自覚しているとは限りません。例えば，プリナーらの実験では，魅力的な異性の前では，ジェンダー的規範に従ってしまい，クラッカーを食べる個数を減じてしまう効果が女性参加者の印象管理の動機づけとして関与していることを示しています（Pliner & Chaiken, 1990）。魅力的と感じられない異性の前で食べる量と，魅力的と感じられる異性の前で食べる量には違いがありました。しかし，そのように目の前の他者が原因で自分が食物摂取量を調整をしているとは，実験参加者は必ずしも自覚していなかったわけです。

好意獲得における同調なども，好意を獲得しようといつも意図されて行っているわけでもありません。
　また，防衛的自己呈示とされるなかに，**セルフ・ハンディキャッピング**と呼ばれる現象があります。失敗が予期されそうな場面で，前もって言い訳をすることで，見る人の帰属を操作します。つまり，体調が悪いなど自分に不利なハンディがあることを述べておくことで，失敗してもハンディのせいで能力への帰属は割り引かれます。そして，万一成功した際には，不利な条件があるにもかかわらず成功したということで，高い能力への帰属と割増効果が発揮されます。これなども特段，深く意図することもなく何気なく言ってしまうことがあるのではないでしょうか。
　このように，自己呈示は必ずしもしっかりと意図が意識されていなくてもかまわないだろうという合意はなされるようになってきました。

6　自己意識感情

恥と罪悪感　　先に見たように，公的自覚は人の目を気にする状態ですので，それは恥ずかしさなどの感情と関係します。基本情動のほかに，2次的感情と呼ばれる社会生活の中から発達してくる感情群がありますが，**恥**（shame, embarrassment）や**罪悪感**（guilt）は2次的感情に含まれます。
　これらは，典型的には自分で自己を認識し，自己概念を形成し，自分の理想自己（こうありたい自分の姿）や義務自己（あるべき自分の姿）を想定することができるようになって，強められるような感情で，そのような自己意識が必要とされると考えられたために，**自己**

意識感情（self-conscious emotion）と名づけられています。恥，罪悪感，その他に，誇り，当惑などがこれらにあたります。

自己意識感情では，理想自己にかなわない現実の自分を意識することから生じる羞恥心や恥辱感，なすべき義務自己に違反することによって生じる罪悪感などの研究が進んでいます。タングネーは，恥の不適応的機能と，罪悪感の適応的機能に焦点をあてていますが，進化的観点から考えれば，一方的に1つが不適応的だと断ずるわけにはいかないでしょう（Tangney, 1995）。それぞれに利点があったために，これらの自己意識感情が進化してきたものと考えられます。恥ずかしさは，自己縮小感を生じ，穴があったら入りたいとか，消えてしまいたいというような消え入りたい気持ちなどを生じさせますが，赤面などのシグナル的特徴と相まって，そのような態度は，「自分の行為が不適切であったことを認識していて」「悪いことと考えている。恐縮している」ということを他者に示す機能も果たしていますから，恥じ入っていることによって，その他者の行為を許容したり，赦したりする役に立っていると考えられます。悪いことを行うと「恥知らず」だと嫌われますし，集団から制裁を受ける事態を招くでしょう。恥は人目を意識することによって強められますので，公的自覚と関連し，失敗を人から笑われることの想像によって非常に強められることになります。公的自覚の傾向が普段も高い人を「公的自意識特性が高い」といいますが，そのような人は恥ずかしさやシャイネス感情をより抱きやすく，あまりに強いと他者との円滑な関係が阻害されてしまいます（Cheek & Buss, 1981）。

罪悪感は，自己の行為が他者に被害を与えたことの自覚と反省から発し，修復的行動を動機づけるといいます（Tangney, 1995）。これらの感情を人がもち，社会的生活の中で喚起されることによって，道徳的・協調的行動が保持され，人が集団から受け入れられている

状態を保護する役割を果たしていると考えられます。これらの感情を感じること自体はネガティブに感じられるかもしれませんが，適応的機能としては非常に大切なもので，このような恥・罪悪感があることによって，失敗や加害後も修復して，集団適応が達せられる，あるいは予期的に働いて逸脱行動，違反行動を事前に抑制するという高度な適応的機能が可能となるわけです（永房，2004）。

誇り

人はサバイバルのために集団生活を営んでいるわけで，それを考えれば，はじめからさまざまな困難な事態に自分1人で立ち向かうことは難しいということがわかるでしょう。仲間の支援によって助かるという経験は多くあり，社会心理学ではこれをソーシャル・サポートと呼んでいます。このような援助や互恵的関係が結べるように，人には"助けたい""助けてほしい"という養護欲求や求護欲求が備わっており，その表出には個人差はありますが，自己の一方的な利得だけで行動が成り立っているわけではないことは第5章で見た通りです。自分の力が事態に対処するのに不足していると感じられるときには，依頼心も生じます。そのときに頼りになる人物をどのように知ればよいでしょうか。誇りはこのような選択の際の手がかりの表示になります。

普段から優れたパフォーマンスを示す者は，リーダーなり，勢力者として記憶されていきますが，このような優れたパフォーマンスに賞を（精神的にも）与え，促進していくためには，よい行動，集団に寄与する行動に対して，ポジティブ情動が生じて，自己強化が働く必要があるでしょう。達成の成功は単なる喜びやポジティブ感情を生じさせますが，とりわけ集団や仲間に寄与が大きいと感じられるとき，この喜びは誇りを伴うことになります。他者からもその寄与を承認されているのだということが，「名誉」を感じる感情で

あり，それが誇りの1つの大きな生起要因となっています。日本では武士道においても，面目を保つためにこの誇り感情が重視されていました。家の名誉と誇りを保つために切腹などの個人の自死さえ企てられた時代があり，個人の観点からはサバイバルに反するように見えるかもしれませんが，これによって，むしろ子孫や一族の評判や適応を向上（あるいは回復）させることができるのであれば，遺伝子繁殖的に非常に理にかなっています。

怒りとも関連しますが，先述したように，アメリカの南部社会では名誉の文化があり，名誉を傷つけられた際に，攻撃行動が惹起されやすくなります（Nisbett & Cohen, 1996）。普段，名誉という誇りと近隣のポジティブ感情があるために，いざそのポジティブ感情が傷つけられたときに，その回復に向けた行動がとられるわけです。

誇りを感じている人は，非意識的に自分を大きく見せようとし，いすに座るときにも誇りを感じている人は空間をより大きく占有し，隣のいすの後ろにまで手をまわしたり，足を組んで前方の空間をより多く占めたりする姿勢がとられます。

このような表示は自信を示し，依頼相手を探索している人にとっては手がかりとなり，その（象徴的に）大きな人に庇護されることを願い，後ろからついていこうという追従動機が生じます。もちろん，空威張りの場合は，この賭けは失敗に終わってしまいますが，適切なリーダー的資質のある者と出会い，その援助や庇護を受けることができたならば，当面振りかかった困難な事態の打開確率を上昇させることができるでしょう。

逆にいえば，集団内での働きとして，困っている人の役に本当に立てなければ生死にも関わるでしょうから，偽の誇り表示や自己宣伝を行う者に対しては制裁が加えられることになり，このことが空威張りしているような人を嫌う感情となって現れるわけです。この

ような表示に対する反応は自動的な側面がありますから，単に背が高い，体が大きいというだけで，リーダー気質を認めたり，ターゲット人物の姿を見る視点が見上げる視点になっている場合の方が，正面や見下げる視点の場合よりも支配性やリーダー性，社会的地位を高く評価するような結果を引き起こします（Chiao, 2006）。

7　自己制御

自己制御とは

　自己の状態のポジティブさを保ったり，他者から受け入れられるように調節を行ったりするには，自己を認識し，位置づけるだけでなく，実際に行動面でそのように自己を制御し，律する必要があります。また，社会的場面に限らず，何らかの目標を人が設定している場合，その実現に向けて，行動を調整していく必要があります。試験勉強やダイエットなどでは，それ以外の行動をしたくなる欲求と葛藤が生じますが，そのような葛藤を乗り越えていかなければなりません。

　目標の達成にとっては妨害になってしまう対立する行動を「誘惑」と呼んでおきます。ダイエットを試みているときには，カロリーの高い食べ物を食べてしまうことが誘惑ですし，学習を行っているときに，テレビを見たくなったり，ゲームをしたくなったりするのが誘惑です。学習関連の刺激を提示すると，目標達成のため，自動的に誘惑関連刺激の認知が抑制され（目標保護とも呼びます；Shah et al., 2002），逆に誘惑関連刺激が登場しても自己制御に成功している人は，対抗的に目標関連刺激への敏感性をより高め，活性化を強めます。このようなプロセスを**対抗的自己統制**（counteractive self-control）と呼んでいます（Trope & Fishbach, 2000）。

Column ⑪ 目標プライミングと自動的自己制御

近年,目標追求行動は自動的に引き起こされることがわかっています。特定の動機づけや欲求に関連する情報が提示されると関連する動機が自動的に立ち上がり,行動の実現が促進されるのです。例えば,「看護師」という言葉が提示されることで,人を助けるという援助動機が活性化し,そうでない場合よりも,課題終了後に他の学生が作成したと説明されたコンピュータ・スキル課題の評価を依頼した際に,残って課題に取り組むという助力をより行ってくれました(Aarts et al., 2005)。また,実験室にかすかに洗剤の香りを発生させておくと,将来の行動計画として片づけや掃除行動が挙げられることが増え,また,テーブルの上のお菓子の食べ屑を片づける行動が促進されます(Holland et al., 2005)。ほかに,図書館の写真を示すと,声が小さくなることが示されていますが,この際,目標として図書館に行くことが予期されている条件において効果が見出されており,目標と関連する規範が自動的に活性化されやすいことを表しています(Aarts & Dijksterhuis, 2003)。

学習目標が有効に働いているときには,テレビを観る,ゲームをするなど,学習の妨げになる「誘惑」は抑制されます。学業に関する刺激をプライム,誘惑刺激をターゲットとした場合に,学業関連語をプライムとして提示した後では,誘惑関連ターゲット語に対する反応速度が遅くなり,活性化が抑制されている効果が見出されました(Fishbach et al., 2003)。目標追求行動がうまくとられている場合は,このようにコントロール自体が非意識的に働く状態になっていて,効果的に自己制御が自動化されているのです。

ただ,自己消耗したり,社会的排斥を受けたりすると自己制御が効かなくなるという一連の研究も注目されていて,自己のもつリソースが自己制御には必要であることが示されています(Baumeister et al., 1998, 2005)。そのため,自己制御の強度を高める訓練なども考えられていて,姿勢の改善,食事日誌をつけるなどの練習によって,自己消耗(自我枯渇)効果を減らすことができます(Baumeister et al., 2007;Baumeister & Alquist, 2009;Muraven et al., 1999)。自己制御の発達,改善は,現代社会においても私たちが取り組むべき,きわめて重要な課題として挙げられるものの1つでしょう。

制御焦点　　自己を制御して何らかの目標を達成しようという場合，2通りの進め方があります。1つは，達成したい目標に積極的に接近していくという方法で，もう1つは，避けたい結果を招かないように，回避するという方法です。前者は成功を求め，後者は失敗を避けるという行動につながります。**制御焦点理論**（regulatory focus theory）では，成し遂げたい理想を心に描いて，注意・関心を焦点づけ，その目標に接近していくという制御の仕方を**促進焦点**（promotion focus）と呼びます。それに対して，果たさなければならない義務の履行に失敗することを怖れ，失敗の痛みやそれに伴う罰・不快を回避することに焦点づけ，より慎重な振る舞いを行っていくのが**防止焦点**（prevention focus）です（Higgins, 1998）。

この制御焦点は，養育や成功・失敗への注意の向け方，賞罰への敏感性など，さまざまな認知・感情・行動の違いを生み出し，これも同じ人が状況によっていずれかに傾くという状態的な側面と，いずれかの傾向が個人差として強いという両側面を有しています。

危機やリスクを避けるためには防止焦点の態度が役立つでしょうし，新しいプロジェクトを生み出すなど発想を重視する場合，促進焦点は役立つでしょう。それぞれが適切に働く適応的な場面があるものと考えられます。

Summary

本章では，集団への適応という観点から主として自己の問題を取り上げました。自己に関わる社会心理学は広大な領域ですが，知見がばらばらにあるのではなく，そこには適応という目的があります。集団，周囲の人々という資源を用いて（互いに協同的に利用して），サバイバルを

図ります。不適切な振る舞いには罰が下ります。このような集団の人間関係を生きていくという目標のために，人は基準をもち，それを自分にあてはめるような自覚状態にあったり，他者と比較したり，承認を求めて自己を他者に呈示したりします。それらはすべて広くとらえれば，一種の自己制御を成し遂げる一連のプロセスであり，また制御の目標，焦点は，状況によって選択されます。そして，このような目標への到達や不到達，失敗のシグナルとして自己意識感情があり，恥，罪悪感や誇りによって，自己強化や自己処罰を与え，適切な方向へと行動を調整して動かしていく動機づけを用意します。

　自己過程というと，個人の側に注目の焦点があたっているように思えますが，実は自己を通して見えてくるのは，その後ろに広大な社会が広がっていて，そこで生きていくためのシステムがいかに人間の中に埋め込まれているかという事実だったのです。

Book Guide

安藤清志（1994）.『見せる自分／見せない自分——自己呈示の社会心理学』サイエンス社
☞ コンパクトで読みやすいセレクション社会心理学シリーズの第1巻。シリーズの中では厚手の方ですが，自己呈示研究を日本に導入した著者がその研究領域の全貌をわかりやすく詳細に描いています。

遠藤由美（編著）（2009）.『社会心理学——社会で生きる人のいとなみを探る』いちばんはじめに読む心理学の本2，ミネルヴァ書房
☞ 自己研究の中心の1人である著者が自己領域にも力を入れてまとめた社会心理学の入門書。わかりやすいながらも最新の自己研究や本章に関わりのある集団と自己の研究を随所において知ることができます。

押見輝男（1992）.『自分を見つめる自分——自己フォーカスの社会心理学』サイエンス社
☞ セレクション社会心理学シリーズの第2巻。自己注目研究を日本に導入した著者が，自覚，自意識にまつわる研究領域を読みやすくまとめています。

高田利武（2011）.『他者と比べる自分——社会的比較の心理学（新

版)』サイエンス社
☞ セレクション社会心理学シリーズ第3巻『他者と比べる自分』を新しい知見を加えて，新版として改訂したものです。読みやすいうえに文化差の問題なども取り上げて，興味深い専門的入門書としてつくられています。

有光興記・菊池章夫（編著）（2009）．『自己意識的感情の心理学』北大路書房
☞ 現在の自己意識感情の研究について広くさまざまなテーマが学習できるように編まれています。近年の動きや研究領域を知りたい方には，とても参考になる1冊です。

第 7 章 集団への適応と社会的認知

❶談笑する若者たち（© paylessimages-Fotolia.com）

Introduction

　社会的認知研究は 1970 年代後半から，心理学における認知革命の影響を受けて，情報処理的アプローチを対人認知や集団認知，自己，態度などの領域を中心に社会心理学に導入したことから始まりました。人，集団についての記憶や印象，判断，自己知識などが中心テーマでしたが，認知心理学との違いも徐々に見えてきました。認知心理学では，人の知的機能の解明によって，「人の賢さ」に焦点があてられましたが，一方，社会心理学での社会的認知研究は，研究を進めるほど，人の「エラー」に焦点づけられ，対人間の現象や社会的判断において，人がいかにエラーするかを示してきました。そしてそのエラーは，体系的に自尊心を維持・高揚するためであったり，動機づけが働いていたりすることがわかってきました。社会的世界という曖昧な世界を生きていくのに，必ずしも正確に認知することだけが大切なわけではなく，気持ちよく生きていき，サバイバルできることが 1 つの究極的な目標であり，それを阻害しない限りは，有能感，コントロール感をもって現実世界を生きていくたくましさを支え，援護するシステムであればよいわけです。人の認知システムは計算そのものを行うためにあるのではなく，生きるために備わっているからです。本章では，集団への適応という観点から社会的認知研究を概観します。

1 ポジティブ感情と適応

　ポジティブ気分のときには，おおざっぱなヒューリスティック処理がなされ，ネガティブ気分のときにはシステマティックな処理が駆動しやすいことを第2章で述べました。普段の私たちは，適応につながる健康を維持するために，心理的にもポジティブな状態を維持・達成しようとする傾向があります。ポジティブ気分時には，集中や細かい分析とは逆の拡散的な思考や，常識にとらわれない独創性が発揮されやすくなります。これらは進化的適応環境で，新たな適応技術を開発したり，よい狩り場，採集場所を見出したりすることに役立ち，いくらか冒険的・挑戦的でないと発展が得られにくく，集団にとっても経済的にじり貧に陥ってくる（餌の減少など）行き詰まりを乗り越えて，問題解決していくのに有用な1つの対処方略であるといえます。

　目の前にすぐ対処しなければならない問題が生じていれば，そこに注意を集中して，詳細に情報処理する収斂（しゅうれん）的思考が役立ちますが，問題がなく余裕があるときには，遊び的要素を含めて外界の探索に乗り出す好奇心を発揮することも適応に役立つわけです。

　また，ポジティブ感情は，自己制御を行うにあたって，そのリソースとして役立つことが論じられていますし（Tice et al., 2007），強いネガティブ情動は人の免疫力を弱め，病気へのかかりやすさと関係してきます。したがって，ポジティブ感情は，その人の健康度，状態のよさの指標を果たしている側面もあるといえるでしょう。

　第6章で見たように，自尊心の低下が集団から排斥されている危険シグナルを表しているとすれば，逆に自尊心の高さは集団適応

状況の良好さの指標ともなります。自尊心の高さはポジティブ感情特性と相関があり，ポジティブ気分と自尊心の高さが揃っている状態である方が人は心理的に健康な状態でいられることを示しています。

心理的に健康であることのシグナルは，配偶者選択上も影響してきますので，ポジティブな感情特性を有する自尊心が健全である者の方が相対的に子孫を多く残し，繁殖していくことになります。感情特性を測定すると平均値は中点よりもポジティブの方に寄っていますし，さまざまな判断や評定も基本的に平均値はポジティブ寄りの傾向があります。これは，物事をポジティブに考え，ポジティブな心理状態でいた方が有利である事情を反映しているといっていいでしょう。

2　ポジティブな認知のバイアス

ポジティブな状態を維持するために，人の認知はさまざまな偏りを示しています。S. E. テイラーは，**ポジティブ・イリュージョン**（positive illusion）と呼ばれる現象を取り上げ，人は自分に起こる出来事では基本的にポジティブな事象は人より多く，ネガティブな事象は人よりは少なく生じるものと素朴に考えていることを示しました（Taylor, 1989）。例えば，事故にあう，災害にあう，致命的な病気にかかるなどのようなことは自分にはまずめったに起こらないものと考えてしまいます。そのかわり，幸福な人生を歩むとか友達に恵まれるなどのポジティブな出来事は自分にはきっと生じるものと考えてしまいます。

また，**平均以上効果**（better-than-average effect）という現象があり，

自分の能力や遂行は，平均的な人よりも優れていると認知する傾向が指摘されています（Alicke, 1985；Dunning et al., 1989）。また，自分自身の考えは一般的なものであると，他者との合意を高めに見積もってしまう**合意性の過大視**（false consensus）という現象も知られています（Gilovich et al., 1983）。

このような，ポジティブ・イリュージョンなど自分の自尊心を高める方向づけをもつ動機を**自己高揚動機**（self-enhancement motive）と呼びます。人は自己高揚動機によって，いわば幻想的な幸せ状態にひたっているともいえます。社会的比較において，人は不利な比較を避けようと動機づけられていることは第6章で見ました。自分より遂行が優れる他者と距離を置くようになったり（Pleban & Tesser, 1981），どうしても身近な他者が自分より遂行が優れている場合に，その領域自体の重要性を低めて認知してしまったりするようなこともあります。また，自尊心が低下しそうなときに，自分より不幸な他者と比較することで自尊心を維持する下方比較という現象も知られています（Wills, 1981）。下方比較は乳がん患者などストレスフルな状況に遭遇した場合に，苦しみを軽減するプロセスとして働くこともあります（Wood et al., 1985）。

3 他者の行動をめぐる推測

原因帰属

何か出来事が起こった際にその原因を推論するプロセスを，**帰属過程**（attributional process）と呼びます。成功・失敗の**原因帰属**（causal attribution）については，ワイナーの図式がよく知られています（**表7-1**；Weiner, 1979）。

表7-1 成功・失敗の原因帰属

統制可能性	内的		外的	
	安定	不安定	安定	不安定
統制不可能	能力	気分・体調	課題の困難度	運
統制可能	継続的努力	一時的努力	他者からの継続的援助	他者からの一時的援助

(出典) Weiner, 1979.

　帰属の要素には3つあります。内的－外的の次元は，その事態を統制する主体が自分の側にあるか，他者や運命などの自分以外のところにあるかを示すものです。安定－不安定の次元は，その要素が変化しにくいものであるか，短期的にも変化しうるものであるかを示しています。**統制可能性**（controllability）の次元は，1つ目で挙げた統制の主体にとって（内的でも外的でも），その事象が統制可能であるかどうかを示すものになっています。したがって，外的で統制可能というのは，自分には統制できないことかもしれませんが，もし他者がそれを担っていれば（恣意的な合格判定を行う，他者の援助によってはじめて達成が可能になるなど），その他者にとって統制可能であることを示しています。運は，自己にとっても他者にとっても統制不可能なものと分類されています。課題の困難度は，例えば司法試験のような例を考えれば，特定の他者の統制可能なものとはなっておらず，一般に難しい，合格が困難なものという性質が認められるでしょう。このような課題の困難度という外的で安定的，統制不可能なものによる失敗（不合格）は，仕方のないものと考えられがちです。どのような帰属因によって成功・失敗したかで生じてくる感情も異なってくることが知られています。

3　他者の行動をめぐる推測

したがって，ここにおいても本人をあまり落胆させるような抑鬱に陥る原因帰属の仕方は避けなければいけないということになります。帰属の仕方に自己中心バイアス（セルフ・サービング・バイアス）が見られることが指摘されています（ただし疑問点については，Miller & Ross, 1975 参照）。それは，成功は内的・安定的な次元に帰属され，自分の能力が高かった，よく努力したからだというように考えられるのに対して，失敗は，外的で不安定な次元に帰属されるといいます。失敗は自分のせいではない，運が悪かったという具合です。内的に帰属される場合でも，統制不可能な，体調が悪かったなどの一時的なやむをえない原因に帰属しようとします。このように帰属を行うことよって，成功の喜びは増大しますし，失敗した場合もあまり自分を責めることなく，傷つかずにすみます。

他者の行動の予測

　集団を営む人間にとって，外的環境として重要な要素は他者たちです。相互交渉する他者の行動を理解し，今後どうなるか展開を予測したり，また，次にその人と相互作用する機会にどういうスタンスで考えればよいか知識を蓄積したりしておくことは役立ちます。そのため，私たちは，他者が何らかの行動をとったとき，その原因について推測します。ここでも原因の帰属が重要なプロセスとなります。他者の行動の原因は，大別して状況という外的な要素によるものか，その人自身の性質という内的な原因からもたらされるのかのいずれかになります。しかしながら，他者の置かれている状況は，その人自身でないとわかりにくく，状況によって大きく行動が変化することは予測の難しい事態となります。自分の予測的な有能感を保持し，世界が予測可能であるとの安心感と効能感をポジティブに抱いておくためには，通常の行動は，行為者自身の内的な原因によるものと簡単に考えておいた方が当座の間，心理的安寧を増すことになるでしょう。そう

図7-1 帰属の3段階モデル

行動の同定 → 自動的な属性推論 → 状況要因の勘案

(出典) Gilbert, 1995.

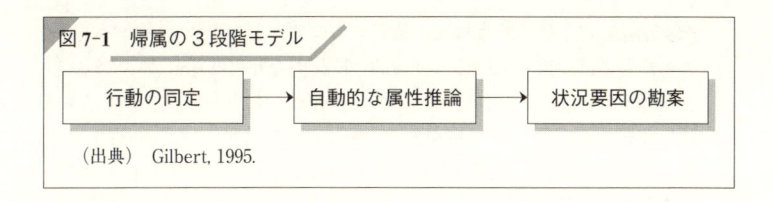

すれば，同じ人に遭遇する場面では，以前と同一の行動が予測されることになり，記憶を呼び起こせばよいだけになりますから，対処や判断が簡単なものになります。

ポジティブ感情は，致命的なエラーに結びつかない状況で維持されますから，これによって少々エラーが生じても，推測者本人はさして困ることはないといえます（ただし，帰属の対象となった相手は被害を被っているかもしれません。この問題については，本章の最後に取り上げます）。このように，ある行動に対して，その原因をその行為者の内的原因に求めがちである現象を**対応バイアス**（correspondence bias；基本的帰属エラーとも呼びます）といいます。行動がその行為者の性質と高く対応していると認知してしまうという意味です。しかし，もっと危機的な不安が生じる状況では，帰属もシステマティックに慎重に行われますから，このようなエラーは減ります。ギルバートは，対応バイアスの発生を強調するような**3段階モデル**を提示しています（Gilbert, 1995；図7-1）。このモデルでは，まず，行動の原因は自動的に行為者の属性にあると推論され，認知資源があり，さらなる熟慮が可能な場合に第3段階の状況要因の勘案に到達するといった考え方です。時間がない場合や認知資源にゆとりがない場合は，対応バイアスが生じる第2段階で事態の理解は止まってしまいます。

裏切り者検知（*Column* ⑫）とも関連しますが，誠実でない行いを

Column ⑫ 裏切り者検知の認知メカニズム

　私たち人間の協力行動は，直接的・間接的な互恵関係（親切に報い合うこと）によって特徴づけられます（直接的な互恵関係については第5章，間接互恵性については第6章 Column ⑨を参照）。進化心理学者のコスミデスは，社会的交換が私たち人間にとっての重要な適応課題であることから，私たちには社会的交換に役に立つ認知メカニズムが備わっているのではないかと考えました（Cosmides, 1989）。具体的には，私たちには裏切り者（社会的交換から利益を受け取るだけで，自分は何のコストも支払おうとしない者）を見つける能力があるのではないかと考えました。そして，それをウェイソンの4枚カード問題という，従来，抽象的な推論能力を調べるために用いられてきた課題を利用して検証しました。

　ウェイソンの4枚カード問題とは，図 Column ⑫ のような課題です。答えを見る前に，自分なりの答えを考えてみてください。

> **図 Column ⑫　ウェイソンの4枚カード問題**
>
> 　あなたは認知心理学の実験に参加しています。実験者によれば，以下の4枚のカードは片面にアルファベット，反対の面に数字が書かれています。あなたは「カードの片面に母音（A, I, U, E, O）が書かれていれば，反対側には奇数が書かれている」という規則が守られているかどうかを調べなければなりません。この規則が守られているかどうかを調べるためにぜひともめくってみなければならないカードを選んでください。
>
> ```
> [ E ]   [ K ]   [ 7 ]   [ 4 ]
> ```

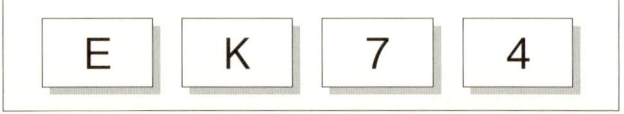

　いかがでしょうか。多くの人は左端のEのカードと左から3番目の7のカードを選んだのではないでしょうか。これはウェイソンの4枚カード問題で典型的に見られる誤答です。正解はEと4です。規則は「母音ならば奇数」ですから，母音であるEの裏に奇数が記載されているかはぜひ確かめなければなりません。その一方，この規則は奇数の裏は母音とは言っていません。むしろ，偶数4の裏に母音があると，「母音

ならば奇数」という規則が満たされないことになりますから，4の裏はぜひ調べてみる必要があります。ところが，多くの人は上記のような誤答をしがちです。

　コスミデスは，このウェイソンの4枚カード問題に社会契約のルール違反者（裏切り者）を探すというシナリオをつけてやると，多くの人が正解できるようになることを示しました。社会契約のルールとは，「利益を得るのであれば，コストを支払わなければならない」というものです。例えば，「おやつを食べるなら，お手伝いをしなければならない」というルールは，先ほどの抽象的な問題と同じ論理構造（規則が「PならばQ」で，正解はPとnot-Q）をもっています。4人の子どもがいて，それぞれについて「食べた」「食べない」「お手伝いをした」「お手伝いをしていない」という情報があれば，ほとんどの人はルール違反を見つけるために「食べた」子どもと「お手伝いをしていない（not-お手伝いをした）」子どもを調べてみるでしょう。

　コスミデスは，私たちには裏切り者を検知するために特化した認知メカニズムがあるから，抽象的な表現では解けない問題が社会契約という文脈で提示されると簡単に解けるようになると考えています。これに対して，社会契約のルールは日常的になじみがあるルールだから解けるのだという反論をしたくなるかもしれません（Cheng & Holyoak, 1989）。これに対して，コスミデスの研究グループは，どんなに見慣れないルールでも社会契約という文脈で説明すれば問題解決を導くこと，特定の脳損傷で社会契約の問題だけ解けなくなる事例があることなど，裏切り者検知のための認知メカニズムがあるという議論を支持する多くの"状況証拠"を積み重ねてきています（Cosmides & Tooby, 2005）。

以前にした人に対しては，警戒的に考えて，たとえ過剰であっても二度と相互交渉しないという安全な振る舞いをとっておいた方が確実に損失を免れることができます。相互交渉の相手がたくさんいるようでしたら，コスト／パフォーマンスの面からもその人が実は前はたまたま何らかの状況のせいで，こちらに誠実でない振る舞いを行い，元来は悪い人ではないのだと認知資源を投資して考えるのは

3　他者の行動をめぐる推測

コスト高な対処といえます。このような原因を考えるプロセスは，よくないことが起こったときに促進されますから，たいていその人に対するネガティブな帰属という結果を生みます。人にとってきわめて重要なのは相互作用するのに信用に足る人であるかどうか，そのような協調性・調和性の特性次元です。そして，誠実性や正直さという特性は，一度それを破った人は正直と見なされなくなり，「正直な場面の方が多く，一度しか嘘をついていないではないか」と主張されても，一度でも明らかに嘘をつけば，その人の誠実さは疑われるものとなります。このようにネガティブな行動の結果の重みづけが高く見積もられる特性次元がいくつかあり，この現象は**ネガティビティ・バイアス**と呼ばれています。

　違反や逸脱，犯罪は一度行えば十分触法状態として問題にされえますし，万引きした人が他のときにはいつも店のものを盗らないでちゃんと購入していましたというのは，まったく言い訳になりません（もっとも実際には初犯の場合は寛容に対処され，再犯すると一気に厳しくなるという応対がよく見られます）。しかし，他者理解を一段深く進めていくと，悪い行いであっても，それが状況要因によることが多いと考えられれば，状況が好転・改善した場合に交渉や取引を再開したりして，人間関係を終わらせないような対処をとりうるでしょう。

> 意図の推論，行動の説明

心理学では，私たちが学校で習い覚えなくても，世の中の仕組みについてある程度理解していることを，「素朴理論をもっている」と表現します。例えば，学校で物理学を習わなくても私たちはだいたいねらった場所にボールを投げることができますし，学校に入る前の子どもであっても生物と非生物が違うカテゴリーに入ることを理解しています。これらは，私たちが素朴物理学，素朴生物学をもっているおかげです。

同じように，私たちは大学で心理学を習わなくても"他者には私たちと同じように信念，願望，意図などがあり，他者の行動はそのような心理的な要因によって決まる"という素朴心理学をもっています。このような素朴心理学のことを**心の理論**（theory of mind）ともいいます（子安, 2000）。

心の理論には他者の信念，願望，意図などの理解が含まれますが，社会心理学者のマレは特に意図の推論に注目しています（Malle, 2004a, 2004b）。**意図の読み取り**のできることが大切なのは，他者の行為によって，あるネガティブな結果がもたらされた場合，そのような事態が二度三度と起こるのかどうかの判断材料になるからです。意図はなく，偶然にその事態が生じたのであれば，その失敗や被害は常に予測されるわけではありません。しかし，他者が意図的にその行為を行ったとすれば，それはその人の内的原因に帰属されるわけで，まして悪意に基づいて行動しているならば，それを今後回避するために対処が必要です。経常的に集団成員に被害を与えているようであれば，制裁が必要となるでしょうし，場合によっては集団から放逐するということになります。

マレは，まずある行動が意図的になされたかどうかについて，多くの人に共有される直観的理解があることを確認しました。このことは，誰かの行動を観察したときに，私たちにはすぐにそれが意図的になされたかどうかの判断ができる（あるいは情報が少なすぎて意図性の推論ができないという判断ができる）ことを意味します。そして，観察した行動が意図的なものだと考えられる場合とそうでない場合とでは，観察した行動の説明の仕方もまったく違ったものになることを明らかにしました。

マレは，機械的因果関係と意図的因果関係という2種類の説明対象を分けて考えています。非意図的な行動を説明する場合には，機

械的因果関係の推論がなされますが、これを**原因説明**（cause explanation）といいます。それに対して、意図的な行動に対しては、その理由（reason）について考慮した説明（reason explanation；**理由説明**）がなされます。日本語にすると原因と理由の違いはわかりにくくなりますが、英語では cause という言葉は動詞として「……を引き起こす」という意味で使われるのに対して、reason は動詞として「考える、推論する」という意味で使われます。このため、理由説明とは、行為者が何を考えてそのように行動したのかについての説明ということになり、必然的に行為者の心的状態が考慮されたものになります。

マレによれば、行為者の意図（あるいは意図する目的）は"信念""願望"、および好き／嫌いなどの"価値づけ"といった心的状態に基づき形成されます。これらの心的状態に直接的または間接的に言及する説明が理由説明です。例えば、「ミルクを購入した」という意図的な行動の理由としては、「ケーキをつくりたいから」といったものが考えられるわけです。このように、理由説明というのは、行動が目的達成のために役に立つという意味で、行動の合理性を暗に仮定しています。それに対して、原因説明では結果と原因の関係は機械的なものになります。例えば、「彼が絶望したのは、恋人にふられたからだ」という説明では、絶望することの目的があるわけではありません。ですから、この説明は、ふられるという原因があると理由(わけ)もなく悲しくなるといっているのと同じです。

ただし、意図的な行動のすべてが理由によって説明されるわけではありません。マレは意図的な行動に対して理由説明以外に2種類の説明の仕方があると考えました。それぞれ**理由の因果的経緯説明**（causal history of reasons explanation）、**実現要因説明**（enabling factors explanation）と呼ばれています。これら2つの説明について理解す

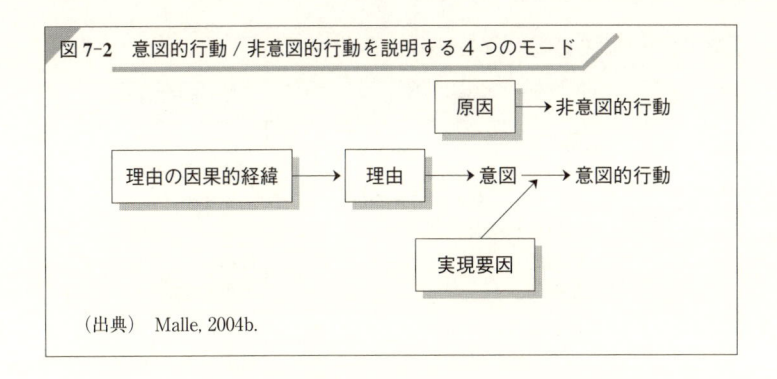

図 7-2 意図的行動 / 非意図的行動を説明する 4 つのモード

```
                                    原因 ──→ 非意図的行動
理由の因果的経緯 ──→ 理由 ──→ 意図 ──→ 意図的行動
                                          ↑
                                        実現要因
```

(出典) Malle, 2004b.

るために、私たちの素朴な意図的行動の理解を図 7-2 に示しています。「ケーキをつくりたい」などの理由は、そのために「ミルクを購入しよう」等の行動の意図をつくり出し、それが意図的行動(「ミルクを購入した」)につながると考えられます。では、理由はどこからくるかというと、理由を形成するためのさまざまな背景要因(=理由の因果的経緯)によります。

理由の因果的経緯説明の例としては、行為者が置かれた状況に言及する説明(「日本のサラリーマンが仕事熱心なのは、日本文化が彼らにそうさせるのだ」)、生育環境に言及する説明(「彼がドラッグを使ったのは、彼がドラッグを使う両親のもとで育ったからだ」)、行為者の性格や態度に言及する説明(「彼女が徹夜で仕事を仕上げたのは、彼女が仕事熱心だからだ」)などが挙げられます。これらはかなり異なった種類の説明に見えますが、いずれも理由説明に含まれる心的状態(信念、願望、価値づけ)を含みません。しかし、「(文化のために)熱心に働かないとクビになると思う」「(親が使っていたので)ドラッグは格好よいと思った」「(仕事熱心だから)仕事をほうっておくのが嫌だった」というように、私たちはそこから行動の目的と関連づけられる

表 7-2 意図的行動に対する説明モード決定の条件

	条件	説明モード
認知的	疑問のタイプ 　何のために，なぜ 　どうやってそれができるか 利用可能な情報 　特定的 　全般的	 理由，因果的経緯 実現要因 理由 因果的経緯
動機的	印象管理 　明らかな関係性 　恥を最小限にする 　道徳的評価を最小限にする 聴衆の影響 　聴衆がなぜ 　聴衆がどうやってそれができるか 会話の公理	 理由 因果的経緯 実現要因 理由，因果的経緯 実現要因 因果的経緯

(出典) Malle, 2004b.

理由を容易に推測することができます。

　意図的な行動の中には，意図するのは簡単だが実現するのは難しいというものもあります。このような実現困難な行動を説明する場合には，意図の理由やその因果的経緯よりも実現要因の方が説明として適切になります。この場合，質問の形式もなぜそんなことができたのかというものになりがちです。例えば，「なぜ彼女は徹夜で仕事を仕上げることができたのか」という質問に，「だって彼女は大量のコーヒーを飲んだから」と答えるなら，実現要因による説明をしたことになります。実現要因の説明をするときには，彼女にとって徹夜は難しいが，仕事を仕上げるという行動の理由（意図）があるのは当然であると説明する側も聞く側も了解していなければな

りません。ここまでの議論をまとめて、どのような場合に、それぞれの説明がなされるのかが表7-2に示してあります。

4 ステレオタイプと集団間関係

人とカテゴリー　認知的に効率的に日常の社会的生活を行うには、周囲の人や世界について簡単な理解のひな型、原型があると助かります。すべてをゼロから考えるのは負担であり、消耗を招くかもしれません。人はそもそも外界の事物などを理解するのに**カテゴリー**を利用しており、家具、文房具、動物といった広いカテゴリーから、より細かい、机、いす、シャーペン、ネコ、ペンギンといった基礎カテゴリーまで、さまざまなカテゴリーを盛んに用います。人はこれを他者にも適用し、警察官、郵便局員、銀行員、カーディーラー、化粧品販売員などの職業カテゴリーや、おじいさん、おばさんなど年齢・性別を一括したカテゴリー、中国人、白人など民族・人種カテゴリー、太っている人、はげおやじ、コギャルなど外見を絡めたカテゴリー、オタク、熱血、体育会系など嗜好性やライフスタイル、価値観、性格に及ぶようなカテゴリーなどを使用します。

　フィスクらは、人が他者を認知する際、カテゴリー認知を優先する情報処理の仕方を連続体モデルとして、第1章の図1-4のように示しています(Fiske & Neuberg, 1990)。その人について得られる情報がカテゴリーにうまくあてはまらないとき、個別情報を積み上げる断片的統合と呼ばれる印象の形成の仕方をとるということです。人の形成する印象は、すっかりカテゴリーに基づくものから、個別情報を取り入れるものまで、その程度がさまざまであり、1つの連

続体をなしていると考えたのです。ブリューワーは，印象形成の最初の時点で個人として見るべき相手にカテゴリー・プロセスは働かないとして別に**個人化**（personalization）という対処を設定しています（Brewer, 1988）。また，集団としてカテゴリーを用いた場合，その所属に基づく人々と共同化することに伴って得られる同化欲求と他と異なる独自的存在でありたいという差異化欲求のバランスのもとに，集団の特徴や集団間の違いを最適化するようなバランスを目指すという**最適弁別性理論**（optimal distinctiveness theory）を提示しています（Brewer, 1991）。

社会的アイデンティティ理論

自尊心を高く維持するためには，その方略として集団を用いる方法も考えられます。自身が属している集団を**内集団**（ingroup）と呼び，自身が属さない他の集団を**外集団**（outgroup）と呼びます。内集団が価値あるよいものであれば，おのずとそれに含まれる自分自身も価値あるよい存在ということになります。そのため，人は集団自尊心を維持するように，内集団あるいはそのメンバー（内集団成員）を好意的に認知する傾向があります。タジフェルらは，**社会的アイデンティティ理論**（social identity theory）の基礎となる，人が内集団をひいきするこの現象（**内集団ひいき**；ingroup favoritism）を巧みな実験によって示しました（Tajfel et al., 1971）。実験参加者は作業を行った後，報酬をどのように分配するか**図7-3**のような選択肢に基づいて決めました。結果的に実験参加者は，内集団に有利なように分配を行いました。図の(a)では，右に行くほど，内集団の利益も大きくなりますし，外集団との差が広がります。内集団ひいきの強い人はより右の選択肢を選ぶでしょう。ところが，図の(b)では，利益の最大化と内外集団の相対的な有利さが葛藤します。左の方では，外集団よりも内集団の利益が相対的に多いですが，得ら

図7-3 内集団ひいき測定のための分配マトリクス

(a)

外集団	7	8	9	10	11	12	13	14	15	16	17	18	19
内集団	1	3	5	7	9	11	13	15	17	19	21	23	25

(b)

内集団	7	8	9	10	11	12	13	14	15	16	17	18	19
外集団	1	3	5	7	9	11	13	15	17	19	21	23	25

(出典) Tajfel et al., 1971.

れる利益の絶対量は小さなものとなります。右に行くと利益の絶対量は増加しますが、外集団の利益の方が相対的に増えてしまいます。この図の(b)のマトリクスでは、内集団ひいきの強い人は、利益の絶対量を減らしてでも外集団との差をつけようとしますので、より左の選択肢を選ぶことになります。図の(a)の選択肢の位置から、図の(b)の選択肢の位置を引き算すると、その実験参加者の内集団ひいきの強さの程度が得られると考えられました。通常、この内集団ひいき得点はプラスの値として現れます。

このような実験での集団は、重大な価値観に基づいて分けられているということはほとんどなく、絵の好みや、知覚課題の回答傾向に基づくように実演・説明されており、実際にはランダムに2群に分けられていました（最小条件集団パラダイム〔minimal group paradigm〕という）。このように、実験の場だけで出会った他者と簡便に分けられた2集団であってさえも、内集団に有利なように計らうということは深刻なことです。もともと対立の原因があり、利害が不一致な集団間においては、利益や分配をめぐる争いが不可避的に生じやすいことをこの実験は示しているといえるでしょう。

ただ、集団間の関係では、内集団を好意的に処遇するということ

がより基本であり、外集団を嫌う、貶（おとし）めるなど**外集団蔑視**（outgroup derogation）を必ずしも伴うものではないといわれます。限られた資源の獲得など内集団ひいきが、必然的に外集団の利益侵害・剝奪を伴うような関係性があった場合に、互いに外集団に敵意を感じるようになっていくわけです。

ステレオタイプ内容モデルとシステム正当化理論

フィスクらは、集団のイメージを温かさの次元と能力の次元の2次元でとらえる**ステレオタイプ内容モデル**（stereotype content model）を提示しましたが、その類型に伴って当該集団に感じやすい情動を仮定しています（Fiske et al., 2002；Glick & Fiske, 2001；図 **7-4**）。さらに、スミスは、集団間の関係性（上下関係など）によって感じられる情動が異なることを指摘しています。例えば、妬みは、下位集団から上位集団に向けられやすい集団間情動です（Smith, 1993）。

図 **7-4** を見ると、特定の集団によい印象がもたれがちであることが示されています。これが内集団でなかったならばどうなるでしょうか。自分の属する内集団を好意的に見るというのと矛盾が生じます。この点について、ジョストらは、人は社会の中にすでにあるシステムを受け入れ、いわば保守的にその維持を図ってしまいがちであることを指摘しました（Jost & Banaji, 1994）。これを**システム正当化理論**（system justification theory）と呼びます。システム正当化理論に基づけば、社会の中で有利な位置にあるのが外集団であって、内集団はそれよりも低い位置を与えられ、差別を受けている場合（例えば、アメリカ社会において、白人に対してのアフリカ系）において、内集団を低く評価したり、必ずしも好意的に見ずに、外集団に憧れたりする場合があることを指摘します。内集団は自身の自尊心を高める役割を果たさないので、距離をおいて考えたり、内集団から離

図7-4 ステレオタイプ内容モデルと集団間情動

	関係	
	競争	協力
	冷たい	温かい
地位高・能力高 [情動]	ユダヤ人,キャリア女性 [妬み,敵意]	白人・中産階級 [賞賛]
地位低・能力低 [情動]	ホームレス,犯罪者 [軽蔑,排斥]	障害者,主婦,高齢者 [憐憫,哀れみ,養護]

(出典) Glick & Fiske, 2001 より筆者が作成。

脱することを目標としたりするケースも生じてきます。むしろ,いま生きている世界のシステムが崩壊することの方が日常的な脅威となるので,根源的な安寧感を維持するために,現システムを正当化することを優先してしまうわけです。

<u>存在脅威管理理論</u>　このような認知のダイナミックスをより明確に示すことで,さまざまな知見の発展に寄与した理論に,グリーンバーグらの**存在脅威管理理論**(terror management theory ; TMT)があります(Greenberg et al., 1986 ; Solomon et al., 1991)。認知能力が向上してしまった人間たちは,自身が生物として必ずいつか死ぬことも自覚・意識してしまいました。自身が死んで消えてしまうのは恐怖です。これが存在脅威といわれる意識・感覚であり,この恐怖を避けるために,古来人々は宗教に頼るなど,さまざまな工夫を試みてきました。ある種の宗教を信じるのは,信念のレベルで,自己の永遠性の感覚を得るために役立ちますし,それ以外にも,作品など自己の永続性を保つようなものを後に残すといった工夫,また,子孫へと生命の糸をつないでいくという感覚,さらにこれを広げれば自身が属している文化・社会が永続し

Column ⑬ 解釈レベル理論

　私たち人間は眼前の刺激・現状から離れて未来のことを想像したり，遠く離れた友人のことを考えたりすることができます。未来は現在と時間的に距離のある事態，遠く離れた人のことは，空間的に距離のある事態です。また，対人的・社会的な距離を考えると，いわゆる「距離の近い」親しい人と，「距離の遠い」親しくない人を想定することができます。また，現実を基準として考えると，こうでなかったらこうなっていたかもしれないという仮想性を取り上げることもできます。

　トロープとリバーマンは，**解釈レベル理論**（construal level theory；CLT）を提唱し，時間的距離，空間的距離，社会的距離，仮想性の4種類を一括して，心理的距離（psychological distance）という概念枠組みでとらえる考え方を示しました（Trope & Liberman, 2010）。そして，心理的距離が遠い場合には，その事象をより抽象的に解釈し，心理的距離が近い場合には，より具体的に解釈するとの仮説を立てました。この具体−抽象が解釈のレベルを表し，抽象的であるほど解釈レベルが高いと表現します。目前に迫った試験への対処の仕方は，「明日，図書館へ行ってあの関連文献を読もう」などと具体的なレベルで表象されますが，2年後に提出する修士論文というだけでは，まだ抽象的なイメージしか抱けないかもしれません。抽象レベルが高い表象内では，課題の大きな目標などがイメージされているのに対し，抽象レベルの低い表象内では，具体的な手順や実行プロセスのより詳細なイメージが立ち上がっています。人は計画的な行動スケジュールを立てて，それを実際に実行するのにしばしば失敗をしてしまいますが（Buehler et al., 2002），未来のことを具体的にイメージしなければ，さまざまにある妨害事態や他の課題や用件とのバッティングなど手順実行上の問題を十分勘案することができません。記述の抽象度は，フィードラーらが提出した言語カテゴリー・モデルによって，安定的な特性を表す抽象度の高い表現から，具体的行動レベルに至る抽象度の低い表現まで4段階を想定することができます（Semin & Fiedler, 1988）。

　遠く離れた事態や未来の事態について，記述を整理すると，仮説通り，心理的距離が近い場合に比べて，用いられる表現の抽象レベルが高いことが示されました。このような抽象レベルの違いがさらに翻って，行動の計画や行動の制御に影響するであろうことは容易に想像できますが

(Fujita et al., 2010)。心理的距離，解釈レベル，行動の3者の関係から見えるであろうこととしては，序章の冒頭に取り上げている援助行動の例にも見られるように，心理的距離の近い，差し迫った事態に対して，私たちはより強い反応を生じるように進化的に備えられてきているため，具体的な援助行動や利他行動は眼前の距離の近いケースに対して発動されやすいものであるという現実でしょう。翻れば，より具体的な行動に人を駆り立てる必要に迫られる場合では，いかにその事態を人々に心理的距離の近い事態として受け取ることができるように表現して伝えていくかということが問題になるのではないでしょうか。そして，その一方で状況にのめり込んでいる場合，具体的な諸点しか目に入らなくなり，そもそもの大きな目標や達成されるべき成果など抽象レベルの高い大切な部分を忘れて，ささいな争いや対立が生じてしまうケースも見られるでしょう。一方にはまると一方がおざなりになるということをわきまえて，ときにそれを想起し，みずからの行動をチェックできると，よりよい行動選択や自己制御に役立てられるかもしれません。

―――――――――――――――――――――

ていくという信念をもつことによって，自分1人が死ぬという脅威となる事態の意味づけを変化させて，脅威を緩和するということが可能となります。したがって，存在脅威を感じる事態が生じる際に，文化的世界観を維持する方略をとる場合には，自身の属する文化的規範に依存する姿勢が高まるといった反応が見られることになります。

　例えば，グリーンバーグら（Greenberg et al., 1990）の実験では，態度の類似した他者とそうでない他者とに対する好意性の評定を得ていますが，死すべき存在であることの脅威を活性化した群（MS〔mortality salience〕処理と呼びます；脇本，2005参照）では，活性化しなかった統制群よりもより態度の類似しない者を好まないという結果を得ています。とりわけ，保守的な人にとっては，MS処理を行うとより類似する人を好み，類似しない人を好まない態度が強めら

れます (Greenberg et al., 1991)。自身の属する文化に対する同化への存在脅威の影響をより明確に示すものとして，MS処理群において，自身の属する文化を賞賛するエッセイをより好意的に，批判的なエッセイをより非好意的に評定する結果も示されています (Greenberg et al., 1994)。また，通常差別的と評価される白人至上主義的なエッセイに対して，MS処理群では，通常よりも筆者を否定的に評価しなくなるなど，外集団蔑視が強められる傾向を示します (Greenberg et al., 2001)。

このように，人はポジティブでいようと思っていても，さまざまなネガティブ情動に襲われる危険を有していて，人はさらにそれらのネガティブな事態に立ち向かい，対処する方策を身につけてきています。その結果として，世界に対する見方，世界観，信念といったレベルにおいても対処がとられ，個人の側のこのような認知や欲求によって，社会の規範が支えられ，また伝統的文化が維持されるといったダイナミックスも生じているのだということがわかるでしょう。

終わりに

ここまで，ポジティブな感情を維持するため，自己高揚，自尊心維持という観点から自己に有利な，また，「世界が予測可能で対処可能な状態である」「自分が有効に事態に対処できる」といった信念につながっていくような議論として各種のバイアスを描いてきました。しかし，エラーはエラーですから，常に適応的とはいえません。いわば，ここでは，心理的健康の維持と危険の回避という目的が対立しています。あたかも促進焦点と防止焦点のせめぎ合いといった様相を呈しています。結果として得られる好ましい状態に焦点づけるのか，間違いから招きかねない

危険の防止に焦点づけるのかです。自尊心の維持 vs. 世界への警戒戦略という対立構図でもとらえられるでしょう。そもそも，遺伝的にプログラミングされているものは必ずしも整合的に一方向を向いているわけではなく，そういった意味で遺伝子の仕組まれている方向を素直に承認しようという進化倫理学などの素朴な考えもすぐ破綻に瀕してしまうような考え方でしょう。人が有するさまざまな適応対処方略は，それぞれがめいめい進化してきていますから，複数の対処方略をもっていて，それらがぶつかり合うことが普通に起こるわけです。

配偶者選択の戦略でもたくさん子孫を残そうと繁殖を多くするような浮気戦略は，集団内で評判・信用を落とし，結局つき合ってくれる異性を減じてしまうというように，信頼獲得の戦略と真っ向から対立してしまいます。サバイバルを目指した（短期的）自己利益と，集団内で評判を保ち信頼に基づく互恵性を享受する戦略とは対立が生じます。このことが実際の社会の中で社会的ジレンマが生じる1つの仕組みとなっているわけです。

他者認知のエラーが多くなると，他者の行動の意味を読み間違えたり，意図を読み間違えたりして，後の予測にも狂いが生じかねません。自己に有利な事態の解釈という歪みを生じていると，実際必要なときに正確な認知を得ることを阻害しかねないわけです。

その点を調整しているのが，認知者の気分状態といえます。事態が重大で誤りが危険を招きかねないとき，ネガティブ気分が背景となり，より慎重なエラーの少ない理解戦略をとるように認知者を導きます。ポジティブ気分は安全時の感情ですから少々のエラーはかまわず，冒険的に考えてみることも役立ちますし，失敗しても以降に参考になるデータを得ることができます。

しかし，人々はそれぞれが1回きりの人生をかけがえのない時間軸の中で，取り返しのつかない一瞬一瞬を生きて生活しているわけです。ヒューリスティック的に判断すれば，偏見や差別を被る人が現れてくるでしょう。ポジティブな気分と世界の予測性を信じようとするあまり，よい行いを続けていればよいことが起こり，悪いことをした場合だけ，悪い結果が生じると信じると（これを公正世界信念〔just world belief〕と呼びます；Lerner, 1977, 1980），それを脅かすような事態に対して，無理にこの図式に合致した理解を守ろうとしてしまいます。自分は信念

を守ることができますが，それによって，理不尽な被害を受けた被害者に対してささいな落ち度を見出し，かえって批判してしまったりするような事態も招かれます。つまり，悪いことが生じた人は何らかの悪い行為があったはずだと考えてしまうのです。こう考えれば，自分自身は悪い行為を行わないように気をつければ大丈夫であると，まだ世界の安全を信じていることができますし，いきなり不運が訪れて，自身に甚大な影響を与えてしまうことを日々恐れながら暮らす必要も避けられて，ポジティブでいられるわけですが，被害者は社会的な2次被害が加わって，さらなる理不尽な処遇が引き起こされてしまうわけです。

　第1章と第2章では，特に無自覚的な自動性を強調してきましたが，熟慮できる意識も進化の産物であり，情報処理の意識的方略というのも与えられた強力な適応方略であるわけですから使わない手はありません。もしも，人々が公平に扱われ，差別のない世の中こそが，自分自身も生きるに快適な世の中だと望むのであれば，そこに意識的修正を持ち込むことは有効な手立てでしょう。

Book Guide

山本眞理子・外山みどり（編）(1998).『社会的認知』対人行動学研究シリーズ8, 誠信書房
☞日本最初の社会的認知をまとめた書。現在においてもこの領域の基本が飲み込めるトピック配置となっています。

唐沢穣・池上知子・唐沢かおり・大平英樹 (2001).『社会的認知の心理学——社会を描く心のはたらき』ナカニシヤ出版
☞専門書でやや難しいですが，各領域についてしっかりと整理して描かれています。

終章 本書で伝えたかったこと

❶象と象使い

| 自動的・非意識過程 | 近年の社会心理学は，私たちの社会的判断・行動の多くが自動的・非意識過程によっているということを明らかにしました。みなさんは，多くの社会 |

行動は意識的にコントロールされたものだと思っていたのではないでしょうか。例えば，他人の会話をさえぎって割って入るようなことは，礼儀正しい行為とはいえません。あえてそれをするときには，「時間がなくて仕方がなかった」などの意識的コントロールを前提とした理由がつけられます。あるいは，「そのことに気がまわらなかった」という場合もあるでしょうが，これも意識的にコントロールしようと思えばコントロールできたことを意味しています。ところが，本書で紹介した研究によれば，私たちが他人の会話に割って

入るかどうかは，その少し前に大胆さに関する単語と丁寧さに関する単語のどちらを見ていたかに影響されます。そして，それに影響されていることに私たちは意識的には気づかないというのです。

　自動的・非意識過程は感情とも深い関係がありそうです。私たちはよいことがあったときにポジティブな気分になり，悪いことがあったらネガティブな気分になります。これを意識的に変えられるのであれば，誰がネガティブな気分になるでしょうか。また，私たちは誰かに侮辱されたときに，意識的によく考えて怒ったりはしません。侮辱されると自動的に怒るのです。そして，このような感情は，次の自動的・非意識過程を通じて攻撃行動へと結びつくかもしれません。ほんのささいな原因で始まった口論が高じて，一方が他方を殺害するという事件は珍しくありません。このとき，加害者は意識的に相手を殺すことのメリットを考えたりはしないでしょう（実際，この手の殺人のほとんどには，相手を殺すほどのメリットなどないのです）。

　自動的・非意識過程とひとくちに言っても，そこには多くの心理過程が含まれています。例えば，プルーストの小説『失われた時を求めて』の主人公が経験したような，紅茶に浸したマドレーヌの味で過去の同じような情景を思い出すといった非意識の記憶。上記のような殺人に結びつきかねない激しい感情を含むもの。マドレーヌから過去の情景を思い出すのは，その人の経験によるものです。しかし，自動的・非意識過程の中には，侮辱に対する怒りのように経験とはほぼ無関係に多くの人が共通してもっている反応パターンもあります。それらは進化の過程で私たちに備わった心理メカニズムであると考えられます（進化の産物としてヒトという種に備わったものなので，誰もが共通にもっているわけです）。このような心理メカニズムは，自動的・非意識的に種々の手がかりに反応し，適応的な（あるいは，進化環境では適応的であった）反応を私たちから引き出します。

> 進化論的説明

進化論的説明は，ある行動傾向が目的をもっているような表現で語られることが多いので，自動的・非意識過程であるということは強調してもしすぎることはありません。例えば，親の愛情がそのときの経済状況などに影響を受ける可能性があることを示す証拠を第3章で見ました。これに対して，「私たちは預金通帳をよく見てから自分の子どもを愛するかどうかを決めるわけではないから，進化論的説明は間違いだ」といった反論をしたくなるかもしれません。しかし，進化論的説明は，適応度（もしくは包括適応度）を最大化するような計算を意識的にする能力が進化したといっているわけではありません。そうではなく，適応度を最大化することに役立ったのと同じやり方で至近の手がかりを自動的に使うように進化したと考えているのです。

進化論的考え方を社会心理学に適用するにあたって，親密な関係（家族，恋人，友人）をテストケースとして，進化論に基づく3つの"中レベルの理論"（図3-1の上から2段目）の予測を検討しました。紹介した実証研究は，3つの理論が予測する至近要因が私たちの感情や行動に予測通りの影響を及ぼすことを示していました。ただし，進化論に対して「適者生存」という競争的なイメージをもっていた人には，第3章から第5章で紹介した研究結果は意外なものだったかもしれません。現代の進化論は，私たちに配偶者や地位をめぐって競争する傾向があることも予測しますが，同時に協力的な関係を築く傾向があることも予測します。私たちには嫉妬や復讐心のような，現代社会では望ましくない結果をもたらしやすい心理メカニズムも備わっていますが，親族をいたわり，恋人との関係にコミットし，友人の過ちを赦してやるような心理メカニズムも備わっているのです（競争的なイメージのつきまとう「適者生存」という言葉を好んで使う進化論者はほとんどいないと序章で書いた意味がわかっていただけ

たと思います)。そして，くどいようですが，これらの心理メカニズムを起動するのは，さまざまな手がかりに対する自動的で非意識的な反応なのです。

　第6章と第7章では，進化論的な考え方が，従来の社会心理学の多様な知見を整理するのに役立つことを示そうと試みました。第6章では，これまでまったく別のものとして扱われてきた自己過程と集団過程が緊密な関係にあることを示しました。また，第7章では社会的認知の適応的な側面を，やはり集団への適応という観点からまとめました。いずれの議論でも暗に自動的・非意識過程が前提とされています。例えば，リアリーとバウマイスターは自尊心は自分が他者から受容されている程度を自動的に査定するバロメータだと考えていました（第6章参照）。マレは，私たちは他者の行動を見たときに何の困難もなく（つまり，ほぼ自動的に）意図性推論ができると考えています（第7章参照）。

意識の役割——"象使い"の比喩

　このような複雑なカニズムが非意識過程だと言われると，みなさんは悲観的な気分になるかもしれません。ややもすると自動性や進化論は，私たちが外から入ってくる刺激（例えば，実験者が提示する乱文構成課題）や遺伝子の操り人形のようなものだという印象を与えるからです。しかし，それは筆者らが本書を通じてみなさんに伝えたいメッセージではありません。

　社会心理学者のハイトは，その著書『しあわせ仮説』の中で，自動的・非意識過程と意識的な過程との関係を象と象使いにたとえています（Haidt, 2006）。自動的・非意識過程は私たちの心の働きの大部分を占める大きな象で，意識的な過程はその象の上にちょこんと乗った象使いのようなものだというのです。象には象の振る舞い方があり，象使いがどんなに望んでも象をうまく操ることができない

こともあるでしょう。しかし，象使いは象の振る舞い方をよく理解し，それをうまく利用することで，よりよく象を操ることができるようになります。

　しかし，自動的で非意識的な過程にどうやって意識的に影響を与えることができるのでしょうか。ハイトは性格心理学者のミッシェルの有名な研究を引用しています。ミッシェルは，子どもたちにお菓子を食べるのを少しの間我慢できれば，もっとたくさんお菓子をあげると言い，子どもたちがどれくらい我慢できるかを調べました。子どもに「お菓子を我慢しろ」なんて言っても，それこそ意識的にコントロールできないと思われるかもしれません。ところが，できるだけお菓子を見ないようにしていた子どもほど長く我慢できたのです (Metcalfe & Mischel, 1999)。注意をよそにそらすことはもちろん意識的にできます。そして，それはお菓子を食べたいという自動的な衝動をコントロールするのに役に立つのです。

　非意識過程に意識的な過程を通じて影響を与えることができるというのは朗報です。しかし，考えてみれば，これは私たちがいつもやっていることかもしれません。なかなか泣き止まない子どもに疲弊した親は，その子が笑ったときにどんなにかわいいかを思い出してみるかもしれません。現在の恋人より魅力的な相手に目移りしそうになった人は，恋人の深い愛情を示すエピソードを思い出してみるかもしれません。外集団のメンバーにどのように接するかを決めるとき，相手も同じ日本人だとか，人類みなきょうだいだとか考えてみるかもしれません。これらの例が示すように，私たちはさまざまな至近要因のうち，自分が望む行動を引き出してくれそうな至近要因に意識的に注意を向けることができるのです。また，動物行動学者のドゥ・ヴァールが指摘するように，いっときであれば呼吸を意識的に止めることができるように，自動的過程であっても意識的

に介入して抑制することができるものがあるのです（de Waal, 2009）。第6章で紹介した自己制御の研究は，まさにこのような介入の可能性に迫るものでした。このように考えてみると，"象使い"としての意識的な過程は，うまくやれば自動的・非意識過程をかなりよく飼い馴らすことができそうです。

感情と行動

また，本書が感情に注目していたことも重要です。私たちの感情はそれを引き出す手がかりに自動的に反応するかもしれません。実際，筆者らは多くの感情反応が適応的な反応であることを強調しました。しかし，このことは行動が自動的反応ではないといっていることにもなります。実際，怒りに我を忘れて相手をなぐってしまった経験のある人はどれくらいいるでしょうか。あるいは，誰かに対して怒るたびに相手をなぐる人がどれくらいいるでしょうか。もちろん感情と行動は緊密な関係にありますが，私たちは感情の行動に対する影響を意識的にコントロールできるのです。もちろん，感情の影響を完全にぬぐい去ることはできないかもしれません。しかし，嫉妬と配偶者保持戦術の関係を思い出してください。1つの感情は，破壊的な戦術だけでなく穏当な戦術とも関係していました。感情と行動の関係をよく理解することで，現代社会では適応的でなくなってしまった行動反応を抑制したり，現代社会でより適応的な行動反応を増やしたりすることができるはずです。

終わりに

まとめましょう。筆者らが本書を通じてみなさんに第1に伝えたことは，近年の心理学的研究がもたらしたびっくりするような研究成果でした。私たちの心の働きは，私たちが思っている以上に自動的・非意識的なものなのです。第2のメッセージは，私たちの自動的で非意識的な心の働きは進化論という理論的フィルターを通して見ると，何ともすっ

きり整理できそうだということです。つまり，自動的・非意識過程は（たしかに本人には気づきようがない過程なのですが）科学的に系統立てて理解することができるのです。このことは，筆者らの第3のメッセージにつながります。よい象使いは，象の振る舞い方を熟知した象使いでしょう。同じように，私たちも自動的・非意識過程を熟知することで，自動的・非意識過程をうまく"飼い馴らす"ことができるようになるのではないでしょうか。

　序章では社会心理学の知見を適応という観点から整理し直す作業を大きな知的貢献だと述べました。このような整理された知識の体系は，それ自体が知的好奇心を満足させるものです。しかし，同時にとても大きな応用的意味ももつはずです。本書で紹介した知見は，私たちが抗いがたい心理メカニズムにがんじがらめにされているということを示すものではありません。これらの知見を正確に理解することで，むしろ意識的に賢く生きるにはどうすればよいかを理解することになるのです。筆者らの最後のメッセージは，知的挑戦への招待です。適応という観点から社会心理学の膨大な知見を整理し直す試みに，一緒に挑戦しましょう。知的好奇心を満たすためにも，賢く生きる手がかりをつかむためにも。

文　献

●序章　なぜ進化と感情なのか？

Daly, M., & Wilson, M. (1988). *Homicide*. Aldine de Gruyter.（長谷川眞理子・長谷川寿一訳, 1999『人が人を殺すとき――進化でその謎をとく』新思索社）

Dawkins, R. (1986). *The blind watchmaker*. Norton.（日高敏隆・遠藤彰・遠藤知二・疋田努訳, 2004『盲目の時計職人――自然淘汰は偶然か？』早川書房）

Gardner, H. (1983). *Frames of mind: The theory of multiple intelligences*. Basic Books.

Greene, J. (2003). From neural 'is' to moral 'ought': What are the moral implications of neuroscientific moral psychology? *Nature Reviews Neuroscience*, 4, 847-850.

長谷川眞理子 (2002).『生き物をめぐる4つの「なぜ」』集英社

岩堀修明 (2011).『図解・感覚器の進化――原始動物からヒトへ 水中から陸上へ』講談社

Jones, E. E., & Davis, K. E. (1965). From acts to dispositions: The attribution process in person perception. In L. Berkowitz (Ed.), *Advances in experimental social psychology* (Vol. 2, Pp. 219-266). Academic Press.

Kelley, H. H. (1968). Attribution theory in social psychology. In D. Levine (Ed.), *Nebraska symposium on motivation*, 1967 (Vol. 15, Pp. 192-238). University of Nebraska Press.

Nisbett, R. E., & Wilson, T. D. (1977). Telling more than we can know: Verbal reports on mental processes. *Psychological Review*, 84, 231-259.

Sacks, O. (1995). *An anthropologist on Mars: Seven paradoxical tales*. Knopf.（吉田利子訳, 1997『火星の人類学者――脳神経科医と7人の奇妙な患者』早川書房）

Schwarz, N., & Clore, G. L. (1983). Mood, misattribution, and judgments of well-being: Informative and directive functions of affective states. *Journal of Personality and Social Psychology*, 45, 513-523.

Winkielman, P., & Berridge, K. C. (2004). Unconscious emotion. *Current Directions in Psychological Science*, 13, 120-123.

●第1章　適応行動を支える意識できない心の働き

Aarts, H., Chartrand, T. L., Custers, R., Danner, U., Dik, G., Jefferis, V. E., & Cheng, C. M. (2005). Social stereotypes and automatic goal pursuit. *Social Cognition*, 23, 465-490.

Bargh, J. A. (Ed.) (2007). *Social psychology and the unconscious: The auto-

maticity of higher mental processes. Psychology Press. (及川昌典・木村晴・北村英哉編訳, 2009『無意識と社会心理学——高次心理過程の自動性』ナカニシヤ出版)

Bargh, J. A., Chen, M., & Burrows, L. (1996). Automaticity of social behavior: Direct effects of trait construct and stereotype activation on action. *Journal of Personality and Social Psychology*, 71, 230-244.

Chartrand, T. L., & Bargh, J. A. (1999). The chameleon effect: The perception-behavior link and social interaction. *Journal of Personality and Social Psychology*, 76, 893-910.

Chartrand, T. L., Maddux, W. W., & Lakin, J. L. (2005). Beyond the perception-behavior link: The ubiquitous utility and motivational moderators of nonconscious mimicry. In R. R. Hassin, J. S. Uleman & J. A. Bargh (Eds.), *The new unconsciousness* (Pp. 334-361). Oxford University Press.

Craft, J. L., & Simon, J. R. (1970). Processing symbolic information from a visual display: Interference from an irrelevant directional cue. *Journal of Experimental Psychology*, 83, 415-420.

Darley, J. M., & Gross, P. H. (1983). A hypothesis-confirming bias in labeling effects. *Journal of Personality and Social Psychology*, 44, 20-33.

De Houwer, J. (2003). The extrinsic affective Simon task. *Experimental Psychology*, 50, 77-85.

Devine, P. G. (1989). Stereotypes and prejudice: Their automatic and controlled components. *Journal of Personality and Social Psychology*, 56, 5-18.

Dijksterhuis, A., Chartrand, T. L., & Aarts, H. (2007). Effects of priming and perception on social behavior and goal pursuit. In J. A. Bargh (Ed.), *Social psychology and the unconscious: The automaticity of higher mental processes* (Pp. 51-131). Psychology Press. (及川昌典・木村晴・北村英哉編訳, 2009「社会行動の自動性」『無意識と社会心理学——高次心理過程の自動性』ナカニシヤ出版に所収)

Fiske, S. T., & Neuberg, S. L. (1990). A continuum of impression formation, from category-based to individuating processes: Influences of information and motivation on attention and interpretation. In M. P. Zanna (Ed.), *Advances in experimental social psychology* (Vol. 23, Pp. 1-74). Academic Press.

Graf, P., & Schacter, D. L. (1985). Implicit and explicit memory for new associations in normal and amnesic subjects. *Journal of Experimental Psychology: Learning, Memory, and Cognition*, 11, 501-518.

Greenwald, A. G., McGhee, D. E., & Schwartz, J. L. K. (1998). Measuring individual differences in implicit cognition: The Implicit Association Test. *Journal of Personality and Social Psychology*, 74, 1464-1480.

Hamilton, D. L., & Gifford, R. K. (1976). Illusory correlation in interpersonal perception: A cognitive basis of stereotypic judgments. *Journal of Experimental Social Psychology*, 12, 392-407.

Higgins, E. T., Rholes, W. S., & Jones, C. R. (1977). Category accessibility and impression formation. *Journal of Experimental Social Psychology*, 13, 141-154.

北村英哉 (2010).「態度」浦光博・北村英哉（編著）『個人のなかの社会』展望現代の社会心理学 1, 誠信書房, Pp. 128-148.

Meltzoff, A. N., & Moore, M. K. (1977). Imitation of facial and manual gestures by human neonates. *Science*, 198, 75-78.

Meyer, D. E., Schvaneveldt, R. W., & Ruddy, M. G. (1972). Activation of lexical memory. Paper presented at the meeting of the Psychonomic Society, St. Louis.

Neely, J. H. (1976). Semantic priming and retrieval from lexical memory: Evidence for facilitatory and inhibitory processes. *Memory & Cognition*, 4, 648-654.

Payne, B. K., Cheng, C. M., Govorun, O., & Stewart, B. D. (2005). An inkblot for attitudes: Affect misattribution as implicit measurement. *Journal of Personality and Social Psychology*, 89, 277-293.

Rizzolatti, G., Fadiga, L., Gallese, V., & Fogassi, L. (1996). Premotor cortex and the recognition of motor actions. *Cognitive Brain Research*, 3, 131-141.

Tulving, E., Schacter, D. L., & Stark, H. A. (1982). Priming effects in word-fragment completion are independent of recognition memory. *Journal of Experimental Psychology: Learning, Memory, and Cognition*, 8, 336-342.

● 第 2 章　適応としての感情

Adolphs, R., Tranel, D., Damasio, H., & Damasio, A. R. (1995). Fear and the human amygdala. *Journal of Neuroscience*, 15, 5879-5891.

Bless, H. (2001). The interplay of affect and cognition: The mediating role of general knowledge structures. In J. P. Forgas (Ed.), *Feeling and thinking: The role of affect in social cognnition* (Pp. 201-222). Cambridge University Press.

Bless, H., Mackie, D. M., & Schwarz, N. (1992). Mood effects on attitude judgments: Independent effects of mood before and after message elaboration. *Journal of Personality and Social Psychology*, 63, 585-595.

Carlsmith, K. M. (2006). The roles of retribution and utility in determining punishment. *Journal of Experimental Social Psychology*, 42, 437-451.

Chaiken, S. (1980). Heuristic versus systematic information processing and the use of source versus message cues in persuasion. *Journal of Personality and Social Psychology*, 39, 752-766.

Damasio, A. R. (1994). *Descartes' error: Emotion, reason, and the human brain.*

Putnam. (田中三彦訳, 2000 『生存する脳——心と脳と身体の神秘』講談社)

Damasio, A. R., Grabowski, T. J., Bechara, A., Damasio, H., Ponto, L. L. B., Parvizi, J., & Hishwa, R. D. (2000). Subcortical and cortical brain activity duing the freeilng of self-generated emotions. *Nature Neuroscience*, **3**, 1049-1056.

Ekman, P., & Friesen, W. V. (1971). Constants across cultures in the face and emotion. *Journal of Personality and Social Psychology*, **17**, 124-129.

Ekman, P., & Friesen, W. V. (1975). *Unmasking the face: A guide to recognizing emotions from facial clues*. Prentice-Hall. (工藤力訳編, 1987 『表情分析入門——表情に隠された意味をさぐる』誠信書房)

Frijda, N. H. (1988). The laws of emotion. *American Psychologist*, **43**, 349-358.

Frischen, A., Bayliss, A. P., & Tipper, S. P. (2007). Gaze cueing of attention: Visual attention, social cognition, and individual differences. *Psychological Bulletin*, **133**, 694-724.

Gazzaniga, M. S., Ivry, R. B., & Mangun, G. R. (Eds.) (2002). *Cognitive neuroscience: The biology of the mind* (2nd ed.). Norton.

Greene, J. D., Sommerville, R. B., Nystrom, L. E., Darley, J. M., & Cohen, J. D. (2001). An fMRI investigation of emotional engagement in moral judgment. *Science*, **293**, 2105-2108.

加藤元一郎・梅田聡 (2009). 「ソーシャルブレインのありか」開一夫・長谷川寿一 (編) 『ソーシャル・ブレインズ——自己と他者を認知する脳』東京大学出版会, Pp. 161-186.

北村英哉 (2002). 「ムード状態が情報処理方略に及ぼす効果——ムードの誤帰属と有名さの誤帰属の2課題を用いた自動的処理と統制的処理の検討」『実験社会心理学研究』**41**, 84-97.

北村英哉・木村晴 (2006). 「感情研究の新たな意義」北村英哉・木村晴 (編)『感情研究の新展開』ナカニシヤ出版, Pp. 3-19.

LaBar, K. S., Gatenby, C., Gore, J. C., LeDoux, J. E., & Phelps, E. A. (1998). Human amygdala activation during conditioned fear acquisition and extinction: A mixed-trial fMRI study. *Neuron*, **20**, 937-945.

LeDoux, J. (1996). *The emotional brain: The mysterious underpinnings of emotional life*. Simon & Schuster. (松本元・川村光毅・小幡邦彦・石塚典生・湯浅茂樹訳, 2003『エモーショナル・ブレイン——情動の脳科学』東京大学出版会)

Olds, J. (1958). Self-stimulation of the brain. *Science*, **127**, 315-324.

Olds, J. (1977). *Drives and reinforcement: Behavioral studies of hypothalamic functions*. Raven Press.

Petty, R. E., & Cacioppo, J. T. (1981). *Attitudes and persuasion: Classic and contemporary approaches*. Williams C. Brown.

Petty, R. E., & Cacioppo, J. T. (1986). The elaboration likelihood model of persuasion. In L. Berkowitz (Ed.), *Advances in experimental social psychology* (Vol. 19, Pp. 123-205). Academic Press.

Phillips, M. L., Medford, N., Young, A. W., Williams, L., Williams, S. C. R., Bullmore, E. T., Gray, J. A., & Brammer, M. J. (2001). Time courses of left and right amygdalar responses to fearful facial expressions. *Human Brain Mapping*, 12, 193-202.

Rozin, P., Haidt, J., & McCauley, C. R. (2008). Disgust. In M. Lewis, J. M. Haviland-Jones & L. F. Barrett (Eds.), *Handbook of emotions* (3rd ed., Pp. 757-776). Guilford Press.

坂井克之 (2008). 『心の脳科学――「わたし」は脳から生まれる』中央公論新社

Schlosberg, H. (1941). A scale for the judgment of facial expressions. *Jounal of Experimental Psychology*, 29, 497-510.

Schlosberg, H. (1952). The description of facial expressions in terms of two dimensions. *Journal of Experimental Psychology*, 44, 229-237.

Schnall, S., Benton, J., & Harvey, S. (2008). With a clean conscience: Cleanliness reduces the severity of moral judgments. *Psychological Science*, 19, 1219-1222.

Schwarz, N. (1990). Feeling as information: Informational and motivational functions of affective states. In E. T. Higgins & R. M. Sorrentino (Eds.), *Handbook of motivation and cognition: Foundations of social behavior* (Vol. 2, Pp. 527-561). Guilford Press.

Wilson, T. D., & Gilbert, D. T. (2003). Affective forecasting. In M. P. Zanna (Ed.), *Advances in experimental social psychology* (Vol. 35, Pp. 345-411). Academic Press.

Woodworth, R. S. (1938). *Experimental psychology*. Holt.

● 第3章　特別な他者としての家族

Alvergne, A., Faurie, C., & Raymond, M. (2009). Father-offspring resemblance predicts paternal investment in humans. *Animal Behaviour*, 78, 61-69.

Anderson, K. G. (2006). How well does paternity confidence match actual paternity?: Evidence from worldwide nonpaternity rates. *Current Anthropology*, 47, 513-520.

Bellis, M. A., Hughes, K., Hughes, S., & Ashton, J. R. (2005). Measuring paternal discrepancy and its public health consequences. *Journal of Epidemiology and Community Health*, 59, 749-754.

Burch, R. L., & Gallup, G. G., Jr. (2000). Perceptions of paternal resemblance predict family violence. *Evolution and Human Behavior*, 21, 429-435.

Buss, D. M. (2008). *Evolutionary psychology: The new science of the mind* (3rd ed.). Allyn and Bacon.

Case, T. I., Repacholi, B. M., & Stevenson, R. J. (2006). My baby doesn't smell as bad as yours: The plasticity of disgust. *Evolution and Human Behavior*, 27, 357-365.

Clark, M. S., & Lemay, E. P., Jr. (2010). Close relationships. In S. T. Fiske, D. T. Gilbert & G. Lindzey (Eds.), *Handbook of social psychology* (5th ed., Vol. 2, pp. 898-940). Wiley.

Daly, M., & Wilson, M. I. (1982). Whom are newborn babies said to resemble? *Ethology and Sociobiology*, 3, 69-78.

Daly, M., & Wilson, M. (1988). *Homicide*. Aldine de Gruyter. (長谷川眞理子・長谷川寿一訳, 1999『人が人を殺すとき——進化でその謎をとく』新思索社)

Daly, M., & Wilson, M. (1994). Some differential attributes of lethal assaults on small children by stepfathers versus genetic fathers. *Ethology and Sociobiology*, 15, 207-217

Dawkins, R. (1976). *The selfish gene*. Oxford University Press. (日高敏隆・岸由二・羽田節子・垂水雄二訳, 2006『利己的な遺伝子（増補版）』紀伊國屋書店)

deVries, M. W. (1984). Temperament and infant mortality among the Masai of East Africa. *American Journal of Psychiatry*, 141, 1189-1194.

Fordi, A. M., Lamb, M. E., Leavitt, L. A., Donovan, W. L., Neff, C., & Sherry, D. (1978). Fathers' and mothers' responses to the faces and cries of normal and premature infants. *Developmental Psychology*, 14, 490-498.

Fuchs, R. G. (1987). Legislation, poverty, and child-abandonment in nineteenth-century Paris. *Journal of Interdisciplinary History*, 18, 55-80.

Grayson, D. K. (1990). Donner party deaths: A demographic assessment. *Journal of Anthropological Research*, 46, 223-242.

Hamilton, W. D. (1964). The genetical evolution of social behaviour. I-II. *Journal of Theoretical Biology*, 7, 1-52.

長谷川寿一・長谷川眞理子 (2000). 『進化と人間行動』東京大学出版会

Holmes, W. G., & Mateo, J. M. (1998). How mothers influence the development of litter-mate preferences in Belding's ground squirrels. *Animal Behaviour*, 55, 1555-1570.

Hrdy, S. B. (1999). *Mother nature: A history of mothers, infants and natural selection*. Pantheon Books. (塩原通緒訳, 2005『マザー・ネイチャー』上・下, 早川書房)

Klaus, M. H., & Kennell, J. H. (1976). *Maternal-infant bonding*. Mosby. (竹内徹・柏木哲夫訳, 1979『母と子のきずな——母子関係の原点を探る』医学書院)

Korchmaros, J. D., & Kenny, D. A. (2001). Emotional closeness as a mediator of the effect of genetic relatedness on altruism. *Psychological Science*, 12, 262-

265.

こうのとりのゆりかご検証会議（編著）(2010).『こうのとりのゆりかご検証会議・最終報告』明石書店

Lieberman, D., Tooby, J., & Cosmides, L. (2007). The architecture of human kin detection. *Nature*, 445, 727-731.

Madsen, E. A., Tunney, R. J., Fieldman, G., Plotkin, H. C., Dunbar, R. I. M., Richardson, J.-M., & McFarland, D. (2007). Kinship and altruism: A cross-cultural experimental study. *British Journal of Psychology*, 98, 339-359.

Maier, R. A., Jr., Holmes, D. L., Slaymaker, F. L., & Reich, J. N. (1984). The perceived attractiveness of preterm infants. *Infant Behavior and Development*, 7, 403-414.

Mann, J. (1992). Nurturance or negligence: Maternal psychology and behavioral preference among preterm twins. In J. H. Barkow, L. Cosmides & J. Tooby (Eds.), *The adapted mind: Evolutionary psychology and the generation of culture* (Pp. 367-390). Oxford University Press.

McCullough, J. M., & York-Barton, E. (1991). Relatedness and mortality risk during a crisis year: Plymouth colony, 1620-1621. *Ethology and Sociobiology*, 12, 195-209.

Sherman, P. W. (1977). Nepotism and the evolution of alarm calls. *Science*, 197, 1246-1253.

Strathearn, L., Li, J., Fonagy, P., & Montague, P. R. (2008). What's in a smile?: Maternal brain responses to infant facial cues. *Pediatrics*, 122, 40-51.

Volk, A. A., Lukjanczuk, J. M., & Quinsey, V. L. (2005). Influence of infant and child facial cues of low body weight on adults' ratings of adoption preference, cuteness, and health. *Infant Mental Health Journal*, 26, 459-469.

●第4章　恋愛と対人魅力

Andersson, M. (1982). Female choice selects for extreme tail length in a widowbird. *Nature*, 299, 818-820.

Beckerman, S., Lizarralde, R., Ballew, C., Schroeder, S., Fingelton, C., Garrison, A., & Smith, H. (1998). The Barí partible paternity project: Preliminary results. *Current Anthropology*, 39, 164-168.

Betzig, L. (1989). Causes of conjugal dissolution: A cross-cultural study. *Current Anthropology*, 30, 654-676.

Buss, D. M. (1988). From vigilance to violence: Tactics of mate retention in American undergraduate. *Ethology and Sociobiology*, 9, 291-317.

Buss, D. M. (1989). Sex differences in human mate preferences: Evolutionary hypotheses tested in 37 cultures. *Behavioral and Brain Sciences*, 12, 1-49.

Buss, D. M., Abbott, M., Angleitner, A., Asherian, A., Biaggio, A., & 45 other coauthors. (1990). International preferences in selecting mates: A study of 37 cultures. *Journal of Cross-Cultural Psychology*, **21**, 5-47.

Buss, D. M., Larsen, R. J., Westen, D., & Semmelroth, J. (1992). Sex differences in jealousy: Evolution, physiology, and psychology. *Psychological Science*, **3**, 251-255.

Buss, D. M., & Schmitt, D. P. (1993). Sexual strategies theory: An evolutionary perspective on human mating. *Psychological Review*, **100**, 204-232.

Buss, D. M., & Shackelford, T. K. (1997). From vigilance to violence: Mate retention tactics in married couples. *Journal of Personality and Social Psychology*, **72**, 346-361.

Carter, C. S. (1998). Neuroendocrine perspectives on social attachment and love. *Psychoneuroendocrinology*, **23**, 779-818.

Clark, R. D., III, & Hatfield, E. (1989). Gender differences in receptivity to sexual offers. *Journal of Psychology & Human Sexuality*, **2**, 39-55.

Cunningham, M. R., Roberts, A. R., Barbee, A. P., Druen, P. B., & Wu, C.-H. (1995). "Their ideas of beauty are, on the whole, the same as ours": Consistency and variability in the cross-cultural perception of female physical attractiveness. *Journal of Personality and Social Psychology*, **68**, 261-279.

Daly, M., Wilson, M., & Weghorst, S. J. (1982). Male sexual jealousy. *Ethology and Sociobiology*, **3**, 11-27.

Dunn, M. J., & Searle, R. (2010). Effect of manipulated prestige-car ownership on both sex attractiveness ratings. *British Journal of Psychology*, **101**, 69-80.

Fisher, H. E. (1998). Lust, attraction, and attachment in mammalian reproduction. *Human Nature*, **9**, 23-52.

Frank, R. H. (1988). *Passions within reason: The strategic role of the emotions*. Norton. (山岸俊男監訳, 1995『オデッセウスの鎖――適応プログラムとしての感情』サイエンス社)

Gangestad, S. W., Thornhill, R., & Garver-Apgar, C. E. (2005). Adaptations to ovulation: Implications for sexual and social behavior. *Current Directions in Psychological Science*, **14**, 312-316.

Gonzaga, G. C., Haselton, M. G., Smurda, J., Davies, M. S., & Poore, J. C. (2008). Love, desire, and the suppression of thoughts of romantic alternatives. *Evolution and Human Behavior*, **29**, 119-126.

Gonzaga, G. C., Turner, R. A., Keltner, D., Campos, B., & Altemus, M. (2006). Romantic love and sexual desire in close relationships. *Emotion*, **6**, 163-179.

Griskevicius, V., Tybur, J. M., Sundie, J. M., Cialdini, R. B., Miller, G. F., & Kenrick, D. T. (2007). Blatant benevolence and conspicuous consumption: When romantic motives elicit strategic costly signals. *Journal of Personality and Social Psychology*, **93**, 85-102.

長谷川眞理子 (2005).『クジャクの雄はなぜ美しい？（増補改訂版）』紀伊國屋書店

Hill, E. M., Nocks, E. S., & Gardner, L. (1987). Physical attractivenss: Manipulation by physique and status displays. *Ethology and Sociobiology*, 8, 143-154.

Jankowiak, W. R., & Fischer, E. F. (1992). A cross-cultural perspective on romantic love. *Ethnology*, 31, 149-155.

Jasieńska, G., Ziomkiewicz, A., Ellison, P. T., Lipson, S. F., & Thune, I. (2004). Large breasts and narrow waists indicate high reproductive potential in women. *Proceedings of the Royal Society of London B*, 271, 1213-1217.

Johnson, D. J., & Rusbult, C. E. (1989). Resisting temptation: Devaluation of alternative partners as a means of maintaining commitment in close relationships. *Journal of Personality and Social Psychology*, 57, 967-980.

Kelley, H. H. (1983). Love and commitment. In H. H. Kelley, E. Berscheid, A. Christensen, J. H. Harvey, T. L. Huston, G. Levinger, E. McClintorck, L. A. Peplau & D. R. Peterson (Eds.), *Close relationships* (Pp. 265-314). Freeman.

Kokko, H., Brooks, R., McNamra, J. M., & Houston, A. I. (2002). Sexual selection continuum. *Proceedings of the Royal Society of London B*, 269, 1131-1340.

Law Smith, M. J., Perrett, D. I., Jones, B. C., Cornwell, R. E., Moore, F. R., Feinberg, D. R., Boothroyd, L. G., Durrani, S. J., Stirrat, M. R., Whiten, S., Pitman, R. M., & Hillier, S. G. (2006). Facial appearance is a cue to oestrongen levels in women. *Proceedings of the Royal Society of London B*, 273, 135-140.

Marlowe, F., (1999). Showoffs or providers?: The parenting effort of Hadza men. *Evolution and Human Behavior*, 20, 391-404.

Marlowe, F., Apicella, C., & Reed, D. (2005). Men's preferences for women's profile waist-to-hip ratio in two societies. *Evolution and Human Behavior*, 26, 458-468.

Marlowe, F., & Westman, A. (2001). Preferred waist-to-hip ratio and ecology. *Personality and Individual Differences*, 30, 481-489.

Miller, G. F. (2000). *The mating mind: How sexual choice shaped the evolution of human nature*. Doubleday.（長谷川眞理子訳, 2002『恋人選びの心——性淘汰と人間の進化』I・II, 岩波書店）

Miller, R. S. (1997). Inattentive and contented: Relationship commitment and attention to alternatives. *Journal of Personality and Social Psychology*, 73, 758-766.

Muller, M. N., Thompson, M. E., & Wrangham, R. W. (2006). Male chimpanzees prefer mating with old females. *Current Biology*, 16, 2234-2238.

Myers, D. G. (1996). *Social psychology* (5th ed.). McGraw-Hill.

Penton-Voak, I. S., Perrett, D. I., Castles, D. L., Kobayashi, T., Burt, D. M.,

Murray, L. K., & Minamisawa, R. (1999). Menstrual cycle alters face preference. *Nature*, 399, 741-742.

Reis, H. T., Clark, M. S., & Holmes, J. G. (2004). Perceived partner responsiveness as an organizing construct in the study of intimacy and closeness. In D. J. Mashek & A. Aron (Eds.), *Handbook of closeness and intimacy* (Pp. 201-225). Lawrence Erlbaum Associates.

Rhodes, G. (2006). The evolutionary psychology of facial beauty. *Annual Review of Psychology*, 57, 199-226.

Simpson, J. A., Gangestad, S. W., & Lerma, M. (1990). Perception of physical attractiveness: Mechanisms involved in the maintenance of romantic relationships. *Journal of Personality and Social Psychology*, 59, 1192-1201.

Singh, D. (1993). Adaptive significance of female physical attractiveness: Role of waist-to-hip ratio. *Journal of Personality and Social Psychology*, 65, 293-307.

Thornhill, R., & Gangestad, S. W. (1999). Facial attractiveness. *Trends in Cognitive Sciences*, 3, 452-460.

Van Lange, P. A. M., Rusbult, C. E., Drigotas, S. M., Arriaga, X. B., Witcher, B. S., & Cox, C. L. (1997). Willingness to sacrifice in close relationships. *Journal of Personality and Social Psychology*, 72, 1373-1395.

Walster, E., Aronson, V., Abrahams, D., & Rottman, L. (1966). Importance of physical attractiveness in dating behavior. *Journal of Personality and Social Psychology*, 4, 508-516.

Wegner, D. M., Schneider, D. J., Carter, S. R., & White, T. L. (1987). Paradoxical effects of thought suppression. *Journal of Personality and Social Psychology*, 53, 5-13.

Yu, D. W., & Shepard, G. H., Jr. (1998). Is beauty in the eye of the beholder? *Nature*, 396, 321-322.

Zahavi, A., & Zahavi, A. (1997). *The handicap principle: A missing piece of Darwin's puzzle*. Oxford University Press.（大貫昌子訳, 2001『生物進化とハンディキャップ原理——性選択と利他行動の謎を解く』白揚社）

●第5章 協力的な人間関係

Altman, I., & Taylor, D. A. (1973). *Social penetration: The development of interpersonal relationships*. Holt, Rinehart & Winston.

Axelrod, R. (1984). *The evolution of cooperation*. Basic Books.（松田裕之訳, 1998『つきあい方の科学——バクテリアから国際関係まで』ミネルヴァ書房）

Berg, J. H. (1984). Development of friendship between roommates. *Journal of Personality and Social Psychology*, 46, 346-356.

Bergstrom, C., Kerr, B., & Lachmann, M. (2008). Building trust by wasting time. In P. J. Zak (Ed.), *Moral markets: The critical role of values in the economy* (Pp. 142-153). Princeton University Press.

Birditt, K. S., Fingerman, K. L., & Almeida, D. M. (2005). Age differences in exposure and reactions to interpersonal tensions: A daily diary study. *Psychology and Aging*, 20, 330-340.

Byrne, D. (1971). *The attraction paradigm*. Academic Press.

Clark, M. S., & Mills, J. (1979). Interpersonal attraction in exchange and communal relationships. *Journal of Personality and Social Psychology*, 37, 12-24.

Clark, M. S., Mills, J., & Corcoran, D. M. (1989). Keeping track of needs and inputs of friends and strangers. *Personality and Social Psychology Bulletin*, 15, 533-542.

de Quervain, D. J.-F., Fischbacher, U., Treyer, V., Schellhammer, M., Schnyder, U., Buck, A., & Fehr, E. (2004). The neural basis of altruistic punishment. *Science*, 305, 1254-1258.

de Waal, F. B. M. (1989). *Peacemaking among primates*. Harvard University Press. (西田利貞・榎本知郎訳, 1993『仲直り戦術——霊長類は平和な暮らしをどのように実現しているか』どうぶつ社)

Essock-Vitale, S. M., & McGuire, M. T. (1985). Women's lives viewed from an evolutionary perspective. II: Patterns of helping. *Ethology and Sociobiology*, 6, 155-173.

Falk, A., Fehr, E., & Fischbacher, U. (2008). Testing theories of fairness: Intentions matter. *Games and Economic Behavior*, 62, 287-303.

Falk, A., & Fischbacher, U. (2006). A theory of reciprocity. *Games and Economic Behavior*, 54, 293-315.

Fehr, B. (1996). *Friendship processes*. Sage.

Fitzsimons, G. M., & Shah, J. Y. (2008). How goal instrumentality shapes relationship evaluations. *Journal of Personality and Social Psychology*, 95, 319-337.

Güth, W. (1995). On ultimatum bargaining experiments: A personal review. *Journal of Economic Behavior & Organization*, 27, 329-344.

Hays, R. B. (1985). A longitudinal study of friendship development. *Journal of Personality and Social Psychology*, 48, 909-924.

Hays, R. B. (1988). Friendship. In S. W. Duck (Ed.), *Handbook of personal relationships* (Pp. 391-408). Wiley.

Hruschka, D. J., & Henrich, J. (2006). Friendship, cliquishness, and the emergence of cooperation. *Journal of Theoretical Biology*, 239, 1-15.

Karremans, J. C., Van Lange, P. A. M., Ouwerkerk, J. W., & Kluwer, E. S. (2003). When forgiving enhances psychological well-being: The role of interpersonal commitment. *Journal of Personality and Social Psychology*, 84, 1011-1026.

Ledbetter, A. M., Griffin, E., & Sparks, G. G. (2007). Forecasting "friends forever": A longitudinal investigation of sustained closeness between best friends. *Personal Relationships*, 14, 343-350.

Lydon J. E., Jamieson, D. W., & Holmes, J. G. (1997). The meaning of social interactions in the transition from acquaintanceship to frendship. *Journal of Personality and Social Psycology*, 73, 536-548.

Malle, B. F. (2004). *How the mind explains behavior: Folk explanations, meaning, and social interaction.* MIT Press.

松田昌史・山岸俊男 (2001).「信頼と協力――依存度選択型囚人のジレンマを用いた実験研究」『心理学研究』72, 413-421.

McCullough, M. E. (2008). *Beyond revenge: The evolution of the forgiveness instinct.* Jossey-Bass.

Rapoport, A., & Chammah, A. M. (1965). *Prisoner's dilemma: A study in conflict and cooperation.* University of Michigan Press.（廣松毅・平山朝治・田中辰雄訳, 1983『囚人のジレンマ――紛争と協力に関する心理学的研究』啓明社）

Roberts, G., & Renwick, J. S. (2003). The development of cooperative relationships: An experiment. *Proceedings of the Royal Society of London B*, 270, 2279-2283.

Roberts, G., & Sherratt, T. N. (1998). Development of cooperative relationships through increasing investment. *Nature*, 394, 175-179.

Rose, A. J., & Asher, S. R. (1999). Children's goals and strategies in response to conflicts within a friendship. *Developmental Psychology*, 35, 69-79.

Rose, S. M. (1984). How friendships end: Patterns among young adults. *Journal of Social and Personal Relationships*, 1, 267-277.

Silk, J. B. (2003). Cooperation without counting: The puzzle of friendship. In P. Hammerstein (Ed.), *Genetic and cultural evolution of cooperation* (Pp. 37-54). MIT Press.

Trivers, R. L. (1971). The evolution of reciprocal altruism. *Quarterly Review of Biology*, 46, 35-57.

Wilkinson, G. S. (1990). Food sharing in vampire bats. *Scientific American*, 262, 76-82.

山岸俊男 (1998).『信頼の構造――こころと社会の進化ゲーム』東京大学出版会

Yamagishi, T., Kanazawa, S., Mashima, R., & Terai, S. (2005). Separating trust from cooperation in a dynamic relationship: Prisoner's dilemma with variable dependence. *Rationality and Society*, 17, 275-308.

● 第6章 集団過程と自己過程

Aarts, H., Chartrand, T. L., Custers, R., Danner, U., Dik, G., Jefferis, V. E., &

Cheng, C. M. (2005). Social stereotypes and automatic goal pursuit. *Social Cognition*, 23, 465-490.

Aarts, H., & Dijksterhuis, A. (2003). The silence of the library: Environment, situational norm, and social behavior. *Journal of Personality and Social Psychology*, 84, 18-28.

Alexander, R. D. (1987). *The biology of moral systems*. Aldine de Gruyter.

安藤清志 (1990). 「「自己の姿の表出」の段階」中村陽吉（編）『「自己過程」の社会心理学』東京大学出版会, Pp. 143-198.

Asch, S. E. (1951). Effects of group pressure upon the modification and distortion of judgments. In H. Guetzkow (Ed.), *Groups, leadership and men* (Pp. 177-190). Carnegie Press.

Baumeister, R. F., & Alquist, J. L. (2009). Self-regulation as a limited resource: Strength model of control and depletion. In J. P. Forgas, R. F. Baumeister & D. M. Tice (Eds.), *Psychology of self-regulation: Cognitive, affective, and motivational processes* (Pp. 21-33). Psychology Press.

Baumeister, R. F., Bratslavsky, E., Muraven, M., & Tice, D. M. (1998). Ego depletion: Is the active self a limited resource? *Journal of Personality and Social Psychology*, 74, 1252-1265.

Baumeister, R. F., DeWall, C. N., Ciarocco, N. J., & Twenge, J. M. (2005). Social exclusion impairs self-regulation. *Journal of Personality and Social Psychology*, 88, 589-604.

Baumeister, R. F., Vohs, K. D., & Tice, D. M. (2007). The strength model of self-control. *Current Directions in Psychological Science*, 16, 351-355.

Buss, A. H. (1980). *Self-consciousness and social anxiety*. Freemann.

Carver, C. S. (1975). Physical aggression as a function of objective self-awareness and attitudes toward punishment. *Journal of Experimental Social Psychology*, 11, 510-519.

Cheek, J. M., & Buss, A. H. (1981). Shyness and sociability. *Journal of Personality and Social Psychology*, 41, 330-339.

Chiao, J. Y. (2006). Building blocks to human social hierarchy: Psychological and neural investigations of social dominance perception. Doctoral Dissertation, Harvard University.

Cialdini, R. B., Borden, R. J., Throne, A., Walker, M. R., Freeman, S., & Sloan, L. R. (1976). Basking in reflected glory: Three (football) field studies. *Journal of Personality and Social Psychology*, 34, 366-375.

Deutsch, M., & Gerard, H. B. (1955). A study of normative and informational social influences upon individual judgment. *Journal of Abnormal and Social Psychology*, 51, 629-636.

Duval, S., & Wicklund, R. A. (1972). *A theory of objective self awareness*. Aca-

demic Press.
Exline, J. J., & Lobel, M. (1999). The perils of outperformance: Sensitivity about being the target of a threatening upward comparison. *Psychological Bulletin*, 125, 307-337.
Fehr, E., & Gächter, S. (2002). Altruistic punishment in humans. *Nature*, 415, 137-140.
Felson, R. B. (1982). Impression management and the escalation of aggression and violence. *Social Psychology Quarterly*, 45, 245-254.
Fishbach, A., Friedman, R. S., & Kruglanski, A. W. (2003). Leading us not unto temptation: Momentary allurements elicit overriding goal activation. *Journal of Personality and Social Psychology*, 84, 296-309.
Fiske, S. T., Cuddy, A. J. C., & Glick, P. (2007). Universal dimensions of social cognition: Warmth and competence. *Trends in Cognitive Sciences*, 11, 77-83.
Goffman, E. (1959). *The presentation of self in everyday life*. Doubleday Ancher. (石黒毅訳, 1974『行為と演技——日常生活における自己呈示』誠信書房)
Haley, K. J., & Fessler, D. M. T. (2005). Nobody's watching?: Subtle cues affect generosity in an anonymous economic game. *Evolution and Human Behavior*, 26, 245-256.
Harris, L. T., & Fiske, S. T. (2006). Dehumanizing the lowest of the low: Neuroimaging responses to extreme out-groups. *Psychological Science*, 17, 847-853.
Higgins, E. T. (1998). Promotion and prevention: Regulatory focus as a motivational principle. In M. P. Zanna (Ed.), *Advances in experimental social psychology* (Vol. 30, Pp. 1-46). Academic Press.
Holland, R. W., Hendriks, M., & Aarts, H. (2005). Smells like clean spirit: Nonconscious effects of scent on cognition and behavior. *Psychological Science*, 16, 689-693.
James, W. (1890). *The principles of psychology*. Holt.
Jones, E. E., & Pittman, T. S. (1982). Toward a general theory of strategic self-presentation. In J. Suls (Ed.), *Psychological perspectives on the self* (Vol. 1, Pp. 231-262). Lawrence Erlbaum Associates.
Jones, E. E., & Wortman, C. B. (1973). *Ingratiation: An attributional approach*. General Learning Press.
Leary, M. R., & Baumeister, R. F. (2000). The nature and function of self-esteem: Sociometer theory. In M. P. Zanna (Ed.), *Advances in experimental social psychology* (Vol. 32, Pp. 1-62). Academic Press.
Leary, M. R., Tambor, E. S., Terdal, S. K., & Downs, D. L. (1995). Self-esteem as an interpersonal monitor: The sociometer hypothesis. *Journal of Personality and Social Psychology*, 68, 518-530.

Muraven, M., Baumeister, R. F., & Tice, D. M. (1999). Longitudinal improvement of self-regulation through practice: Building self-control strength through repeated exercise. *Journal of Social Psychology*, 139, 446-457.

永房典之 (2004).「非行抑制機能としての恥意識に関する研究」『社会安全』52, 17-34.

Nisbett, R. E., & Cohen, D. (1996). *Culture of honor: The psychology of violence in the South.* Westview Press. (石井敬子・結城雅樹編訳, 2009『名誉と暴力——アメリカ南部の文化と心理』北大路書房)

Nowak, M. A., & Sigmund, K. (1998). Evolution of indirect reciprocity by image scoring. *Nature*, 393, 573-577.

大渕憲一 (2010).『謝罪の研究——釈明の心理とはたらき』東北大学出版会

Ohtsuki, H., & Iwasa, Y. (2006). The leading eight: Social norms that can maintain cooperation by indirect reciprocity. *Journal of Theoretical Biology*, 239, 435-444.

押見輝男 (1992).『自分を見つめる自分——自己フォーカスの社会心理学』セレクション社会心理学2, サイエンス社

Pliner, P., & Chaiken, S. (1990). Eating, social motives, and self-presentation in women and men. *Journal of Experimental Social Psychology*, 26, 240-254.

Schlenker, B. R. (1980). *Impression management: The self-concept, social identity, and interpersonal relations.* Brooks/Cole.

Semin, G. R., & Manstead, A. S. R. (1983). *The accountability of conduct: A social psychological analysis.* Academic Press.

Shah, J. Y., Friedman, R., & Kruglanski, A. W. (2002). Forgetting all else: On the antecedents and consequences of goal shielding. *Jornal of Personality and Social Psycology*, 83, 1261-1280.

Sherif, M. (1936). *The psychology of social norms.* Harper.

Tangney, J. P. (1995). Shame and guilt in interpersonal relationships. In J. P. Tangney & K. W. Fischer (Eds.), *Self-conscious emotions: The psychology of shame, guilt, embarrassment, and pride* (Pp. 114-139). Guilford Press.

Tedeschi, J. T., & Norman, N. (1985). Social power, self-presentation, and the self. In B. R. Schlenker (Ed.), *The self and social life* (Pp. 293-322). McGraw-Hill.

Tesser, A. (1988). Toward a self-evaluation maintenance model of social behavior. In L. Berkowitz (Ed.), *Advances in experimental social psychology* (Vol. 21, Pp. 181-227). Academic Press.

Trope, Y., & Fishbach, A. (2000). Counteractive self-control in overcoming temptation. *Journal of Personality and Social Psychology*, 79, 493-506.

Wills, T. A. (1981). Downward comparison principles in social psychology. *Psychological Bulletin*, 90, 245-271.

● 第 7 章 集団への適応と社会的認知

Alicke, M. D. (1985). Global self-evaluation as determined by the desirability and controllability of trait adjectives. *Journal of Personality and Social Psychology*, 49, 1621-1630.

Brewer, M. B. (1988). A dual process model of impression formation. In T. K. Srull & R. S. Wyer, Jr. (Eds.), *Advances in social cognition* (Vol. 1, Pp. 1-36). Lawrence Erlbaum Associates.

Brewer, M. B. (1991). The social self: On being the same and different at the same time. *Personality and Social Psychology Bulletin*, 17, 475-482.

Buehler, R., Griffin, D., & Ross, M. (2002). Inside the planning fallacy: The causes and consequences of optimistic time predictions. In T. Gilovich, D. Griffin & D. Kahneman (Eds.), *Heuristics and biases: The psychology of intuitive judgment* (Pp. 250-270). Cambridge University Press.

Cheng, P. W., & Holyoak, K. J. (1989). On the natural selection of reasoning theories. *Cognition*, 33, 285-313.

Cosmides, L. (1989). The logic of social exchange: Has natural selection shaped how humans reason?: Studies with the Wason selection task. *Cognition*, 31, 187-276.

Cosmides, L., & Tooby, J. (2005). Neurocognitive adaptations designed for social exchange. In D. M. Buss (Ed.), *The handbook of evolutionary psychology* (Pp. 584-627). Wiley.

Dunning, D., Meyerowitz, J. A., & Holzberg, A. D. (1989). Ambiguity and self-evaluation: The role of idiosyncratic trait definition in self-serving assessments of ability. *Journal of Personality and Social Psychology*, 57, 1082-1090.

Fiske, S. T., Cuddy, A. J. C., Glick, P., & Xu, J. (2002). A model of (often mixed) stereotype content: Competence and warmth respectively follow from perceived status and competition. *Journal of Personality and Social Psychology*, 82, 878-902.

Fiske, S. T., & Neuberg, S. L. (1990). A continuum of impression formation from category-based to individuating processes: Influences of information and motivation on attention and interpretation. In M. P. Zanna (Ed.), *Advances in experimental social psychology* (Vol. 23, Pp. 1-74). Academic Press.

Fujita, K., Trope, Y., & Liberman, N. (2010). Seeing the big picture: A construal level analysis of self-control. In R. R. Hassin, K. N. Ochsner & Y. Trope (Eds.), (2010). *Self control in society, mind, and brain* (Oxford series in social cognition and social neuroscience, Pp. 408-427). Oxford University Press.

Gilbert, D. T. (1995). Attribution and interpersonal perception. In A. Tesser (Ed.), *Advanced social psychology* (Pp. 99-147). McGraw-Hill.

Gilovich, T., Jennings, D., & Jennings, S. (1983). Causal focus and estimates of consensus: An examination of the false-consensus effect. *Journal of Personality and Social Psychology*, 45, 550-559.

Glick, P., & Fiske, S. T. (2001). Ambivalent sexism. In M. P. Zanna (Ed.), *Advances in experimental social psychology* (Vol. 33, Pp. 115-188). Academic Press.

Greenberg, J., Pysczynski, T., & Solomon, S. (1986). The causes and consequences of a need for self-esteem: A terror management theory. In R. F. Baumeister (Ed.), *Public self and private self* (Pp. 189-212). Springer-Verlag.

Greenberg, J., Pyszczynski, T., Solomon, S., Rosenblatt, A., Veeder, M., Kirkland, S., & Lyon, D. (1990). Evidence for terror management theory II: The effects of mortality salience on reactions to those who threaten or bolster the cultural worldview. *Journal of Personality and Social Psychology*, 58, 308-318.

Greenberg, J., Pyszczynski, T., Solomon, S., Simon, L., & Breus, M. J. (1994). Role of consciousness and accessibility of death-related thoughts in mortality salience effects. *Journal of Personality and Social Psychology*, 67, 627-637.

Greenberg, J., Schimel, J., Martens, A., Solomon, S., & Pyszczynski, T. (2001). Sympathy for the devil: Evidence that reminding whites of their mortality promotes more favorable reactions to white racists. *Motivation and Emotion*, 25, 113-133.

Greenberg, J., Simon, L., Solomon, S., Chatel, D., & Pyszczynski, T. (1991). Political ideology and terror management: The effects of mortality salience on liberals' and consevatives' reactions to similar and dissimilar others. Unpublished manuscript, University of Arizona.

Jost, J. T., & Banaji, M. R. (1994). The role of stereotyping in system-justification and the production of false consciousness. *British Journal of Social Psychology*, 33, 1-27.

子安増生 (2000). 『心の理論――心を読む心の科学』岩波書店

Lerner, M. J. (1977). The justice motive: Some hypotheses as to its origins and forms. *Journal of Personality*, 45, 1-52.

Lerner, M. J. (1980). *The belief in a just world: A fundamental delusion*. Plenum Press.

Malle, B. F. (2004a). *How the mind explains behavior: Folk explanations, meaning, and social interaction*. MIT Press.

Malle, B. F. (2004b). Folk theory of mind: Conceptual foundations of human social cognition. In R. Hassin, J. S. Uleman & J. A. Bargh (Eds.), *The new unconscious* (Pp. 225-255). Oxford University Press.

Miller, D. T., & Ross, M. (1975). Self-serving biases in the attribution of causality: Fact or fiction? *Psychological Bulletin*, 82, 213-225.

Pleban, R., & Tesser, A. (1981). The effects of relevance and quality of another's performance on interpersonal closeness. *Social Psychology Quarterly*, 44, 278-285.

Semin, G. R., & Fiedler K. (1988). The cognitive functions of linguistic categories in describing persons: Social cognition and language. *Journal of Personality and Social Psychology*, 54, 558-568.

Smith, E. R. (1993). Social identity and social emotions: Toward new conceptualizations of prejudice. In D. M. Mackie & D. L. Hamilton (Eds.), *Affect, cognition, and stereotyping: Interactive processes in group perception* (Pp. 297-315). Academic Press.

Solomon, S., Greenberg, J., & Pyszczynski, T. (1991). A terror management theory of social behavior: The psychological functions of self-esteem and cultural worldviews. In M. P. Zanna (Ed.), *Advances in experimental social psychology* (Vol. 24, Pp. 93-159). Academic Press.

Tajfel, H., Billig, M. G., Bundy, R. P., & Flament, C. (1971). Social categorization and intergroup behavior. *European Journal of Social Psychology*, 1, 149-178.

Taylor, S. E. (1989). *Positive illusions: Creative self-deception and the healthy mind*. Basic Books.

Tice, D. M., Baumeister, R. F., Shmueli, D., & Muraven, M. (2007). Restoring the self: Positive affect helps improve self-regulation following ego depletion. *Journal of Experimental Social Psychology*, 43, 379-384.

Trope, Y., & Liberman, N. (2010). Construal-level theory of psychological distance. *Psychological Review*, 117, 440-463.

脇本竜太郎 (2005).「存在脅威管理理論の足跡と展望——文化内差・文化間差を組み込んだ包括的な理論化に向けて」『実験社会心理学研究』44, 165-179.

Weiner, B. (1979). A theory of motivation for some classroom experiences. *Journal of Educational Psychology*, 71, 3-25.

Wills, T. A. (1981). Downward comparison principles in social psychology. *Psychological Bulletin*, 90, 245-271.

Wood, J. V., Taylor, S. E., & Lichtman, R. R. (1985). Social comparison in adjustment to breast cancer. *Journal of Personality and Social Psychology*, 49, 1169-1183.

● 終章　本書で伝えたかったこと

de Waal, F. B. M. (2009). *The age of empathy: Nature's lessons for a kinder society*. Harmony Books.（柴田裕之訳, 2010『共感の時代へ——動物行動学が教えてくれること』紀伊國屋書店）

Haidt, J. (2006). *The happiness hypothesis: Finding modern truth in ancient wisdom*. Basic Books.（藤澤隆史・藤澤玲子訳, 2011『しあわせ仮説——古代

の知恵と現代科学の知恵』新曜社)
Metcalfe, J., & Mischel, W. (1999). A hot/cool-system analysis of delay of gratification: Dynamics of willpower. *Psychological Review*, *106*, 3-19.

事項索引

* ゴシック体の数字は，語句がゴシック体で表示されている掲載ページを示す

▶ あ 行

愛　115-118, 122, 136
アイコンタクト　**50**
愛情　77, 87, 95-97, 100-103, 105, 122, 123, 231, 233
　父親の──　96
　ロマンティックな──　**118**, 119, 120, 123, 136, 137
愛着（システム）　82, 103, 123
アクセス可能性　**30**, 31, 32
安定 - 不安定の次元　209
威嚇　55, 56, 190, 191, 193
怒り　15, 51, 53, 54, **55**, 56, 59, 65, 66, 73, 198, 230
意見の比較　187
意識（的過程）　3, 14, 21, 23-25, 28, 31, 34, 36-38, 65, 78, 91, 92, 100, 105, 107, 114, 135, 143-145, 151, 162, 171, 180, 194, 223, 228-230, 232-235
一面的コミュニケーション　68
一般的信頼　167, 174
一般的知性　11, 12
一夫多妻　117
偽りの有名性課題　70
遺伝（子）　8, 10, 24, 45, 58, 82, 84, 85, 111, 118, 129-131, 149, 198, 227, 232
　優れた──　**134**, 135, 136
意図　165, 166, 171, 194, 195, 215, 216, 218, 227
　──の読み取り　**215**
　──の理解　36
　協力的な──　161

意図性推論　165, 215, 232
意図的因果関係　215
意図的行動　174, 216-218
意味ネットワーク・モデル　25, 26, 30, 46
印象　39, 109
印象課題　31
印象管理　**189**, 194, 218
印象形成　36-38, 219, 220
　──の連続体モデル　**38**, 39, 219
インパクト・バイアス　**72**
ウェイソンの4枚カード問題　212, 213
ウェスト・ヒップ比　112-114
裏切り者検知　174, 211, 213
浮気　97, 118, 125-127, 129, 134, 136-138, 227
運　209, 210
エストラジオール　112
円環モデル　51
援助　35, 57, 169, 197, 198
援助行動　225
応報戦略　**156**, 157, 158, 160-164, 167, 171, 172
オキシトシン　123
遅いルート　**60**
驚き　51, **53**, 54-56, 58
親子関係　77, 84, 85, 149

▶ か 行

快感中枢　59
解釈レベル　224, 225
解釈レベル理論（CLT）　**224**
外集団　**220**, 221, 222, 233

257

外集団蔑視　**222**, 226
階層構造　80-82, 104
概　念　25-28, 31, 33-35, 39
外発的感情サイモン課題　→EAST
回避反応　64
顔認知　174
拡散的思考　206
覚醒水準　**53**
家族関係　18, 78, 79, 82, 83, 92, 123, 140, 148, 151, 231
課題の困難度　209
課題の重要さ　188
活性化　25, 26-28, 30, 31, 33, 34, 38, 39, 200, 225
活性化拡散　25, 28, 32
カテゴリー　41-43, **219**, 220
悲しみ　54, **57**
下方比較　208
喚　起　**53**
関係維持戦略　**118**
観察学習　36
感　情　1-3, 5, 7, 14, 16, 18, 36, 46, 49-51, **52**, 53, 56, 57, 59, 62-67, 72-75, 78, 92, 93, 100, 104, 105, 107, 117, 118, 127, 144, 169, 181, 190, 196-198, 209, 227, 230, 234
感情価　44
感情概念　58
感情経験　16
感情誤帰属手続き　→AMP
感情システム　6, 14, 50, 71, 73, 123
感情状態　50, 52, 59
　未来の――　72
感情制御　74
感情反応　5, 6, 234
間接互恵性　**179**, 212
間接の攻撃　191
間接プライミング　28
機械的因果関係　215

気　質　102
帰属（過程）　12, 195, **208**, 209, 211
　――の3段階モデル　**211**
　能力への――　195
機能的磁気共鳴画像法　→fMRI
規　範　174, 178, 183, 200, 226
規範的影響　**177**, 178, 183
気　分　2, **52**, 67, 68, 70, 78, 227
基本情動　53, 195
基本的帰属エラー　211
義務自己　195, 196
客　我　**183**, 186
虐　待　95, 97
客体的自覚（理論）　183, **184**, 186
究極要因　14, 15-17, 20, 162, 180
共進化　80, 130
協調性　214
共同関係　**145**, 146-148, 151
恐　怖　51, 53-55, **56**, 58, 60, 61, 190, 191, 223
恐怖条件づけ　61, 62
恐怖反応　60
協力（協力関係, 協力行動）　**83**, 84-86, 88-93, 104, 139-141, 144, 153-160, 162, 165-172, 174, 179, 212, 231
軽　蔑　51, 53
血縁関係（血縁者）　83-91, 97, 104, 139, 140, 142, 144, 145, 148, 149
血縁識別　90-93
血縁度　84, 85, 87, 89-94, 97, 144, 145
血縁淘汰（理論）　77, 80, 81, **83**, 85, 88, 89, 91-94, 96, 98, 104, 105, 140, 141, 144, 149, 151
血縁認識　86, 97, 98
ゲーム理論　**153**, 154, 156
原因帰属　190, 194, **208**, 210
原因説明　**216**

嫌　悪　51, 53, 54, **56**, 57, 58, 64, 65, 73, 90-92
言語的攻撃　191
言語的知性　11
顕在記憶　**30**, 31
顕在記憶検査　30
顕在測定　**40**
現実自己　184
顕示的消費　**128**
謙　遜　189, 190
語彙決定課題　**27**
恋人関係　18, 78, 79, 82, 83, 163, 231, 233
好　意　109, 110, 161, 190, 225
好意獲得　**190**, 193, 195
合意性の過大視　**208**
交換関係　**145**, 146-148, 151
公共財ゲーム　192
攻撃行動　66, **191**, 192, 193, 198, 230
高次過程　24
公正世界信念　227
公的自覚　**186**, 187, 195, 196
公的自己　**186**
行動プライミング　31
幸　福　51, 53-55
後部帯状皮質　63
互恵的利他主義（互恵的他関係）　80, 81, **140**, 141, 142, 148, 149, 151-153, 156, 167, 170
子殺し　96, 98-100, 105
心の理論　36, **215**
個人化　**220**
子育て　81, 95, 98, 99, 101, 103-106, 117, 124, 136
――への投資　124, 129, 132
子どもの障害　**98**, 105
コミットメント（問題）　**118**, 120, 121, 136, 137
婚外交渉　**134**, 135

懇　願　57

▶さ　行

罪悪感　73, **195**, 196, 197, 202
最後通牒ゲーム　**158**, 159
最小条件集団パラダイム　221
最適弁別性理論　**220**
再認テスト　29, 30
殺　人　98, 105, 127, 230
差　別　**36**, 37, 40, 222, 226-228
ジェンダー的規範　194
自覚状態理論　184
至近メカニズム　**123**, 126, 149, 151, 159
至近要因　**14**, 15, 16, 20, 92, 101, 105, 123, 128, 144, 162, 180, 231, 233
しぐさ　120
資　源　126, **134**, 135, 136, 201
自　己　18, 74, 173, **178**, 183-186, 194, 197, 199, 201, 202, 205
――の永遠性　223
自己意識　97, 98, 195
自己意識感情　73, 74, **195**, 196, 202, 203
思考抑制によるリバウンド効果　119
自己開示　**169**, 172
自己概念　173, 195
自己価値　182
自己過程　6, 173, 175, 202, 232
自己犠牲の意志　**121**, 122, 137
自己高揚（動機）　**208**, 226
自己消耗（自我枯渇）効果　200
自己制御　199-202, 206, 225, 233
自己宣伝　**190**, 193, 198
自己中心バイアス　210
自己呈示　174, **189**, 190, 192, 194, 202
自己評価　181

感情的内容を含む――　**181**
自己評価維持モデル（SEM）　**188**
視床　60
視床下部　59
視床枕核　60
システマティック処理　68, 206
システマティック方略　67
システム正当化理論　**222**
視線　55, 56
自然淘汰　7, 8, 9, 11, 13, 18, 84
　――による進化　80, 81
自尊心　13-16, 82, **178**, 180, 181, 187, 188, 205-208, 220, 222, 226, 227, 232
実現要因（説明）　**216**, 217, 218
実行エラー　161, 171
嫉妬　97, **126**, 127, 137, 231, 234
失敗　208-210
私的自覚　186
私的自己　186
自動性　21, **23**, 24, 25, 28, 34, 36, 38, 40, 46, 47, 58, 70, 101, 105, 143, 163, 180, 199, 200, 211, 228-235
自動的模倣　33
シャイネス感情　196
社会的アイデンティティ理論　**220**
社会的影響　6, **177**
社会的交換　145, 146, 149, 151, 170, 172, 212
社会的受容　180, 181
社会的ジレンマ　227
社会的浸透理論　**169**, 170
社会的推論　11-13
社会的地位　124, 128
社会的知性　11
社会的認知　6, 31, 46, 47, 182, 205, 228, 232
社会的排斥　67, **178**, 180, 181, 183, 200

社会的判断　2, 3, 6, 10, 18, 34, 46, 62, 65, 229
社会的比較　**187**, 208
謝罪　193, 194
宗教　223
囚人のジレンマ　**153**, 154-156, 158-161, 167
　依存度選択型――　168
　繰り返しのある――　156, 158, 171
集団　18, 19, 173, 174, 177, 181, 183, 193, 201, 202, 210, 220-222, 227
　――への適応　173, 175, 201, 205, 232
集団意思決定　181
集団過程　173, 232
集団間情動　222
集団規範　174
　――の維持　192
集団認知　205
周辺ルート　**68**
収斂的思考　206
主我　**183**
主観的感情（経験）　**52**
主張の自己呈示　**193**
状況要因　211
情動　**52**, 53, 55-59, 67, 78, 222, 223
情動刺激　60
情動判断　54
情動反応　58, 60
情報処理　30, 31, 68, 70, 205, 228
情報的影響　**177**
進化　1, 3, 8-10, 13, 16, 23, 24, 32, 45, 53, 58, 59, 64, 66, 67, 78, 82-84, 88, 91, 100, 111, 114, 128-131, 136-139, 149, 152, 153, 161, 172, 174, 179, 196, 225, 228, 230, 231

自然淘汰による―― 80, 81
進化ゲーム 80, 160
進化心理学 **6**, 7, 13, 15-18, 20, 80, 90, 112, 115, 212
進化生物学 120, 121
進化的適応環境 206
進化倫理学 227
進化論（的説明） 1, 5-7, 9, 10, 13-15, 17-19, 77-82, 93, 100, 104, 105, 111, 114, 136, 137, 139, 140, 151, 171, 231, 232, 234
親近感 92, 93, 104, 105, 143-145
神経科学 3, 15, 16, 159
神経生理 59, 62
神経伝達物質 123
親戚関係 83, 84, 87, 88, 98, 163
親族関係 77, 85, 106, 148, 150, 151, 231
身体的攻撃 191
身体的魅力度 **108**, 109-111, 115, 124, 136, 182
　女性の―― 114, 125
身体反応 58, 65
親密な人間関係 **78**, 79, 83, 123, 137, 140, 148, 231
信　頼 **167**, 168-171, 227
心理的距離 224, 225
心理的緊張 163, 164
心理的健康 226
心理的近さ 188
スキーマ 191
ステレオタイプ 36, 39, 42, 43, 46
　――の知識 38, 40
ステレオタイプ内容モデル **182**, **222**, 223
制御焦点（理論） **201**, 202
制裁（システム） 66, 174, 215
誠実性 214
制止反応 61

性戦略の理論 **129**
生存（率） **8**, 82, 84, 87, 88, 102, 131, 178
精緻化見込みモデル **68**
性的関係 90-92, 126, 127, 132, 133, 135
性淘汰 81, **128**, 129, 130, 138
　――と配偶者選択の理論 80, 81
生理的喚起 62
生理反応 64
説得的コミュニケーション 67
節約の法則 **79**
セルフ・サービング・バイアス 210
セルフ・ハンディキャッピング **195**
潜在記憶 30
潜在測定 21, **41**, 44, 46
潜在的態度 **40**, 45, 46
潜在連合テスト →IAT
前頭前野 60
戦　略 **156**, 161, 163
戦略トーナメント 156
相互扶助 **152**
喪　失 57
促進焦点 **201**, 226
属　性 41, 42
属性推論 211
ソシオメータ理論 179, **180**, 181
ソーシャル・サポート 172, 183, 197
素朴心理学 215
素朴理論 214
尊　敬 190
存在脅威 225, 226
存在脅威管理理論（TMT） **223**

▶ た　行
対応バイアス **211**

対抗的自己統制 **199**
対人認知 205
対人魅力 **108**, 111, 152
態　度 21, 40, 44, 46, 67, 152, 205, 225
大脳皮質 60
高い知性 10-13
他者認知 219, 227
ただ乗り問題 155
短期的配偶関係 133, 134, 136-138
短期的配偶戦略 **129**
単語解析 28
単語完成課題 **29**, 31
中心ルート **68**
長期的配偶関係 136
長期的配偶戦略 **129**
調和性 214
直接的攻撃 191
直接プライミング効果 **28**
ディスプレイ 130, 131
適　応 8, 11, 13, 18-21, 23, 24, 32, 33, 45, 50, 53, 57, 58, 67, 73, 78, 90, 92, 107, 111, 114, 126, 127, 129, 134-137, 148, 149, 156, 158, 162-164, 169, 170, 177, 180, 189, 196-198, 201, 206, 226, 228, 230, 234, 235
　社会集団への── 180
　集団への── 173, 175, 201, 205, 232
　複雑な── 10, 11, 104
適応的反応 24
適応度 8, 13, 14, 84, 97, 118, 129, 145, 231
適者生存 18, 231
動機づけ 38, 71, 181, 200, 202, 205, 208
動機ルート 32, **34**

道具的攻撃 191
投　資 81, 135
　子育てへの── 124, 129, 132
統制可能性の次元 **209**
同　調 174, **175**, 176, 180, 187, 190, 195
道　徳 4-6, 14, 63, 174, 183, 196
道徳判断 5, 14, 63-65, 73
独裁者ゲーム 179
特性概念 33, 34, 40
特性ルート 32, **33**, 34
突然変異 7, 8, 10, 11

▶ な　行
内集団 **220**, 221, 222
内集団ひいき **220**, 221, 222
内側前頭前皮質 →mPFC
内的-外的の次元 209
2次の感情 195
ニーズへの応答性の知覚 **122**
認　知 3, 34, 46, 55, 62, 63, 65, 93, 104, 180, 183, 211, 226, 227
認知資源 38, 211, 213
認知心理学 25, 205
認知メカニズム 212, 213
ネガティビティ・バイアス **214**
ネガティブ感情（情動，気分） 67-70, 72, 180, 184, 206, 226, 227, 230
妬　み 222, 223
ネットワーク **25**
脳機能イメージング 61-63
能力の比較 187
能力への帰属 195
ノン・バーバル・コミュニケーション **50**

▶ は　行
バイアス **37**

配偶システム　136
配偶者（配偶関係）　111, 125-127, 131, 134, 178, 231
配偶者選択　9, 81, **111**, 128, 227
　性選択と——の理論　80, 81
配偶者保持戦術　**125**, 126, 127, 135, 137, 234
恥　73, **195**, 196, 197, 202
罰　66, 192, 193, 202
母親の経済的困窮　**98**, 99, 100, 105
ハミルトン則　85
速いルート　**60**
反映過程　**188**
繁　殖　**8**, 65, 66, 82, 84, 128, 137, 198, 207, 227
ハンディキャップ原理　**130**, 131, 135
反応時間　26, 27, 42, 44
反応スピード　28
反復プライミング　28
非意識（過程）　3, 18, 21, **22**, 23-25, 28, 32-35, 44-46, 49, 65, 70, 74, 78, 97, 107, 143, 180, 198, 200, 229-235
非意図的行動　215, 217
非協力　154-158, 160-162, 164-167, 171, 174, 179
非血縁関係（非血縁者）　85, 89, 90, 104, 106, 141, 148, 149, 170
非言語的手がかり　120, 123
ヒューリスティック　70, 227
ヒューリスティック - システマティック・モデル　**68**
ヒューリスティック処理　68, 206
ヒューリスティック方略　67
表出的攻撃　191
表　情　50, 51, 54, 56, 58
表情筋　53
表情認知　61
評　判　**179**, 198, 227

不　安　56, 162
夫婦関係　18, 79, 82
侮　辱　15, 16, 230
父性の不確実性　**97**, 98, 117, 118, 126, 134
不　貞　125, 126
プライミング効果　**25**, 27, 28, 31, 34, 38, 43, 46
文　化　53, 89, 93, 111-117, 122, 124, 134, 136, 191, 193, 203, 225, 226
　名誉の——　198
ペア・ボンド　117, 118, 123-125, 127, 129, 136
平均以上効果　**207**
弁　解　193
偏　見　36, 38, 40, 43, 46, 227
扁桃体　**60**, 61, 62
防衛的自己呈示　**193**, 195
包括適応度　**85**, 105, 231
防止焦点　**201**, 226
報酬系　94, 159
報　復　16, 66, 73, 157, 159, 160, 163-166, 193
報復感情　66
暴　力　125, 126, 191
保　護　**134**, 135
誇　り　73, 196-198, 202
ポジティブ・イリュージョン　**207**, 208
ポジティブ感情（情動, 気分）　61, 67-70, 197, 198, 206, 207, 211, 226, 227, 230
ポジティブ反応率　45
ポジトロン断層法　→PET

▶ま 行

ミラーニューロン　35
魅　力　81, 108, 112, 113, 118-120, 128, 129, 132, 136, 152, 189, 194,

　　　　233
無意識　22
名誉　193, 197, 198
　　——の文化　198
メタ理論　80
メッセージ　69, 70
　　——の送り手　67, 68
　　——の内容　67, 68
目標（目標指向的行動，目標追求行
　　動）　34, 46, 200, 224
目標ルート　32, **34**
模倣　33, 35, 36
模倣ルート　32, **33**

▶ や 行
友人関係　18, 78, 79, 82, 83, 123, 139,
　　140, 142-148, 150-152, 157, 160-
　　162, 164, 167, 169-172, 231
赦し　**162**, 163, 164, 170, 171, 231

▶ ら 行
ランナウェイ説　**130**, 131
乱文構成課題　34, 143
理性　50, 58, 63, 65
理想自己　195, 196
リーダー　197-199
利他行動　**83**, 140, 141, 149, 153, 225
利他的罰　**192**

理由説明　**216**, 217
理由の因果的経緯（説明）　**216**, 217,
　　218
両面的コミュニケーション　68
恋愛関係　79, 107-109, 122, 123, 137,
　　140
連合学習　61

▶ わ 行
割増効果　195

▶ アルファベット
AMP（感情誤帰属手続き）　**43**, 44,
　　45
CLT　→解釈レベル理論
EAST（外発的感情サイモン課題）
　　44
fMRI（機能的磁気共鳴画像法）　35,
　　61, 62, 94, 182
IAT（潜在連合テスト）　**41**, 42-44,
　　46, 163
IAT量　43
mPFC（内側前頭前皮質）　182
MS処理　225, 226
PET（ポジトロン断層法）　35, 61
SEM　→自己評価維持モデル
TMT　→存在脅威管理理論

人名索引

▶ あ 行

アクセルロッド（R. Axelrod） 156-158, 160, 161, 164
アッシュ（S. E. Asch） 175-177, 180
アルトマン（I. Altman） 169
ウィックランド（R. A. Wicklund） 183
ウィルキンソン（G. S. Wilkinson） 140-142, 149
ウィルソン（M. Wilson） 15, 95, 96, 98, 99, 103
ウォルスター（E. Walster） 108, 109
ウッドワース（R. S. Woodworth） 51, 52
エクマン（P. Ekman） 53, 54

▶ か 行

カシオッポ（J. T. Cacioppo） 68
カレマンス（J. C. Karremans） 163
ガンゲスタッド（S. W. Gangestad） 135
北村英哉 70
ギフォード（R. K. Gifford） 36
ギルバート（D. T. Gilbert） 72, 211
クラーク（M. S. Clark） 145-148, 151
グリスケヴィシャス（V. Griskevicius） 128
グリーン（J. D. Greene） 63
グリーンバーグ（J. Greenberg） 223, 225
グリーンワルド（A. G. Greenwald） 46
グロス（P. H. Gross） 37
ケリー（H. H. Kelley） 12, 120, 121
コスミデス（L. Cosmides） 212, 213
コッコ（H. Kokko） 131
ゴフマン（E. Goffman） 189
ゴンザーガ（G. C. Gonzaga） 119

▶ さ 行

ザハヴィ（A. Zahavi） 121
ジェームズ（W. James） 183
シェリフ（M. Sherif） 174
シャクター（D. L. Schacter） 30
シャーマン（P. W. Sherman） 86
シュロスバーグ（H. Schlosberg） 52, 53
シュワルツ（N. Schwarz） 2
ジョスト（J. T. Jost） 222
ジョーンズ（E. E. Jones） 12
シン（D. Singh） 112, 113
スミス（E. R. Smith） 222

▶ た 行

ダイクステルハウス（A. Dijksterhuis） 31
ダーウィン（C. Darwin） 18, 19
タジフェル（H. Tajifel） 220
ダーリー（J. M. Darley） 37
タングネー（J. P. Tangney） 196
チャイキン（S. Chaiken） 68
チャートランド（T. L. Chartrand） 33
チャマー（A. M. Chammah） 158
テイラー, D. A.（D. A. Taylor）

169
テイラー, S. E. (S. E. Taylor) 207
デイリー (M. Daly) 15, 95, 96, 98, 99, 103
ティンバーゲン (N. Tinbergen) 20
テッサー (A. Tesser) 188
デ・ハウアー (J. De Houwer) 44
デューヴァル (C. Duval) 183
ドゥヴァイン (P. G. Devine) 38
ドゥ・ヴァール (F. B. M. de Waal) 233
ドーキンス (R. Dawkins) 10
トリヴァース (R. L. Trivers) 140
トロープ (Y. Trope) 224

▶ な 行
ニスベット (R. E. Nisbett) 193
ニューバーグ (S. L. Neuberg) 38

▶ は 行
ハイト (J. Haidt) 232
バウマイスター (R. F. Baumeister) 180-182, 232
バージ (J. A. Bargh) 34, 46
バス, A. H. (A. H. Buss) 186
バス, D. M. (D. M. Buss) 80, 81, 115, 116, 122, 124-127, 129, 132, 133, 137
ハットフィールド (E. Hatfield) → ウォルスター
ハミルトン, D. L. (D. L. Hamilton) 36
ハミルトン, W. D. (W. D. Hamilton) 83, 84
ハリス (L. T. Harris) 183
ヒギンズ (E. T. Higgins) 31
ファルク (A. Falk) 165
ファン・ランゲ (P. A. Van Lange) 121
フィスク (S. T. Fiske) 38, 182, 183, 219, 222
フィッシャー (R. A. Fisher) 130
フィッツサイモンズ (G. M. Fitzsimons) 143, 145
フィードラー (K. Fiedler) 224
フランク (R. H. Frank) 118
フリーセン (W. V. Friesen) 53
プリナー (P. Pliner) 194
ブリューワー (M. B. Brewer) 220
フルシュカ (D. J. Hruschka) 161, 162
ブレス (H. Bless) 67, 69
フロイト (S. Freud) 17, 22
ヘイズ (R. B. Hays) 142, 169
ペティ (R. E. Petty) 68
ヘンリック (J. Henrich) 161, 162

▶ ま 行
マイヤーズ (D. G. Myers) 108
マッカロー (M. E. McCullough) 162, 163, 170
松田昌史 168, 169
マレ (B. F. Malle) 215, 216, 232
マーロー (F. Marlowe) 113, 114, 134
ミッシェル (W. Mischel) 232
ミラー (G. F. Miller) 128, 138
ミルズ (J. Mills) 145, 146, 148, 151
メイヤー (D. E. Meyer) 26

▶ や 行
山岸俊男 167-169

▶ ら 行
ラパポート (A. Rapoport) 158
リアリー (M. R. Leary) 180-182,

232
リバーマン（N. Liberman）　224
リーバーマン（D. Lieberman）　90,
　　91

ロージン（P. Rozin）　64

▶ わ 行
ワイナー（B. Weiner）　208

● 著者紹介

北村 英哉（きたむら ひでや）
　関西大学教授

大坪 庸介（おおつぼ ようすけ）
　神戸大学准教授

進化と感情から解き明かす社会心理学
Social Psychology from the Perspectives of Emotion and Evolution

ARMA
有斐閣アルマ

2012年 4月10日　初版第1刷発行
2014年 9月20日　初版第2刷発行

著　者	北　村　英　哉 大　坪　庸　介
発行者	江　草　貞　治
発行所	株式会社　有　斐　閣 郵便番号 101-0051 東京都千代田区神田神保町2-17 電話 (03) 3264-1315 〔編集〕 　　 (03) 3265-6811 〔営業〕 http://www.yuhikaku.co.jp/

印刷・大日本法令印刷株式会社／製本・株式会社アトラス製本
©2012, Hideya Kitamura, Yohsuke Ohtsubo. Printed in Japan
落丁・乱丁本はお取替えいたします。

★定価はカバーに表示してあります。
ISBN 978-4-641-12466-0

JCOPY　本書の無断複写（コピー）は、著作権法上での例外を除き、禁じられています。複写される場合は、そのつど事前に、(社)出版者著作権管理機構（電話03-3513-6969, FAX03-3513-6979, e-mail:info@jcopy.or.jp）の許諾を得てください。